# LE
# ROMAN
## DE
## LA ROSE.

# LE ROMAN DE LA ROSE,

Par Guillaume de Lorris
& Jean de Meun dit Clopinel.

*Revu sur plusieurs Editions & sur quelques anciens Manuscrits.*

ACCOMPAGNÉ

De plusieurs autres Ouvrages, d'une Preface historique, de Notes & d'un Glossaire.

TOME I.

A PARIS

Chez la veuve PISSOT, Quay de Conty, à la descente du Pont-neuf, à la Croix d'or.

MDCCXXXV.

*Avec Aprobation & Privilege du Roy.*

# PREFACE.

NOS ancêtres ont si fort estimé le Roman de la Rose, qu'il y auroit ou trop de mépris, ou une ingratitude trop marquée de n'en pas faire aussi quelque cas. Le nombre des manuscrits, beaucoup plus grand que celui des imprimés, fait bien voir que c'étoit le livre de nos peres : & si le langage de ce Roman n'étoit pas si éloigné de nos tours & de notre délicatesse, quelquefois trop affectée, ce seroit peut-être encore le livre de leurs enfans. Je puis dire cependant qu'il n'a jamais été tout à fait négligé. Les gens habiles ont bien connu qu'on ne pouvoit pas entierement savoir notre langue, si l'on ne mettoit sa lecture à la tête de celles qui sont nécessaires pour en faire une exacte recherche. Je dirai plus, je le regarde non-seulement comme notre *Ennius*, ainsi que l'a qualifié *Clement Marot*;

## PREFACE.

*Marot* ; mais encore comme notre *Homere*. Il a été le modéle de tous nos anciens Poëtes : & *Regnier* lui-même, l'un de nos plus habiles Satyriques, & que *Despreaux* a toujours eu devant les yeux ; *Regnier*, dis-je, n'a pas fait difficulté d'imiter de ce Roman sa *Macette*, la plus belle sans contredit & la plus brillante de ses Satyres, quoique trop libre. Et ce qui est fort glorieux pour ce Roman, & ne l'est gueres peut-être pour *Ronsar* \*, c'est que ce dernier avoit toujours entre les mains cet antique versificateur.

\* Binet, Vie de Ronsar.

Le goût de nos anciens Poëtes, qui s'est renouvellé depuis quelque-tems, a donné lieu d'en réimprimer quelques-uns. On auroit dû commencer par celui-ci ; ce n'est pas à la vérité le premier, mais il est comme le chef de notre ancienne Poësie. Sans lui on ne peut pas exactement connoître les beautés ou les singularités des Poëtes du XIV. du XV. & même du XVI. siécle.

*Guillaume*

# PREFACE.

## *Guillaume de Lorris commence le Roman.*

Guillaume de *Lorris* qui le premier entreprit ce Roman, étoit de la petite Ville du Gâtinois dont il portoit le nom. Il vivoit au milieu du XIII. siécle, & mourut vrai-semblablement en 1260. ou 1262. comme on le verra bien-tôt. Son ouvrage dont il n'a fait que les 4150. premiers Vers, montre la facilité de son esprit. On n'y trouve pas seulement une versification aisée, on y voit encore, eu égard au tems, une imagination belle & sagement variée ; on y voit des sentimens, des mœurs & des réflexions. Il ne faut pas s'imaginer cependant qu'on y trouvera cette élevation, cet enthousiasme, cette finesse que le XVI. siécle avoit tenté de rétablir à l'imitation des anciens dans la Poësie françoise, & dont la perfection n'est duë qu'au XVII. siécle. On y verra une élocution plus simple & plus unie : c'est même une uniformité qui aproche fort de la Monotonie. Mais on doit le pardonner en faveur du caractere du siécle, dont la simpli-

## PREFACE.

cité se trouve par-là si bien peinte dans les ouvrages de nos ancêtres.

On prétend que cet Auteur avoit fait encore quelques autres Poësies, qui se trouvent dans la Bibliotheque du Roy, où elles sont intitulées : *Amours de Guillaume de Machaut, en rime* ; c'est au N° 1609. des manuscrits de cette incomparable Bibliotheque.

Les Poësies diverses du même Auteur se touvoient aussi en 1724. dans les manuscrits de feu Madame la Princesse au Château d'Anet ; d'où elles sont passées dans le Cabinet de M. Imbert de Cangé, comme on le voit page 59. de son catalogue, & sont enfin entrées dans la Bibliotheque de Sa Majesté.

Guillaume de Lorris étoit jeune & amoureux lorsqu'il commença ce Roman. Il avoit étudié la Jurisprudence & s'étoit fait une maîtresse, Dame d'un grand merite, & peut-être d'un grand nom, si nous l'en voulons croire. C'est donc pour elle qu'il se mit à versifier ce Livre.

Vers 45, &c.
 Celle pour qui je l'ay empris,
 C'est une Dame de haut pris :

Et

# PREFACE.

*Et tant est digne d'estre amée,*
*Qu'elle doit Rose estre clamée.*

C'est ce qu'il dit lui-même. Il mourut donc en 1260. peu de tems après avoir commencé cet ouvrage ; mais non pas sans en avoir reçu d'avance quelque gratification de sa Dame ; comme il le fait assez entendre.

## *Jean de Meun continuë le Roman.*

Quarante ans après la mort du premier pere de ce Roman, Jean de Meun l'enfanta à l'âge de vingt-trois ans ou environ, car je le crois né l'an 1279. ou 1280. il porta ce Roman à sa fin, je dirai même à sa perfection. Je doute qu'il fut beaucoup plus qualifié que son prédecesseur, puisqu'aussi-bien que lui il n'avoit pour surnom que celui qu'il tiroit de la ville où il étoit né, située sur la Loire, quatre lieuës au-dessous d'Orleans. Il eut encore néanmoins celui de Clopinel d'un défaut qu'il avoit à une jambe ; mais je ne sçai pas laquelle : ce seroit-là une belle découverte pour ceux qui s'apliquent souvent à des choses moins importantes.

## PREFACE.

Cependant il fortoit de parens aifés & confiderés. Cela lui faifoit trop d'honneur pour qu'en qualité de Poëte il ne s'en glorifiât point.

> Dieu m'a par maintz perilz conduit fans mefcheance,
>
> Dieu a donné aux miens honneur & cheviffance,
>
> Dieu m'a donné fervir les plus grantz gentz de France,
>
> Dieu m'a trait fans reproche de jeuneffe & d'enfance.

C'eſt ce qu'il dit dans ſon Codicille ; & ce qui étoit un prodige dans un Poëte : il avoit une petite maiſon de campagne, ou du moins de retraite, dans un des Fauxbourgs de Paris.

*Jean de Meun* avoit plus de vivacité que *Guillaume de Lorris* : il étoit aufſi bon Poëte, mais il n'avoit pas autant de mœurs & de ſentimens que ſon prédeceſſeur. La beauté du Roman qui lui tomba entre les mains, lui donna lieu de continuer un ſi beau commencement. Il le fit avec tant de ſuccès, que ce livre, l'oracle de nos peres, eſt encore aujourd'hui goûté par les gens d'eſprit, qui ont le tems de le lire & la facilité de l'entendre.

Ce

## PREFACE.

Ce dernier Auteur fut les délices de la Cour de Philippe le Bel par la gentilleſſe de ſon eſprit, qui lui donnoit entrée par-tout: Et quoique ſatyrique, & peut-être même un peu médiſant, il fut aimé des Dames; ſans doute parce qu'il ſavoit les amuſer par ſes ſaillies, & par l'enjouëment qu'il répandoit dans ſes entretiens. Car il faut au moins cela pour être bien auprès d'elles.

Quelques Auteurs ont cru qu'il avoit été Moine; mais je doute qu'il ait embraſſé l'état religieux. Il parle trop contre les Moines pour croire qu'il ait jamais été des leurs. Je crois même qu'il n'étoit que laïc: ſon ſervice auprès des Grands, & les avantures qui lui arriverent à la Cour, le prouvent aſſez. Jean de Meun ne laiſſoit pas d'avoir étudié la Theologie, la Philoſophie, la Chimie, l'Aſtronomie, l'Arithmetique, & avoit lû les bons livres.

Mais ce qui doit étonner, c'eſt de le voir parler mal du ſexe, quoiqu'il fut à la Cour & qu'il vécut dans le celibat, au-moins dans le tems de ſon Roman. S'il n'avoit découvert que certaines legeretés, dont les Dames ne se cachent pas, on l'auroit peut-être souffert. Mais il les attaque trop vivement & en termes trop durs au Vers 9575. tom. 1. Elles se crurent donc choquées de cet outrage fait à leur sexe, & résolurent un jour de l'en punir. Dès qu'elles l'aperçurent dans les Apartemens du Roy, elles s'armerent de verges & presserent les Seigneurs qui étoient presens de le faire dépoüiller. Il leur dit qu'il ne faloit pas de violence, qu'il obéiroit volontiers ; mais qu'il demandoit une grace qu'on ne pouvoit lui refuser : Je n'ai parlé, leur dit-il, que des méchantes femmes ; vous le jugez bien par les termes dont je me suis servi : Et je n'aperçois ici aucune de celles que j'ai atquées. Je n'y vois que des Dames belles, sages & vertueuses : cependant je veux bien que celle d'entre vous qui se trouve offensée, commence à me fraper. Cet honneur lui est dû comme à la plus mauvaise de celles que j'ai blâmées. Pas une ne voulut avoir la gloire de donner le premier coup : Et par-là le pauvre Jean de Meun se tira gentiment d'affaire. Cela fit plaisir aux Seigneurs de

la

# PREFACE.

la Cour, qui ne laisserent pas de s'en divertir, parce que chacun en connoissoit quelqu'une qui auroit pu commencer.

Jean de Meun fit encore beaucoup d'autres ouvrages, entr'autres une Traduction du livre de la *Confolation de Boece*, une autre des *Lettres d'Abelard*; un petit ouvrage fur les Réponfes des Sybilles : c'eft une efpece de jeu très-ingenieux, où l'on trouve des réponfes fpirituelles à bien des queftions propofées. On l'a renouvellé dans ces derniers tems. Il s'en trouve encore d'autres fur lefquels je ne veux pas étendre ma jurifdiction.

Et s'il eft vrai qu'il vécut encore en 1364. ce fut fans doute la récompenfe qu'il reçut en ce monde par une longue vie, d'avoir fait connoitre fi naïvement l'hipocrifie de fon tems. On ne peut cependant aprouver ce qu'il fit à la mort. Il auroit dû fe refpecter lui-même dans un moment auffi décifif. Il choifit par fon Teftament l'Eglife des Jacobins, ou Dominicains de la ruë S. Jacques de Paris, pour le lieu de fa fépulture ; & par reconnoiffance leur legua un coffre rempli de chofes précieufes, à ce qu'on

# PREFACE.

qu'on pouvoit juger au moins par sa pesanteur. Mais il ordonna que le coffre ne seroit ouvert qu'après ses funerailles.

Après les derniers devoirs funebres, les Religieux touchés de la pieté du défunt, s'assemblerent pour ouvrir le coffre, qu'ils trouverent rempli de belles & grandes pieces d'ardoises, sur lesquelles feu Jean de Meun avoit tracé de l'Arithmetique & des figures de Geometrie. Ces bons Religieux indignés de se voir joués par un Poëte, s'aviserent de déterrer son corps : mais le Parlement de Paris, averti de cette inhumanité, rendit un Arrêt qui obligea les Jacobins à donner au défunt une sépulture honorable dans le Cloître même de leur Couvent.

Je ne ferai point ici la Vie de ce Poëte ingenieux, je m'en raporte à celle d'André Thevet, quoique languissanment écrite ; on la trouvera à la suite des Prefaces de ce Livre.

## Plan du Roman de la Rose.

Je ne puis mieux donner le plan de ce Roman celebre, qu'en raportant

# PREFACE.

rant ce qu'en a dit le Poëte Baïf, dans un Sonnet au Roy Charles IX. Le voici :

Sire, sous le discours d'un songe imaginé,
   Dedans ce vieil Roman vous trouverez déduite,
D'un Amant desireux la penible poursuite
Contre mille travaux en sa flamme obstiné.

Paravant que venir à son bien destiné,
   Mallebouche & Danger tâchent le mettre en fuite :
A la fin Bel-acueil en prenant la conduite,
Le loge après avoir longuement cheminé.

L'Amant dans le Verger, pour loyer des traverses,
   Qu'il passe constamment, souffrant peines diverses,
Cueil du Rozier fleuri le Bouton précieux.

Sire, c'est le sujet du Roman de la Rose,
   Où d'amours épineux la poursuite est enclose ;
La Rose, c'est d'amours le Guerdon * gracieux.

\* Guerdon, récompense.

Ainsi ce Jardin, ou ce Verger si agreable, dont il est si souvent parlé dans ce Roman, n'est autre que le Jardin de Cipris, comme l'apellent nos Poëtes ; & cette Fleur précieuse qu'on y va cueillir, a de tout tems été

## PREFACE.

été regardée comme la Reine des Jardins. Voici comme s'en explique une personne qui s'y connoissoit bien : c'est dans une petite Piece de Vers qu'elle adresse à une aimable Demoiselle.

Mad. Deshoulieres.

Ores est tems de vous donner conseil
Sur les perilz où beauté vous expose ;
Fille ressemble à ce bouton vermeil,
Qu'en peu de jours on voit devenir rose.
Tant qu'est bouton on voudroit en joüir,
Nul ne le voit sans desir de rapine.
Dès que soleil l'a fait épanoüir,
On n'en tient compte un matin la ruine ;
De Rose alors ne reste que l'espine.

Lorsqu'un Amant l'exemple est tout pareil
Fait voir desirs à quoy pudeur s'oppose ;
Si l'on ne fuit l'amour est un soleil,
Point n'en doutez, par qui fleur est éclose.
Alors en bref on voit s'évanoüir
Transports & soins, par qui fille peu fine
Présume d'elle & se laisse éblouir.
Mépris succede à l'amour qui décline,
De Rose alors ne reste que l'espine.

Plus

# PREFACE.

Plus de commerce avecques le someil,
Ou si par fois un moment on repose,
Songe cruel donne facheux reveil :
Cent & cent fois on en maudit la cause :
Voir on voudroit dans la terre enfoüir
Tendre secret, duquel on s'imagine
Qu'un traitre ira le monde rejoüir.
Parle-t-on bas, on croit qu'on le devine,
De Rose alors ne reste que l'espine.

## ENVOY.

Galans fieffez, donneurs de gabbatines,
J'ay beau prêcher qu'on risque à vous ouïr :
A coqueter toute fille est encline.
Plutôt que faire approuver ma doctrine,
On fileroit chanvre sans le roüir :
Mais quand tout bas faut appeller Lucine,
De Rose alors ne reste que l'espine.

### *Tems où a été fait ce Roman.*

On dit communément que Jean de Meun fit ce Roman en 1300. mais au moins il y a des preuves dans son ouvrage même qu'il étoit fait avant 1305.

L'on sçait que l'Ordre des Templiers ne fut aboli qu'en 1309. On avoit arrêté dès l'an 1307. plusieurs de ses membres, prévenus, disoit-on, des crimes les plus horribles : on avoit fait courir ces bruits, vrais ou faux, au moins

## PREFACE.

moins un an ou deux auparavant. Ainsi dans la prévention où l'on étoit alors, cet Ordre n'étoit point à citer comme un corps fort régulier. C'est néanmoins ce que fait Jean de Meun, lorsqu'il dit :

(1) Vers 12132.
(2) Précepte.
(3) Rentée.
(4) Citeaux.
(5) S. Benoist.
(6) Chanoines Réguliers.
(7) S. Jean de Jerusalem.
(8) Templiers.

S'il entroit (1) selon le comment (2)
De l'Escripture en Abbaye,
Qui fut de propre bien garnie, (3)
Comme sont ores ces blancs Moines (4)
Ces noirs (5) & ces riglez Chanoines, (6)
Ceux de l'Ospital (7) ceux du Temple, (8)
Car j'en puis bien causer exemple.

C'est le plus moderne des faits historiques, par lequel on peut juger du tems où a été fait ce Roman. Tous les autres points de l'histoire moderne semez dans cet ouvrage, s'étendent depuis l'an 1100. jusqu'au tems que nous venons de marquer. Jean de Meun étoit jeune lorsqu'il fit cet Ouvrage ; il nous en avertit lui-même en termes generaux au commencement de son codicile :

(1) Dit, ouvrage d'esprit.
(2) Délité, ont pris plaisir.

J'ai fait en ma jeunesse maint dit (1) par vanité,
Où maintes gens se sont maintefois délité. (2)

Et

# PREFACE.

Et comme nous trouvons ailleurs que ce fut au sortir de son enfance, nous croyons que ce pouvoit être vers sa vingt deuxiéme année. C'est le tems de pratiquer les Romans.

S'il est vrai, comme on n'en peut douter, que Jean de Meun a fini son Roman avant 1305. il n'est pas moins certain que Guillaume de Lorris est mort vers l'an 1260. c'est-à-dire, plus de quarante ans avant que Jean de Meun en entreprit la continuation, sur laquelle il n'aura pas été moins de trois ou quatre ans. Car quelque facilité que l'on ait, on ne sçauroit mettre moins de tems à faire plus de dix-huit mille Vers que contient cette continuation. Voici les paroles même du Roman, sur lesquelles est apuyé le raisonnement que je viens de faire. Il est bon de sçavoir que c'est le Dieu d'Amours que l'Auteur y fait parler en Prophete :

Et puis viendra Jehan Clopinel, (1)
Au cueur gentil, au cueur ysnel, (2)
Qui naîtra sur Loire à Meun....
Cil aura le Roman si chier,
Qu'il le voudra tout parfournir, (3)
Se tems & lieu lui peut venir.

(1) Vers 11139. & 11158.
(2) Ysnel, Joyeux.
(3) Achever.

Car

Car quant Guillaume cessera,
Jehan si le recommencera
Au trépassé plus de quarante.

Celui-ci n'est pas seulement un *Roman d'amours*, il est encore *satyrique*, il est *moral*, & peu s'en faut même qu'il ne soit aussi Roman de Chevalerie. Mais les exploits militaires, qui n'y entrent que comme des incidens, n'y sont pas assez fréquens pour lui donner ce titre : Et c'en est bien assez de contenir de l'amour, de la satyre & de la morale.

### Examen de ce Roman comme Roman d'Amours.

Le projet que l'Amant s'est formé de jouir de la rose ou du bouton vermeil, qui est le principe & le but de ses recherches, lui fait écouter & suivre tous les avis du Dieu d'Amours, toutes les consolations que lui donne son ami, & les moyens qu'une vieille experience lui fait suggerer. Il cherche à surmonter les obstacles & les périls que l'amour pour éprouver la constance des amans seme ordinairement dans leur chemin. Ni les sages con-
seils

# PREFACE.

seils de la raison, ni les murmures de la jalousie, ni les rebuts de tous les ennemis que le destin veut oposer à ses desirs, rien ne peut l'empêcher de suivre son projet. Plus il voit de difficultés, plus il fait paroître d'ardeur; les peines mêmes que sa maîtresse ressent pour s'être montrée trop sensible, ne lui servent pas seulement de suplices, c'est encore un pressant motif qui lui fait implorer toutes les forces du Dieu d'Amour, pour la tirer de la servitude, & pour se livrer mutuellement l'un à l'autre. On ne pouroit qu'admirer tant de louables efforts, s'il eût été question de cet amour de délicatesse, qui fait l'accord des esprits & l'union des cœurs : & qui rendroit sensible le plus réservé. Mais rien moins que cela : à peine est-il parvenu au but de ses desirs, qu'il abandonne cette maîtresse pour laquelle il a tant fait, & qui a tant fait pour lui. Il se souvient à la vérité des plaisirs qu'il a goûtés avec elle, il en rafraîchit même quelquefois agreablement la mémoire; mais il ignore quelle est sa situation depuis qu'il a bien voulu l'abandonner à elle-même, & j'ose dire à son mauvais sort.

fort. On ne le voit que trop par les endroits où il parle de ces plaifirs fenfibles, qui font prefque toujours l'écuëil des amours vifs & pétulans.

Ce n'eſt pas néanmoins qu'on ne trouve dans fon Roman les loix de cet amour tendre & délicat, la paffion des belles ames, qui ne connoiffent de vrai bien que celui d'aimer. Il en a même répandu les maximes en plus d'un endroit; mais comme il peint un amant trop vif pour pouvoir être formé fur de fi nobles idées, il eſt obligé de fe rabattre fouvent fur cet amour de fenfibilité où la nature ne porte que trop ordinairement. C'eſt même ce qui fait le capital de fon ouvrage, qu'il croit égayer quelquefois par des libertés qui n'étoient pas même permifes dans un tems où notre langue moins chafte qu'elle n'eſt aujourd'hui, accordoit beaucoup plus à l'imagination qu'elle ne fait à préfent.

### *La Satyre répanduë dans ce Roman.*

La Satyre ne régne pas moins dans ce Roman que l'amour. Peut-être même y eſt-elle plus fagement traitée que cette

## PRÉFACE.

cette passion. Tantôt elle roule sur les défauts du sexe, qu'il exagere un peu trop vivement & en des termes qui lui ont été justement reprochés. Quelquefois il en veut à cette inégalité de conduite que tiennent les amans avant & après leur mariage : une autrefois il attaque la licence des Cloîtres : & dirai-je que vivant sous la puissance royale, il se hazarde jusqu'à faire une peinture assez hardie de la maniere dont les peuples se sont donnés des Rois. Après donc avoir parlé de la vie simple & naturelle des premiers hommes, il fait voir les dissentions & les maux qu'ont aporté la proprieté & le partage des biens. Voici ce qu'il en dit au Vers 10060 :

Et la terre même partirent (1)
Et au partyr (2) bornes y mirent :
Et quant les bornes y mettoyent
Maintefois s'entre-combatoient,
Et se tolurent (3) ce qu'ils purent,
Les plus forts les plus grants parts eurent...

(1) Partagerent
(2) Au partyr, dans le partage.
(3) Tolurent, enleverent.

Et au Vers 10070 :

Lors convinst que l'on ordonnast
Aucun qui les loges gardast,
Et qui les malfaiteurs tous prist,

Et

Et bon droit aux plaintifs en fift,
Ne nul ne l'ofaft contredire,
Lors s'affemblerent pour l'eflire....
Ung grant villain entre-eulx efleurent,
Le plus corfu de quanqu'ils (1) furent,
Le plus offu, & le greigneur (2)
Et le firent Prince & Seigneur.
Cil (3) jura que droit leur tiendroit
Se chafcun en droit foy luy livre
Des biens dont il fe puiffe vivre....
De là vint le commencement
Aux Roys & Princes terriens
Selon les Livres anciens.

(1) De tous tant qu'ils étoient.
(2) *Greigneur*, plus grand.
(3) *Cil*, celui-là.

Il continuë encore quelque tems fur le même ton : mais ce font des matieres que l'on traiteroit aujourd'hui d'une maniere plus douce & plus temperée. Dans les traits de fatyre qui lui échapent fi naturellement contre l'amour même, dont il prétend néanmoins donner des loix fous les aufpices de l'arbitre fouverain de cette paffion, on y trouve les inftructions les plus fingulieres, qu'une matrone qui ne connoit plus les plaifirs que par un antique & trifte fouvenir, puiffe donner à une jeune perfonne qui commence à entrer dans le monde. C'eft de-là, comme je l'ai dit, que

# PREFACE.

que *Regnier* a tiré sa Macette ; mais il n'est que de recourir à l'original. On y trouve ces traits naïfs qui coulent de source, & qui ne laissent pas de fraper, malgré la rudesse ou la simplicité qu'on s'attend d'y rencontrer. Et quoiqu'on nous dise, on voit bien que si l'amour de délicatesse & de sentimens a quelquefois été la belle passion de nos peres, on ne l'a que trop souvent confondu avec cet amour qui ne connoit qu'une basse volupté. En voici un exemple au tome 2. Vers 14653.

> Car nature n'est pas si sotte
> Qu'elle fasse naitre Marotte,
> Tant seulement pour Robichon
> Se l'entendement y fichon,
> Ne Robichon pour Mariette,
> Ne pour Agnès, ne pour Perrette;
> Ains vous a fait beau fils n'en doubtes,
> Toutes pour tous, & tous pour toutes,
> Chascune pour chascun commune
> Et chascun commun pour chascune.

Ce ne sont-là que les moindres traits de ces instructions de la Matrone. Mais le personnage qui figure le plus pour la satyre est *Faux-semblant*. Voyez ce que l'Auteur lui fait dire

dire tome 2. Vers 11657. &c. & 12396.

## *Morale répanduë dans ce Roman.*

Nos peres vouloient toujours affaisonner leurs ouvrages les plus licentieux d'un ragoût de morale. Ils ne prenoient pas la peine de leur donner ces utiles & gracieufes teintures de mœurs, que les anciens nous ont apris à femer legerement dans nos écrits. Ils vouloient des Sermons affommans par une longueur faftidieufe & par des maximes triviales. On fçait toujours ce qu'ils vont dire avant même que de le lire. On en voit un échantillon à la tête même de ce Roman; heureufement que cela ne va pas jufqu'au dégoût. L'Auteur fait entrevoir ce qu'il auroit pu faire, mais il a la difcretion de ne fe pas livrer entierement au goût de fon fiécle.

Il a fçu employer de deux manieres la morale qu'il a femée dans ce Roman. La premiere, mais la plus ingenieufe, eft un fond de mœurs qu'il a caché dans l'économie de fon ouvrage, & qu'on ne peut bien apercevoir qu'à la fin de fa lecture. J'ai déja remarqué qu'il peint un jeune homme

## PREFACE. xxiii

homme séduit par des graces purement extérieures, & qui se livre tout à coup à l'amour le plus insensé. Il s'inquiete, il s'agite, il court, il cherche les moyens de se satisfaire : il ne peut en venir à bout, mais il n'en est que plus frapé par les traits de l'amour : il se livre à cette divinité ; il en écoute les loix & les observe ; il en espere du soulagement & n'en reçoit que des chagrins. La raison se presente, qui veut le dissuader d'aimer : toute sage qu'elle est, elle ne sçauroit se faire écouter par une jeunesse prévenuë d'un fol amour. Elle a beau venir à lui dans les tems mêmes où ses peines sont & plus vives & plus cuisantes, elle n'y gagne pas plus une fois que l'autre. Il ne s'embarasse point des refus que fait la richesse, si nécessaire en amours, de se communiquer à lui : il veut arriver au but de ses desirs : c'est dequoi il est uniquement occupé. Il y trouve des difficultés insurmontables qui lui font implorer les forces du Dieu d'Amours, qui veut bien en sa faveur les rassembler toutes. Que de peines pour surmonter

tous

tous ces obstacles ; mais enfin il les surmonte & arrive au but :

>Par grant joliveté cueilly,
>La fleur du beau rosier fleury,
>Ainsi euz la rose vermeille,
>A tant fut jour & je m'esveille.

Tous ces embarras, toutes ces peines, tant d'avis demandés, de conseils écoutés, de chagrins reçus, de douleurs supportées ; tout aboutit à un instant de plaisir. On s'éveille tout à coup de cette létargie : A peine pense-t-on qu'on ait eu quelque moment de joye, on ne se souvient que des peines qui ont été longues & fatiguantes. C'est le fond de mœurs contenu dans ce Roman ; & qui n'est dévelopé par ces deux derniers Vers, que pour ceux qui sçavent y réflechir.

>Ainsi euz la rose vermeille,
>A tant fut jour, & je m'esveille.

Il y a une autre morale semée par maximes dans le cours de cet ouvrage. Quelques-unes simplement expliquées, mais pensées délicatement feroient encore honneur à ceux qui
les

# PREFACE. xxv

les exprimeroient aujourd'hui avec cette sage & noble élegance qui leur est propre. Est-il rien dans l'antique & premiere simplicité de notre Langue de plus ingenieusement, de plus sagement pensé que ce qu'il dit de la justice, que la richesse se rend à elle-même du cœur des avares, & de la vengeance qu'elle en tire, de ce que malgré sa nature, qui est de se communiquer à plusieurs, ils ne laissent pas de la resserrer dans une étroite & dure captivité ?

 Aux richesses font grans laidures *   Vers
 Quant ils leur ostent leurs natures :    5399.
 Leur nature est qu'ils doivent courre,    * Des
 Pour les gens aider & secourre,    honneurs.
 Sans estre à usures prestées,
 A ce les à Dieu aprestées.
 Si les ont en prison répostes *    * Mises.
 Mais les richesses de tels hostes,
 Qui mieulx selon leurs destinées,
 Deussent estre après eulx trainées,
 S'en vengent honorablement ;
 Car après eulx honteusement,
 Les trainent, deboutent & hercent. *    * Brisent.
 De trois glaives les cueurs leurs percent :
 Le premier est travail d'acquerre,
 Le second qui les cueurs leur serre.

Si est qu'aucun si ne leur emble *   * Enleve.
Quant ils les ont mises ensemble,
Dont s'esbahissent sans cesser ;
Le tiers est douleur du laisser,
Comme je t'ai dit ci-devant,
Malement s'en vont decevant.
Ainsi pecune se revanche,
Comme Dame très-noble & franche,
Des Serfs qui la tiennent enclose ;
Eh paix se tient & se repose,
Et fait les malheureux veiller,
Et soucier & travailler.
Sous pieds si court les tient & dompte,
Qu'elle a honneur & eux la honte.
Et le torment & le dommaige,
Qui en angoissent leur couraige.

Ne trouve-t-on pas du tour & beaucoup de sens dans l'explication qu'il donne à cette maxime vulgaire, que les honneurs changent les mœurs ; maxime qu'il croit aussi fausse, qu'elle étoit commune de son tems, & qu'elle l'a encore été depuis. Voici ce qu'il en dit :

Vers 6527.

Et se dit l'en une parole,
Communément qui est moult sole.
Et la tiennent aucuns à vraye,
Par leur sol sens qui les devoye ;
Que les honneurs, les mœurs remuent ; *   * Changent.
Mais ceulx mauvaisement arguent,

Car

### PREFACE. XXVII

 Car honneurs ne font pas muance *
 Ains font fignes & démonftrances.
 Quels meurs en eulx devant avoyent,
 Quant ès petits eftats eftoyent.
 Et qu'ils ont les chemins tenus,
 Par quoy font ès honneurs venus.

\* Changement.

 Enfin fi je ne craignois de charger cette Préface, ou de fatiguer un Lecteur par l'exceffive longueur de ces extraits, on verroit qu'outre la morale on trouve encore dans ce Roman une politeffe de mœurs qui fait honneur à notre nation, parvenuë il y a plus de quatre fiécles à ce point où ne font pas encore arrivées la plûpart des nations voifines. Il y a même des traits de politique, des caracteres, des portraits, des maximes, des regles de conduite, des vérités philofophiques, des fentimens: & tout cela fait bien fentir qu'on avoit raifon de le regarder en fon tems comme un Livre effentiel pour l'ufage de la vie civile, parce qu'il eft peu de ces anciens Livres, où l'on trouve en même-tems une fi grande variété de chofes néceffaires, utiles & agreables.

      ẽ 2   *Chimie*

### Chimie dans ce Roman.

Je ne parle point ici des principes de chimie qu'on a prétendu apercevoir dans le Sermon de *Genius* Chapelain & Confesseur de Dame Nature. Il n'est pas encore bien décidé si toute l'obscurité philosophique qui se rencontre en cet endroit, n'est pas une Satyre du Predicateur contre ces prétendus Philosophes qui s'imaginent pouvoir changer l'ordre de la nature par des transmutations imaginaires de métaux. Néanmoins ce qu'en dit Jean de Meun ne monte pas à 90 Vers & se trouve conforme à ce qu'en ont écrit les autres Philosophes chimistes. Mais il paroit que notre Auteur avoit quelquefois tourné ses soins de ce côté-là, s'il a fait les *Remontrances de Nature à l'Alchimiste errant* que nous avons imprimées dans le tome troisiéme : du moins elles en portent le nom en quelques Manuscrits & en plusieurs Editions.

### Economie & ordre de ce Roman.

C'est donc ici un Roman, mais il n'est

# PREFACE.

n'est pas fait avec la conduite & l'ordonnance que prescrivent les régles de l'art. C'est même encore un Poëme, mais qui ne tient rien de ce que nous apellons heroïque. On lui a cependant donné le nom de Poëme, parce qu'on y trouve des Vers mesurés & rimés ; il ne faut pas en Poësie y chercher autre chose. C'est un Roman, parce que c'est une histoire controuvée & imaginée, autant pour détourner de l'amour que pour en donner les régles. Mais cette invention n'a rien de ce qu'on cherche aujourd'hui dans ces ouvrages, c'est-à-dire, un fond de vrai-semblance qui feroit quelquefois croire ou souhaiter du moins que le tout fut véritable. Le merveilleux y est absurde ; cependant l'absurde ne laisse pas d'être instructif ; mais il faut le pardonner à nos Peres, ils ne pouvoient pas mieux faire. Il y a néanmoins un ordre dans ce Roman ; les choses y vont toujours par degrés & avec une certaine proportion. Ainsi la vraye conclusion n'est pas au commencement de l'ouvrage comme dans les Amadis. Il y a un ordre plus naturel & mieux marqué ; car plus l'Amant va en avant, plus il s'engage & fait de pas vers la conclusion réelle,

ẽ 3   qui

qui ne vient qu'à la fin de tout l'ouvrage.

Cela se trouve chargé d'incidens dont quelques-uns sont assez ingénieusement amenés au sujet, d'autres y sont jettés sans qu'on en sache la raison : les histoires sur tout y sont placées d'une maniere si extraordinaire, que tout autre endroit que celui où elles sont, leur auroit également convenu.

*Style de ce Roman.*

Notre Langue ne faisoit que sortir de la Barbarie qui lui étoit restée des Langues Celtique & Theudesque lorsque ce Roman fut commencé. Ainsi on doit regarder comme une espece de prodige, d'y voir regner avec l'ordre si naturel de notre langage, si peu de termes étrangers & barbares. Je dirai même que contre l'ordinaire des Poëtes de ces premiers tems, on y trouve très-peu de manieres basses & populaires, qui sont très-souvent des marques ou du peu d'éducation de nos premiers versificateurs, ou du peu de choix qu'ils aportoient dans leurs amitiés particulieres. Les Proverbes qui sont ordinairement le patri-

## PREFACE.

trimoine de la populace, sont employés ici d'une maniere assez distinguée & assez noble pour faire croire que leur Auteur avoit plus de fréquentation à la Cour que parmi le Peuple. Il a même écarté tous ceux qui portoient avec eux des idées communes & mécaniques ; ce que n'ont point fait la plûpart de nos premiers Auteurs, qui mettoient tout en œuvre bon & mauvais, dans la fausse persuasion que c'étoit l'unique moyen de plaire à tout le monde.

Il faut avouer cependant que pour le fond du style il se trouve quelques differences entre les premiers Manuscrits de cet ouvrage & ceux des derniers tems : mais il y en a davantage entre les Manuscrits & les Imprimés ordinaires ; il est bon de donner ici quelques éclaircissemens sur ces différences. Comme ce Roman étoit le Livre des Courtisans, comme il étoit d'un usage ordinaire & pour ainsi dire journalier, on s'apliquoit toujours dans les copies nouvelles qui s'en faisoient, à le rendre conforme au langage ordinaire de la Cour, & quelquefois même au style des Provinces où on le copioit ; c'est ce qu'observe *Etienne Pasquier* au Livre VIII. de ses

Recherches, chap. 44. *Pareille faute*, dit-il, *trouvons-nous aux anciens Manuscrits de notre Roman de la Rose, en chacun desquels le langage françois est tel qu'il étoit lorsqu'ils furent copiés, hormis la rime des Vers auxquels ils ne purent donner aucun ordre. Voire y trouverez-vous je ne sçai quoi du ramage de ceux qui en furent Copistes; je veux dire de leur Picard, Normand, Champenois, qui sont choses auxquelles le Lecteur doit avoir égard premier que d'y interposer son jugement.*

D'ailleurs on peut dire qu'indépendamment de toutes ces alterations, on retrouveroit dans la plûpart des Provinces l'explication de plusieurs anciens termes qui ne sont plus d'usage, chaque partie du Royaume ayant conservé ceux qu'elle affectionnoit le plus.

Mais ces changemens ne parurent sensibles qu'au commencement du xv. siécle. Notre Langue ayant pris alors plus de perfection & de politesse qu'elle n'en avoit auparavant, on aperçut aisément la difference d'un ouvrage fait à la fin du xiii. siécle d'avec le même ouvrage écrit au commencement du xv. Et ce fut vers ce tems-là que se firent les premieres
cor-

PREFACE. XXXIII

corrections du Roman de la Rose, soit en éloignant des termes qui commençoient à n'être plus du bel usage, soit en réformant l'ortographe qui tenoit encore quelque chose de la Langue Germanique, pour prendre celle que nous avons aujourd'hui, qui s'est maintenuë avec assez d'uniformité depuis 300 ans. Tout le xv. siécle aporta peu de changemens à notre Langue, ainsi le Roman ne souffrit dans ce tems aucune alteration sensible : mais le renouvellement des Lettres, & plus que tout cela, les Dames qui commencerent à primer à la Cour sous Louis XII. & François I. produisirent un changement merveilleux dans notre Langue. On s'accommoda pour le tour & l'arrangement à la délicatesse de leurs oreilles ; on exila derechef tout ce qui portoit avec soi quelque sorte de rudesse ; on chercha même de nouveaux mots & de nouvelles façons de parler plus douces & plus gracieuses que les antiques, pour les substituer à la place de celles que l'on mettoit hors de rang.

Ce fut vers ce tems que parurent les premieres Editions du Roman de la Rose, & l'impression occasionna la

ē 5  deu-

deuxiéme correction que l'on s'avisa d'y faire. Ainsi les premiers imprimés qui sont tous en caractere gothique, ne different que très-peu des derniers manuscrits du xv. siécle, mais la difference est sensible avec ceux du xiv. parce qu'il y eut de l'une à l'autre une double correction.

Ce Livre ayant repris faveur sous le régne de François I. *Clement Marot* qui étoit le bel esprit banal de la Cour, prit la résolution de le réimprimer. Il le fit en 1527. avec des changemens si considerables, que cela fut moins pris pour une correction, que pour une véritable alteration d'un texte qu'il auroit dû respecter. Dans la pensée donc de lui donner un tour plus françois, il hasarda d'en refaire beaucoup de Vers, d'en ajouter quelques-uns, d'inserer des gloses dans le texte, enfin d'en faire comme de son propre ouvrage ; hardiesse que *Pasquier*, quoiqu'ami de Marot, ne put s'empêcher de regarder depuis comme une témerité condamnable. Cette Edition parut d'abord *in folio* en caractere gothique l'an 1527. & depuis on l'a réimprimé en 1529. Cette derniere Edition qui est de Galliot du Pré, est la seule que l'on ait fait en ca-

caractères romains, ou lettres rondes. Jean Longis réimprima ce Livre pour la troisiéme fois, mais toujours également corrompu. Cette troisiéme Edition qui est de l'an 1537. se fit en caractères gothiques comme toutes celles qui avoient paru avant 1529. & depuis ce tems l'avidité des Libraires ne leur a pas même fait naître l'envie de le publier de nouveau, malgré la rareté & le prix excessif des premiers exemplaires.

## Versification de ce Roman.

Ou je me trompe, ou c'est ici le lieu de dire un mot de la versification de ce Roman, même de celle de nos premiers Poëtes. Il ne faut pas croire que l'on n'ait commencé à rimer en France que vers l'an 1250. comme l'a prétendu Petrarque. La rime est chez nous plus ancienne au moins d'une centaine d'années. Le *Roman d'Alexandre* commencé par *Eustace* & continué par *Alexandre Paris*, remonte au milieu du XII. siécle. Il n'est pas même certain que ce soit le premier de nos Poëtes; car il n'est pas vrai-semblable que pour essai de notre versification on ait commencé

par

par un grand Poëme. Cette conjecture est fondée sur ce qu'on dit de *Pierre Abelard*, qu'il avoit fait autrefois des Chansons amoureuses qui faisoient les délices de son tems : cette date qui est posterieure de peu d'années à l'an 1100. fait voir que l'on a versifié & par conséquent rimé parmi nous au commencement du XII. siécle. Il seroit très-glorieux à la rime de tirer son origine d'un aussi grand personnage ; mais je la crois beaucoup plus ancienne, & l'on se tourmente inutilement pour sçavoir de qui nous la tenons Je me persuade que comme il y a toujours eu des Poëtes dans la nation, il y a toujours eu de la rime ; c'est le caractere de toutes les anciennes Langues du Nord, telle que la nôtre étoit dans ses commencemens, de distinguer leurs Vers, non-seulement par la mesure, mais encore par la rime ; & je m'imagine que c'est de nous que les Latins des siécles barbares ont tiré la rime qu'ils ont introduite dans la plûpart des Hymnes de l'Eglise.

Ce qui nous est donc connu de ces premiers tems de notre Poësie sont les Vers Alexandrins, c'est-à-dire, de douze syllabes pleines, qui ont
pris

# PREFACE.

pris leur nom du Roman d'Alexandre dans lequel ils furent employés. Mais comme l'harmonie de notre Langue n'étoit pas encore assez formée pour réussir dans cette nature de Vers qui en exige beaucoup, ils eurent moins de succès que les Vers de huit syllabes, dont on s'est servi depuis dans la plûpart des ouvrages. Il y a même une raison qui paroît avoir donné un grand cours à ces derniers Vers : notre premiere Poësie étoit moins des Vers que de la Prose rimée, & nos premiers Auteurs étoient plutôt des Versificateurs que des Poëtes ; ainsi les Vers de huit syllabes s'accommodoient beaucoup mieux à leur maniere de versifier, qui demandoit plus de facilité que d'élevation.

Ce sont les Vers que nos anciens Romanciers ont le plus employés ; cela n'a pas néanmoins fait négliger entierement les Vers Alexandrins. Jean de Meun lui-même qui s'étoit familiarisé avec les Vers de huit syllabes, s'est servi des autres dans son Codicille ; mais on n'y trouve pas cette correction & cette aisance qu'on voit régner dans la versification de son Roman.

L'on étoit dans ces premiers tems
si exact

si exact sur la rime, que souvent pour la satisfaire l'on estropioit ou l'on changeoit les mots de notre Langue. Ainsi Jean de Meun ne fait pas difficulté de mettre *adultire* pour *adultere*, *reculier* pour *reculer*, parce qu'il s'agissoit par l'un de rimer à *dire*, & par l'autre à *seculier*. Il s'est avisé même pour plus de facilité de couper un mot en deux : c'est à la vérité la seule fois que j'ai remarqué cette licence. La voici pour la singularité :

> N'onc preterit, present ny fu,
> Et aussi vous dy que le fu-
> Tur n'y aura jamais presence,
> Tant delectable est permanence.

Ces sortes de licences ou négligences, comme on voudra les nommer, n'ont pas empêché que l'on n'ait autrefois estimé ce Livre, & les gens d'esprit ne doivent pas aussi pour cela lui refuser la préference qu'il mérite sur les Poëtes de son tems.

Vers 20920.

## Critique de ce Roman.

Mais la consideration des illustres adversaires qu'a eu ce Roman, me détermineroit seule à lui donner plus d'esti-

# PREFACE.

d'estime qu'aux autres. Comme il n'y a que les gens sans mérite, qui ne soient pas dignes d'avoir des ennemis; il n'y a que les ouvrages médiocres, sans goût & sans élevation qui n'ayent pas l'honneur d'être contredits. Heureusement le Roman de la Rose a eu des contradicteurs : *Gerson* Chancelier de l'Eglise de Paris & la plus grande lumiere de cette Université écrivit contre ce Poëme. Je n'ambitionnerois la gloire d'être Auteur que pour avoir d'aussi celebres Antagonistes ; il l'attaque du côté des mœurs. Peut-être n'en avoit-il pas penetré le sisteme & l'économie ? *Jean de Meun* eut encore un illustre adversaire en la personne de *Martin Franc* Secretaire du Pape Felix V. C'est contre ce Roman qu'il écrivit le *Champion des Dames*; livre dans lequel, outre une Poësie assez chatiée pour le tems, on trouve encore beaucoup de singularités & même des lumieres historiques, pour qui sçait bien les mettre en œuvre.

*Roman de la Rose moralisé.*

Enfin on a fait l'honneur tout entier à ce Roman : on l'a moralisé & mis

# PREFACE.

mis en Profe. C'étoit en partie le goût du tems, mais c'étoit fur tout celui de *Jean Molinet* Chanoine de Valenciennes & Hiftoriographe de Maximilien I à la fin du xv. fiécle & au commencement du xvi. Ainfi Jean de Meun avoit donné ce Roman comme un Livre agreable & amufant, & Jean Molinet en vouloit faire un Livre de pieté.

Cet Auteur étoit né pour les devotes turlupinades; c'eft de lui que nous tenons les *Vigiles des Morts* en Comedie. Il commence fon ouvrage par ces Vers, qui en font le titre:

<blockquote>
C'eft le Roman de la Rofe<br>
Moralifé, cler & net,<br>
Tranflaté de rime en profe<br>
Par voftre humble Molinet.
</blockquote>

Ce font peut-être les meilleurs qu'il ait fait, quoique Clement Marot dife à l'avantage de la Poëfie de cet Auteur.

Et le pauvre Jean Molinet étoit fi perfuadé de la vérité des allegories de ce Roman, qu'il ne peut affez loüer le Seigneur de l'avoir conduit à la fin de fon œuvre. Ce que j'en vais raporter fera un peu long; mais ce ne fera pas le moins curieux de cette Preface:

,, Loüan-

,, Loüange soit au Dieu d'Amours per-
,, durable, dit-il, & à sa Mere très-
,, sacrée Vierge, quant nous voyons
,, ce Romant reduyt à sens moral,
,, jusques à cueillir la Rose. Plusieurs
,, Hongnars, disciples de murmures,
,, ont souvent tiré à demi les courtes
,, espées de leurs bouches, pour don-
,, ner dessus l'Acteur de cestuy Livre,
,, disant qu'il avoit oultrageusement
,, deshonnoré le sexe feminin par ses
,, mordans escriptures. Mais il leur
,, doit estre pardonné, comme aux
,, povres innocens, ignorans qu'il y
,, a double exposition dessus le texte
,, dudit Livre. Aulcunz amans folz &
,, terrestres addonnez à lubricité &
,, pleins de lascivies, le glosent à
,, leur avantage & selon leur affe-
,, ction, *qui de terra est, de terra loqui-*
,, *tur* : mais ceulx qui seront amou-
,, reux du deduyt espirituel, *qui de*
,, *cælo venit*, ilz y trouvent bon fruit,
,, bonheur & honneur salutaire. Et
,, n'est à présumer que ung tel espe-
,, tit d'homme que fust Maistre Jehan
,, de Meung, trop plus angelique que
,, humain, eusist voulu touiller la
,, queuë de sa vieillesse en ordure
,, de paillardise & deturper sa renom-
,, mée sans en tirer doctrine prouffi-
,, table.

,, table. Que peult-on sçavoir du bien
,, qui ne congnoist le mal, ne que c'est
,, de aymer son Créateur, qui ne sçait
,, aymer sa créature.

### *Plan de cette Edition.*

En donnant cette nouvelle Edition du *Roman de la Rose*, qui depuis près de deux cens ans n'avoit pas été mis sous la Presse, j'ai cru que je devois lui donner un degré de perfection qu'il n'avoit pas encore eu jusqu'ici. J'ai revu le Texte sur diverses Editions & quelques Manuscrits. Je ne me suis pas accablé cependant par les uns ni par les autres ; je hay trop ces Savantas, dont tout le sçavoir est de comparer des Manuscrits & de recueillir les fautes des Copistes, par le moyen desquelles ils jettent de l'incertitude sur les meilleurs Ecrivains de l'antiquité. C'est à quoi aboutissent toutes ces *Variantes* compilées avec tant de travail & avec si peu d'esprit par ces demi Savans, plus occupés des Commentaires que des textes de leurs Auteurs.

Cependant comme il y a en quelques Editions ou même dans un petit nombre de Manuscrits des differences utiles

PREFACE. XLIII

utiles ou essentielles pour l'intelligence de cet Ouvrage, j'ai cru ne les devoir pas négliger. J'ai donc choisi une Edition connuë & un Manuscrit de conséquence pour les comparer avec mon Edition & faire remarquer les changemens, qui ont été faits à ce Livre.

La révision de Clement Marot a un avantage ; c'est de donner quelquefois l'explication de certains mots qui avoient déjà vieilli, ou qui n'étoient plus ni usités, ni même entendus au temps de François I. c'est en quoi elle peut être utile ; d'ailleurs c'est moins une correction qu'une altération du Roman de la Rose, comme nous l'avons déjà marqué.

Dans tous les Manuscrits que j'ai vûs j'en ai choisi un Ecrit pour des personnes distinguées de la Cour de France, afin d'éviter les changemens qu'on a faits à ce Roman dans les Copies qui ont été écrites pour les diverses Provinces du Royaume. J'ai prié un de mes amis de me faire prêter ce Manuscrit par les Religieux de S. Germain des Prez, qui se font un plaisir, sans néanmoins qu'ils y soient obligés, de communiquer aux gens de Lettres les immenses Tresors qu'ils

ont

ont dans leur Bibliotheque, l'une des plus belles de l'Europe. Ce Manuscrit, avec un grand nombre d'autres extrêmement précieux, leur a été légué par feu M. le Duc de Coiflin Evêque de Metz, l'un des plus dignes & des plus sages Prelats de l'Eglise de France, qui étoit né pour l'honneur de l'Epifcopat & pour l'utilité de fon Siecle; il meritoit une plus longue vie. Cette riche Bibliotheque venoit du feu Chancelier Seguier, le plus grand homme qui ait paru dans ce pofte éminent; & celui qui a le plus aimé les Lettres & les Sçavans, dont il étoit le protecteur & le foutien. J'ai placé à la fin du fecond Volume, avec lequel finit le Roman de la Rofe, les differences que j'ai rafsemblées, tant de l'Edition de Marot, que du beau Manufcrit de S. Germain des Prez.

J'ai fait plus, j'ai chiffré de cinq en cinq tous les Vers de cette Edition. Cette methode a un avantage pour les Poëtes, c'eft de pouvoir trouver plus fûrement les citations qu'on en poura faire dans la fuite; il feroit à fouhaiter qu'on tint cette conduite dans toutes les réimpreffions qui fe font des anciens Livres. Je crois qu'on

me

# PRÉFACE.

me pardonnera d'avoir conservé dans mon Edition les Sommaires que j'ai trouvés dans la plûpart des Editions & en quelques manuscrits modernes. Je sçai qu'ils ne sont pas des premiers Auteurs du Roman ; je les ai placés, en caracteres differens du reste de l'Ouvrage, parce qu'ils peuvent aporter quelques lumieres ; & du moins ils servent de repos dans la lecture d'un Livre assez ennuyeux & de très-longue haleine.

Enfin j'ai ajouté au Roman de la Rose un troisiéme Volume, qui contient outre quelques autres Ouvrages de Jean de Meun, plusieurs morceaux de Poësie qui regardent le grand Oeuvre des Philosophes, ou Traités de la Transmutation metallique.

Le premier Ouvrage de ce Volume est le *Codicile de Jean de Meun*; c'est une Piece morale & satirique contre les hipocrites de son tems. Les Vers Alexandrins dont il a fait usage étoient encore trop imparfaits pour donner à la Poësie la facilité qu'elle doit avoir ; & les 2120 Vers dont ce morceau est composé, sont plus difficiles à lire & entendre que les 22000 Vers ou environ du Roman de la Rose.

Le second Ouvrage sous le Titre de

de *Testament de Jean de Meun* en Vers de huit sillabes pleines, est intitulé *le Tresor de Jean de Meun* dans les Manuscrits que j'en ai vûs, soit dans la Bibliotheque du Roy, soit dans celle de S. Germain des Prez, soit même dans quelques Cabinets françois ou étrangers ; l'Ouvrage est dogmatique & moral. Comme j'ai trouvé ces deux Ouvrages assez imparfaitement imprimés dans quelques Editions du Roman de la Rose, j'ai cru que le Public trouveroit bon que je les lui presentasse ici à la suite du Roman ; mais revûs & bien corrigez, sans quoi il n'y auroit pas eu un grand merite de les faire paroître de nouveau. D'ailleurs ces morceaux de Poësie sont steriles & languissans, & ne peuvent être considerés que parce qu'ils viennent d'un Auteur celebre.

Une troisiéme & quatriéme Piece, sont les *Remontrances de Nature à l'Alchimiste errant*, avec la *Réponse de l'Alchimiste à Nature*. Ces Ouvrages sont attribués à Jean de Meun dans l'Edition que j'en ai, & en quelques Manuscrits. On voit bien par ce petit Ouvrage que l'Auteur avoit perdu son tems, aussi-bien que beaucoup d'autres à la Chimie metallique ; je doute

# PREFACE.

doute néanmoins que les obscurités affectées qui s'y trouvent, éloignent de ces sortes de travaux ceux qui n'en ont pas la clef.

Le cinquiéme Ouvrage qui paroît ici pour la deuxiéme fois, *est le Sommaire Philosophique de Nicolas Flammel*, aussi en Vers : L'Auteur qui écrivoit en 1393. & 1407. a la réputation d'avoir travaillé au grand Oeuvre de la Transmutation des Metaux : ce seroit un fait à examiner.

Enfin un sixiéme Ouvrage est *La Fontaine* des Amoureux de Science, par Jean de la Fontaine en Haynaut, & qui dit avoir réussi dans la transformation metallique à Montpellier, où il écrivit son Ouvrage, compris en 1066 Vers l'an 1413. comme on le voit à la fin de la Piece même. Ce petit Ouvrage est à l'imitation du Roman de la Rose, contenu dans une espece de songe.

On demandera peut-être pourquoi j'ai assemblé en un même Volume des Ouvrages si differens & d'Auteurs étrangers les uns aux autres. La raison en est simple, je les ai trouvé unis avec les traités de Jean de Meun en un même petit Volume extrêmement rare, imprimé in 16. à Lyon en 1618.

&

# PREFACE.

& j'ai cru qu'étant d'un prix considérable pour sa grosseur, les curieux ne seroient pas fâchez de revoir ici des traités qu'ils auroient peine à trouver ailleurs ; & ce n'est que l'occasion de ceux de Meun qui m'engage à les donner de nouveau.

Enfin je termine ce troisiéme Volume par un *Glossaire*, qui contient *l'explication des anciens termes* qui se trouvent dans le Roman de la Rose ; il m'étoit facile d'augmenter & amplifier ce travail, & d'en faire même un assez gros Ouvrage. Des citations du Roman ou de nos anciens Auteurs auroient fait l'affaire, je les aurois tirés de quelques anciens Glossaires ; mais je n'en aurois été que plus long & plus ennuyeux. Ce que j'en ai dit suffit à ceux qui voudront lire seulement le Roman ; les autres sçavent où aller chercher de plus amples explications de ces anciens mots, ausquelles un habile homme travaille depuis quelques années ; & il est à souhaiter qu'il nous donne bientôt un Ouvrage, qui sera plus agréable pour les Lecteurs curieux, que pour l'Auteur, qui prend tant de peine à dévoiler toute l'antique barbarie de notre langue.

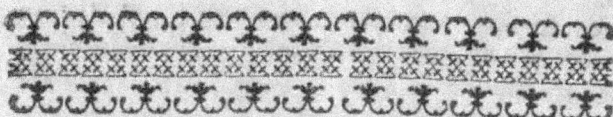

# PREFACE
## DE
## CLEMENT MAROT

SUR LE ROMAN DE LA ROSE de l'Edition gothique, in Folio Paris 1527. In octavo, Lettres romaines, Paris Galliot Dupré 1529. Et in octavo, Lettres gothiques Paris de Jean Longis 1537.

*Exposition morale du Roman de la Rose.*

S'IL est ainsi que les choses dignes de mémoire pour leur profit & utilité, soient à demeurer perpétuellement sans être du tout assoupie par trop longue saison & labileté de temps caduc & transitoire, l'esguillon & stimulement de juste raison & non simulée cause m'a semont & enhorté comme tuteresse de tout bien & honneur à réintégrer, & en son entier remettre le Livre, qui par long-temps devant cette moderne saison, tant a été de tous gens d'esprit estimé, que bien l'a daigné chascun veoir & tenir au plus haut anglet de sa Librairie, pour les bonnes sentences, propos & dits naturels & moraux, qui dedans sont mis & inserez. C'est le plaisant Livre du Romman de la Rose, lequel fut poëtiquement composé par deux nobles Aucteurs dignes de l'estimation de tout bon sens & loüable ; sçavoir, Maistre Jehan de Meung & Maistre Guillaume de Lauris. Cestuy Livre plaisant a été auparavant par la faute, comme je croy, des Imprimeurs assez mal correct, ou par adventure de ceulx qui ont baillé le double pour l'imprimer ; car l'ung & l'autre peult être cause de son incorrection, pour laquelle chose restituer en meilleur estat & plus expédiente forme pour l'intelligence des Lecteurs & Auditeurs, nonobstant la foiblesse du mien petit entendement & indignité de rural engin, ay bien voulu relire ce present Livre dès le commencement jusques à la fin, à laquelle chose faire fort laborieuse me suis employé & l'ay corrigé au moins mal que j'ay peû, y adjoustant les quottations des plus principaux notables & auctoritez venant à propos sans le mien voulentaire consentement, comme debvez entendre, & pour autant qu'on pourroit dire, comme ja plusieurs ont dict, que ce Livre parlant en vain de l'Estat d'amours, peult estre cause de tourner les entendemens en mal, & les appliquer à choses dissoluës à cause de la persuasible matiere de fol amour dedans tout au long contenuë, pour cause que fol appetit sensuel ou sensualité, nourrisse de tout mal & marastre de vertu, est moteur d'icelui propos, tout honneur sauvé & prémis ; je réponds que l'intention de l'Aucteur n'est point simplement & de soy-même mal-fondée ne mauvaise ; car bien peult être que ledict Aucteur ne gettoit pas seullement

son

son penser & fantaisie sus le sens littéral, ains plustost attiroit son esprit au sens allégoric & moral, comme l'ung disant & entendant l'autre. Je ne veulx pas ce que je dis affermer, mais il me semble qu'il peult ainsi avoir fait; & si celluy Aucteur n'a ainsi son sens réglé & n'est entré sous la moralle couverture pénétrant jusques à la moralle du nouveau sens mistic, toutes-fois l'on le peult moralement exposer & en diverses sortes. Je dis donc premierement que par la Rose, qui tant est appettée de l'amant, est entendu l'estat de sapience : bien est justement à la Rose conforme pour les valeurs, doulceurs & odeurs qui en elle sont, laquelle moult est à avoir difficile pour les empeschemens entreposez ausquels arrester ne me veulx pour le present. Et en cette maniere d'exposer, sera la Rose figurée par la Rose Papalle, qui est de trois choses composée ; c'est à assavoir d'or, de muscq & de basme : car vraye sapience doibt estre d'or, signifiant l'honneur & révérence que nous devons à Dieu le Créateur ; de muscq à cause de la fidélité & justice que devons avoir à nostre prochain, & de basme quant à nousmêmes entant que devons tenir nos ames cheres & précieuses, comme le basme pur & cher sur toutes les choses du monde ; secondement, on peult entendre par la Rose l'estat de grace, qui semblablement est à avoir difficile non pas de la part de celui qui la donne, car c'est Dieu le tout-puissant ; mais de la partie du pécheur, qui toujours est empesché & eslongné du collateur d'icelle ; cette maniere de Rose spirituelle, tant bien spirant & réfragrant, povons aux Roses figurer, par la vertu desquelles retourna en sa premiere forme le grant Apulée, selon que l'on escript

au Livre de l'Aſne d'or, quand il eut trouvé le Chappelet de fleurs de Roſier pendant au Siſtre de Cerès Déeſſe des Bleds. Car tout ainſi que ledit Apulée qui avoit été tranſmué en Aſne, retrouva ſa premiere figure d'homme ſenſé & raiſonnable, pareillement le pécheur humain faict & converty en beſte brute par irraiſonnable ſimilitude, reprent ſon eſtat premier d'innocence par la grace de Dieu qui lui eſt conferée, lorſqu'il trouve le Chappelet ou Couronne de Roſes, c'eſt à ſçavoir l'eſtat de pénitence pendu au doulx Siſtre de Cerès. C'eſt la doulceur de la miſericorde divine. Tiercement, nous povons entendre par la Roſe la glorieuſe Vierge Marie pour ſes bontez, doulceurs & perfections de grace, deſquelles je me tais pour le preſent. Et ſachez que ceſte virginale Roſe n'eſt aux Heretiques facile d'avoir, & n'y euſt-il ſeullement que Malle-bouche qui les empeſche d'approcher de ſa bonté, car ils ont mal d'elle parlé, voulans maculer & dénigrer ſon naturel honneur, en diſant qu'il ne la fault ſaluer & appeller Mere de pitié & miſericorde: C'eſt la blanche Roſe que nous trouverons en Hierico, plantée, comme dit le Saige: *Quaſi plantatio Roſa in Hierico.* Quartement nous povons par la Roſe comprendre le ſouverain bien infini & la gloire d'éternelle béatitude, laquelle comme vrais amateurs de ſa doulceur & amenité perpétuelle, pourrons obtenir en évitant les vices qui nous empêchent, & ayant ſecours des vertus qui nous introduiront au verger d'infinie lyeſſe, juſqu'au Roſier de tout bien & gloire qui eſt la béatifique viſion de l'eſſence de Dieu. Ce Roſier peult être figuré non pas aux Roſes de Peſtum en Italie qui floriſſent deux fois l'an, car c'eſt peu ſouvent; mais à
la

## PREFACE.

la Rose que presenta au saige Roy Salomon la noble Reyne de Sabba Ethiopienne, comme nous lisons, & appert au Livre de ses problemes & des questions qu'elle lui demanda pour éprouver sa sapience, dont tant fut esmerveillée que son sens défailloit en elle, selon qu'il est escript au Livre des Roys. Elle prit deux Roses desquelles l'une venoit de l'arbre naturellement & l'autre procédoit par simulation: car elle l'avoit faicte sophisticquement & par art bien ressemblant à la Rose naturelle, tant estoit subtillement ouvrée. Voilà, dit-elle, deux Roses devant vostre pacificque Majesté presentes; dont l'une vrayement est naturelle; mais l'autre non. Pourtant dites-moy, Sire, qui est la naturelle Rose, montrez-la-moy aveccques le doy. Salomon ce voyant feit apporter aucunes mouches à miel, pensant & considérant par la science qu'il avoit de toutes choses naturelles, que lesdictes mouches, selon leur propriété, iroient incontinent à la Rose naturelle, non pas à la sophisticquée: car tels oyselets célestes, plaisans & mellificques, desirent & appettent les doulces fleurs sur toutes choses. Parquoy il monstra à la Royne la vraye Rose, la discernant de l'autre qui estoit faicte de senteurs contrefaisans nature. Celle Rose naturelle peult donc signifier le bien infini & vraye gloire céleste, qui point n'est sophisticque ne decepvable, comme la gloire du monde present, qui nous deçoit entant que nous cuydons qu'elle soit vraye: mais non est. Doncques qui ainsi vouldroit interpréter le Romman de la Rose, je dis qu'il y trouveroit grant bien, profit & utilité cachez sous l'escorce du texte, qui pas n'est à despriser; car il y a double gaing; récréation d'esprit

& plaisir délectable quant au sens littéral, & utilité quant à l'intelligence moralle ; Fables sont faictes & inventées pour les exposer au sens misticque : parquoy on ne les doit contemner : Si le grant Aigle, duquel parla Ezéchiel, quant il dit : *Aquila grandis magnarum alarum plena plumis & varietate venit ad Libanum & tulit Medullam Cedri*, qui tant avoit estendu son volatif plumaige se fust seullement aresté sus l'escorce du Cedre, quant il volla au Mont du Liban, point n'eust trouvé la mouelle de l'arbre : mais s'en fust envain retourné & eust perdu son vol. Semblablement si nous ne creusions plus avant que l'escorce du sens littéral, nous n'aurions que le plaisir des Fables & Histoires, sans obtenir le singulier proffit de la mouelle pneumaticque ; c'est assavoir venant par l'inspiration du Saint Esperit quant à l'intelligence moralle. Qui ne penseroit sinon au sens littéral ? Encores y a-t-il grant proffit pour les doctrines & diverses sciences dedans contenuës, car néantmoins que le principal soit ung train d'amours : toutesfois il est confit de bons incidens, qui dedans sont comprins & alléguez, causans maintes bonnes disciplines. Les Philosophes naturels & moraux y peuvent apprendre ; les Theologiens, les Astrologues, les Géométriens, les Archimistes, faiseurs de mirouers, Paintres & autres gens nais sous la constellation & influence des bons astres, ayans leur aspect sur les ingénieux & autres qui desirent sçavoir toutes manieres d'arts & de sciences.

VIE

# VIE
## DE
## JEAN CLOPINEL,
### DIT
### DE MEUNG.
#### Par ANDRÉ THEVET.

ENCORES que l'ancienne rimaille, dont autres-fois s'est servi celui dont je fais la Vie, semble avoir effacé le reste de la mémoire qui nous pouvoit rester de son ouvrage : Si suis-je bien contant de retirer de la prison d'oubly la loüange, que plusieurs gens blessés du cerveau, malicieusement ont voulu par calomnie alterer dans les Chartres de mesdisance : ne recognoissans pas ce qui a esté fort bien remarqué par le Chroniqueur d'Aquitaine, qu'il a été Docteur en * Theologie; & véritablement aussi font tort à tout le Corps de sa Compaignie, quand ils veulent le mettre non pas entre la menuë populace seulement, mais parmi les plus desesperés ennemis d'honesteté. Je les prierois volontiers de me dire pourquoi le Prieur de Saloin le represente bien vestu d'une robe ou chappe fourrée de menu ver, il faut bien qu'il le tint pour un homme de remarque, que ceux qui voudroient volontiers nous faire croire, qu'à cause de son nom *Clopinel*, il a été pietre & miserable. Mais d'autant que ( selon

le

---

* On a raison de douter si Jean de Meun a été Docteur en Theologie.

le commun Proverbe) l'habit ne fait pas le Moine, par ses dicts & escripts je veux faire entendre à un chacun, qu'il n'alloit point tant trainant sa jambe, qu'il ne sçeust bien s'avancer devant ses compaignons. Quand nous n'aurions que le ROMAN DE LA ROSE, encore faudroit-il recognoistre en luy une merveilleuse adresse, quoyqu'il n'ait esté le premier qui y ait donné le premier coup ; ains *Guillaume de Lorris*, qui n'ayant pû conduire à sa fin son discours, quarante ans après sa mort fut secondé par Jean Clopinel, comme on voit par ses Vers que j'ay inserés ici.

> Et puis viendra Jean Clopinel,
> Au cœur joly, au corps Isnel,
> Qui naistra sus Loire à Meung.

Et peu après encores,

> Cil aura le Roman si chier,
> Qu'il le voudra tout parfournir,
> Se temps & lieu luy peut venir ;
> Car quant Guillaume cessera,
> Jean si le recommencera
> Après sa mort, que je ne mente
> Au tres-passé plus de quarante.

Plusieurs ont voulu imiter ce Romans de la Rose, & entre autres Geofroy Chaucer Anglois, qui en a composé un qu'il intitule : *The Romant of the Rose* ; lequel, au raport de Balæus, a esté tiré du Livre de l'Art d'aimer de Jean Mone, qu'il faict Anglois. Je conjecture qu'il entend nostre Jean de Meung, encores qu'il le face Anglois, d'autant que n'est aisé à croire qu'un Anglois osa se hazarder à une telle œuvre, quoy que les termes

mes ne semblent que trop rudes maintenant, si estoient-ils bien riches pour lors. Et quoy qu'on considere les traicts qui sont romancés par Clopinel, je ne puis estimer que ceux qui les contempleront n'admirent l'adresse de ce Poëte, qui sous des termes envelopez & couverts, a assez clairement exprimé la vérité, à qui la vouloit entendre. Je sçais bien qu'il y a eu quelques Lecteurs chagrins & importuns, qui ont voulu se formaliser de la licence qu'ils trouvent dans ce Roman ; de maniere que par des Ecrits publics, ils ont voulu blasmer & le Livre & l'Autheur : il s'en est même trouvé un entre les autres, qui s'est tellement abandonné à sa colere, qu'il a dit que plutost il croiroit que Judas fut sauvé que le pauvre Jean Clopinel. L'occasion, sur laquelle se fondoient ces rechignés controlleurs, est qu'ils voyoient que ce Livre trottoit par les mains de la Noblesse & principalement des Courtisans, & en estoit mieux receu que les advertissemens de devotion, pieté & amour divin. Cela fit que pour les en dégouster ils s'armerent contre la Rose, jetterent plusieurs exécrations, qui quant tout sera bien espluché, seront plus ineptes que nécessaires. Aussi l'effect a bien monstré qu'ils ne sçavoient quelles estoient les vertus & proprietés de la Rose, qu'encores que par le dehors elle pique, elle a néanmoins au dedans une fort singuliere & souveraine odeur. De fait, je passeray volontiers condemnation que Clopinel s'émancipant souz le passe-droit que la Poësie se veut attribuer, s'est peut-estre plus souvent, que besoin n'eut esté, laissé esgarer en vains & ridicules discours ; qu'il a quelques-fois trop piqué quelques-uns, & finalement qu'il n'a gardé la modestie qui eut esté bien requi-

i 5        se,

se, mais que pour cela il ait falu d'un plain faut le prendre au collet pour le terrasser; il n'y a point aparence. Pourquoy n'ont-ils foudroyé sur les lascivetés d'un Martial, d'un Ovide & d'autres Poëtes, tant Grecs que Latins, lesquels ont bien autrement gazoüillé de l'amour que n'a faict ou de Lorris ou Clopinel. Ce qui donne couleur à ceste censure, est que desja Clopinel, pour avoir esté trop libre en ses paroles, faillit à avoir le foüet des Dames de la Cour, contre lesquelles il avoit escrit ces Vers :

> Toutes estes, serés, ou fustes
> De faict, ou de volunté putes.
> Et qui très-bien vous chercheroit
> Toutes putes vous trouveroit.

Premierement, je pourrois alleguer l'incapacité du Jugement, qui quelque ignominieux qu'il eut sçeu estre, ne pouvoit emporter note d'infamie contre ce pauvre criminel, qui à tout évenement pouvoit demander son déclinatoire devant Juges qui eussent esté receuz & admis au Siege de justice par les Loix. Or il est tout notoire que l'estat de judicature, aussi-bien que la prestrise est viril; & partant que les Dames en sont forbanies. En après la condemnation n'estoit pas d'avoir le foüet des mains de l'Exécuteur de Justice. Cela seroit contre tout droict, que les Parties plaintives chastiassent elles-mêmes ceux qui les auroient intéressés. Et en outre seroit blesser la grandeur, honeurs & dignité des Dames, qui eussent été bien maries d'avoir voulu empoigner le foüet pour servir en tel office. Mais qu'est-il besoin de disputer sur l'exécution, puisqu'il en obtint la surseance par une ruse;

la-

laquelle estant gaillarde & gentille, je suis bien contant de la proposer icy. Doncques Maistre Jean de Meung ayant esté amené à la Cour par quelques Gentils-hommes, lesquels, pour gratifier aux Dames, avoient promis le leur livrer, & n'empêcher qu'il ne fit reparation de l'injure qu'elles alleguoient leur avoir esté faire, fut resserré dans une chambre. Après fut presenté aux Dames ; la plus hardie desquelles commence à lui remonstrer qu'au Roman de la Rose il avoit introduit un jaloux qui dit tout le mal qu'il est possible des femmes, & trop témerairement avoit lasché sa plume pour escrire les Vers que j'ay cy-dessus recités. De maniere qu'à son dire, il n'y a Dame qui ne soit putain, ne l'ait esté, ou ne veuille l'estre, qui est trop ouvertement deschirer l'honneur, pudicité & chaste intégrité des Dames. Encores que telle insolence méritast très-griefve peine, & qui ne pourroit pourtant esgaler à ce qu'il a mérité ; il a esté dict & arresté qu'il seroit fouetté des Dames, qui là assistoient, tenant chacune une poignée de verges. Clopinel, encores qu'il ne fut de bas or, si craignoit-il la touche ; & partant après avoir quelque-tems pensé en soy-mesme, voyant que son aage ne pouvoit esmouvoir les Dames à misericorde, & d'autre costé le nombre si grand de poignées, pour descharger sur son dos, pressé qu'il se vit de se dépoüiller, humblement les requit luy vouloir octroyer un don, jurant qu'il ne demanderoit remission du chastiment, qu'elles entendoient (à tort) prendre de luy ; ains l'avancement. Ce qui luy fut accordé, non sans grande difficulté, & n'eut esté le respect des Gentils-hommes qui intercederent pour luy; il estoit frustré de son espoir. Alors, dit-il, je vous prie,

prie, Mesdames, puisque j'ai trouvé tant de graces envers vous, que ma demande est interinée, que la plus forte Putain de votre compagnie commence la premiere & me donne le premier coup. Ma Requeste est juridique, d'autant que je n'ay parlé que des meschantes, foles & mal-advisées ; par ce moyen lia les mains à toute la compaignie. Elles se regardoient l'une l'autre pour sçavoir qui auroit l'honneur de commencer, mais n'y en eut pas une, quoy qu'elles eussent toutes bien envie de l'estriller, qui se hazardast de le toucher. Clopinel, joyeux de ce nouveau incident, eschapa & appresta matiere aux Gentilshommes de se gaber ( ou moquer ) des Dames, lesquelles au-lieu de luy porter honneur & révérence, vouloient trop rudement l'outrager. C'étoit bien-loin de faire comme Marguerite fille de Jaques, premier du nom, Roy d'Ecosse & femme du Dauphin, qui fut depuis le Roy Loüis unziéme du nom, laquelle comme elle passoit par une sale, où estoit endormy Alain Charretier, Secretaire du Roy Charles septiesme, homme Docte, Poëte & Orateur, élégant en Langue françoise, l'alla baiser en la bouche en presence de ceux de sa suite. Et comme quelqu'un de ceulx de la compaignie lui eut répondu, qu'on trouvoit estrange qu'elle eut baisé un homme si laid : elle respondit, je n'ay pas baisé l'homme, mais la la bouche, de laquelle sont issus tant & excellens propos, matieres graves & sentences dorées. Ce n'est pas qu'il se laissast emmuseler ( comme ses Ecrits le justifient ) non plus que Clopinel : mais ceste vertueuse Princesse cherissoit & admiroit ceux qui doctement déchifroient la vérité.

Quant au tems auquel vivoit notre Jean de Meung,

## DIT DE MEUNG.

Meung, n'est pas aisé de pouvoir le vérifier précisément. Toutefois est loisible de conjecturer par l'Epistre liminaire, qu'il a mis au commencement du Livre de Boëce de la Consolation, à peu près en quel temps il a vescu : "*A ta Royale Majesté*, dit-il, très-noble » Prince par la Grace de Dieu Roy des Fran- » çois, Philippes le Quart; je Jean de Meung, » qui jadis au Romans de la Rose, puis que » jalousie ot mis en prison Bel-acueil, ay » enseigné la maniere du Chastel prendre, & » de la Rose cueillir : & translaté de Latin en » François le Livre de Vegece de Chevale- » rie & le Livre des Merveilles de Hirlande : » & le Livre des Epistres de Pierre Abeillard & » Heloise sa femme : & le Livre d'Aelred, de » spirituelle amitié : envoye Ores Boëce de » Consolation, que j'ai translaté en François, » jaçoit ce qu'entendes bien Latin. Or ce Philippes le Quart commença à régner l'an douze cens quatre-vingt & six, & régna vingt-huit ans. Et du depuis il presenta son Livre intitulé le Dodecaedron au Roy Charles cinquiesme du nom, lequel commença son régne l'an mil trois cens soixante-quatre, de maniere que j'infere qu'il a esté âgé d'environ quatre-vingt tant d'années, & a esté contemporain de Dante Poëte Italien, qui vivoit l'an mil deux cens soixante-cinq. Ce qui donne de la peine en ce calcul est, qu'il n'est pas croyable que le Roman de la Rose ait esté buriné par quelque jeune cerveau, de maniere que si Clopinel a esté d'age meur & rassis quant il reprint l'œuvre délaissée par de Lorris, il s'ensuit qu'il n'ait pas atteint jusqu'au régne de Charles : autrement auroit-il atteint pour le moins six-vingt tant d'années. Pour ceste occasion aucuns ont desavoüé l'œuvre du Dodecaedron, qui ne peuvent se perſuader qu'un homme conſommé en prudence & abbatu par la longueur d'une vieilleſſe, ait voulu ſur ſes derniers jours s'amuſer à tels joüets. Quant à moi je ne veux tenir un party ny l'autre, ne pouvant au vray aſſeurer ce qui en peut eſtre, néantmoins oſerai-je bien dire qu'il n'eſt point inconvénient que Clopinel y ait mis la main, puiſque la gentilleſſe de l'œuvre ne giſt qu'en une promptitude & certaineté des ſecrets de l'Arithmétique, pour ſi bien aſſeoir les renvoys & reſponſes, afin de ſe raporter aux poincts des dez. Qu'aux Mathématiques Jean de Meung ait eſté bien verſé appert par ſon teſtament, duquel je veux toucher un mot pour quelques ſingularités qui y ſont remarquables. Ce bon Clopinel eſtant près de ſa fin adviſa de teſtamenter; & par ſa diſpoſition derniere, laiſſa aux Jacobins de Paris un coffre qu'il avoit avec tout ce qui eſtoit dedans, commandant ne l'ouvrir qu'il ne fut mis en terre, à charge que les Freres Preſcheurs le feroient enterrer dans leur Egliſe: leſquels il avoit deſjà par le paſſé fort haraſſés pour la haine commune, qu'en ce tems ceux de l'Univerſité portoient aux Mendians : Les pauvres Jacobins, ſoit qu'ils penſaſſent que Jean de Meung ſur ſes vieux jours ſe repentoit des algarades qu'il leur avoit aidé à faire, ſoit pour l'opinion qu'ils avoient que ce laiz enfleroit de beaucoup leurs bouges, enſevelirent Clopinel avec toutes les ſolemnités au mieux qu'ils peurent, paracheverent ſon Service mortuaire. A peine eurent-ils finy l'Office, qu'incontinent ils viennent pour enlever ce coffre beau, diapré, fermé à pluſieurs ſerrures & fort peſant. Ils faiſoient eſtat d'avoir des eſcus à milliers : mais quant ils furent venus à l'ouverture, ils ſe trouverent par la reveuë déceus d'autre moitié de juſte prix : car

au-

au-lieu d'or & d'argent n'y trouverent que des pierres d'ardoise, sur lesquelles il tiroit des figures, tant d'Arithmétique que de Géométrie. Tellement en furent irrités ces bons Moines, qu'après avoir long-temps déliberé, enfin s'hazarderent de le deterrer, alléguans qu'il étoit indigne d'estre enterré en leur maison, puisque vif & mourant il se mocquoit d'eux. Mais la la Cour de Parlement, advertie de telle inhumanité, par son Arrêt le fit remettre en sepulture honorable dans le Cloistre du Couvent. Je ne doute pas qu'il ne leur ait voulu bailler quelque cassade, ne plus ne moins que M. François Rabelais, homme rare en doctrine, auquel on fit coucher en laiz, articles qui excedoient son pouvoir, & quant on lui demandoit où on puiseroit tout ce qu'il donnoit; faites, dit-il, comme le Barbet, cherchez, & après avoir dit, tirez le rideau, la farce est joüée, déceda. Touresfois pour ne détracter des morts, & combien que ce ne soit mon intention de contreroler cest Arrest, sachant très-bien que la Cour a eu très-juste occasion d'ainsi décerner, je veux bien proposer deux raisons, qui peuvent l'avoir induit à le donner. La premiere est que par les Ordonnances des Empereurs Romains est défendu de refuser d'inhumer un corps sous prétexte de la pauvreté du deffunt, pour cest effet lisons-nous aux nouvelles Constitutions de Justinien, qu'à Constantinople ont esté établis certains lieux & personnages destinez à ensépulturer les corps morts; de maniere que cette seule raison rendoit condemnables les Jacobins. Mais puisque sans chenevis les Chardonnerets ne chantent pas volontiers, comme l'on dit, voyons s'ils n'ont rien eu, & si le laiz a été frustratoire, fraudulent & captieux. Clopinel leur legue son coffre tel qu'il est, avec ce qui est dedans,

dans, il sçavoit bien ce qui y étoit. De le vouloir contraindre à exprimer la chose qu'il donne, c'est brider sa volonté : mais on dira que les Jacobins présumoient qu'il fut garny d'escus. Et pour ce donc que le légataire estime qu'un plat d'estain, qui lui a esté laissé par le Testateur, soit d'or ou d'argent, il s'ensuivra que l'heritier sera tenu de lui en donner ou faire forger un chez l'Orfevre. Mais à vostre advis, qui valoit davantage ou un escu, ou bien une figure d'Arithmétique ? Je sçais bien que ceux qui ne pensent qu'à la réparation de la cuisine, diront que les escus eussent esté beaucoup plus profitables à ces pauvres freres que l'ardoise géométriquée, & qu'autant pesant d'or ou d'argent comme il y avoit d'ardoises eut faict un gros tas d'escus, mais ceux qui ont le cœur genereux priseront davantage les gentillesses que il avoit tiré sur les ardoises que tout l'or de Gyges, Cresus, ou Midas : que les sciences libérales, telles que sont les Mathématiques sont à préferer aux méchaniques & principalement à la cuisine. Bien est vrai que quand elle est froide on ne peut aisément continuer de philosopher ; mais l'estat, condition & qualité, dont ils avoient fait profession, leur ostoient tous moyens de s'ayder de telles allégations, qui sont plûtost comptes de Mondains, qu'opinions seulement de ceux qui tiennent un degré beaucoup plus eslevé. Finalement je veux que toute sa vie il leur ait fait du pis qu'il ait pû, qu'il se soit moqué d'eux en leur legant des lopins d'ardoise au lieu d'escus, pour cela faloit-il le desenterrer ? Cela est contre le commandement de Dieu, qui nous commande d'aimer nos ennemis. Que s'ils ne se sentoient assez régenerés pour savourer ce saint précepte, au moins devoient-ils avoir horreur de se venger sur un mort ?

mort? Il n'étoit pas hérétique, partant ne pouvoient le tirer hors du sépulchre en desdain du tort qu'il leur pouvoit avoir fait. Ne sçavoient-ils pas bien qu'il est défendu de mes-parler d'un trespassé, non pas seulement de paroles, mais d'effect, vouloyent-ils deschirer la renommée de ce pauvre Clopinel? Lequel a esté en telle estime que (comme j'ay dit) l'Anglois Baleus l'a voulu transporter en Angleterre dont n'est merveilles; il est assez coustumier de choisir les plus belles Roses qu'il peut, soit en France, Allemaigne, ou Espaigne, pour en réparer sa Patrie. Mais aussi le plus souvent trouve-t-il qui s'y opose, & par légitimes moyens les revendique. Quoique ce soit, encores est-il contraint de confesser que son Chaucer a pillé (il appelle cela illustrer le Livre de Jean de Meung) les plus beaux boutons qu'il a pû du Roman de la Rose, pour en embellir & enrichir le sien. Ce que j'ai bien voulu ajouster, tant pour monstrer, en quoy se mesprennent les Anglois, qui veulent ravir à nostre France le Romans de la Rose, que pour faire entendre à un chacun, que, en ce que nous avons mis cy-dessus touchant Clopinel, nous n'entendons le mettre au rang & roole des affronteurs, encore moins taxer les Religieux de S. Dominique, d'autre que de ce qu'ils se pourroient avoir laissé commander par quelques escervelez, qui les auroient poussez à se formaliser d'une chose qu'ils seroient, autrement je m'en assure, faschez de contreroler. Attendu qu'ils sçavent très-bien, que le devoir de pieté les induit à une œuvre accompagnée d'une telle & si grande humanité. De ma part je prise & honore leur compagnie; mais impossible est, que parmy un si grand nombre qu'ils etoient, il n'y en ait toujours quelqu'un qui fasse des fautes, & par quelques fois donne un

mau-

mauvais bransle. Or pour revenir à notre Clopinel, on l'eut peu attaquer d'affronterie, si on eut trouvé qu'après sa mort il eut esté garny de meubles précieux ou d'escus, le plus précieux joyau qu'il avoit estoient ces exercices qu'il avoit prins après ces ardoises orbiculaires; il en fait un lais à ceux, lesquels il suplioit en tomber son corps, mesurant un chacun à son aulne; & présumant que tout ainsi qu'il avoit prins plaisir à philosopher, aussi ils se baigneroient à veoir les belles figures mathématiques qu'il avoit là tracées. J'insiste principalement sur ce point, d'autant que je ne suis tenu de respondre pour la liberté de parler où il s'est licentié; non pas que je craigne de tomber au même inconvenient, auquel il pensa être engagé; mais parce que la ruse accorte, qui le garentit de la punition exemplaire, dont il devoit être justicié, & réparer la faute, l'a desgaigé de toute crainte, puisque sur l'exécution de l'Arrest donné à l'encontre de luy, il y a eu une modification accordée du consentement des Juges & Parties au grand contentement du pauvre sentencié. Mais quand j'aurois à porter parole pour Jean de Meung, je ne m'en donneroye pas si grande peine que l'on pouroit penser, d'autant que sans mettre en charge d'entrer en preuve, je ne voudroye faire targue que de la face du Livre, qui portant sur son frontispice LA ROSE, devoit apprendre à toutes ces mescontentes que la Rose n'est point seulement accompagnée d'une souefve odeur, couleur vermeille, blanche & délicate; ains aussi des piquerons qui arment la Rose, & souvent poignent ceux ou celles, qui ou trop près, ou mal-à-propos l'approchent de leur nés.

## PRIVILEGE DU ROY.

LOUIS par la grace de Dieu Roy de France & de Navarre: A nos amez & feaux Conseillers les Gens tenans nos Cours de Parlement, Maîtres des Requêtes ordinaires de notre Hôtel, Grand Conseil, Prevôt de Paris, Baillis, Senechaux, leurs Lieutenans Civils & autres nos Justiciers qu'il apartiendra, SALUT. Notre bien-amée la veuve de NOEL PISSOT Libraire à Paris, Nous ayant fait remontrer qui lui auroit été mis en main un Manuscrit qui a pour titre *Le Roman de la Rose*, qu'elle souhaiteroit faire imprimer & donner au Public, s'il Nous plaisoit lui accorder nos Lettres de Privilege sur ce nécessaires; offrant pour cet effet de le faire imprimer en bon papier & en beaux caracteres, suivant la feuille imprimée & attachée pour modele sous le contrescel des Presentes: A ces causes, voulant traiter favorablement ladite Exposante, Nous lui avons permis & permettons par ces Presentes de faire imprimer ledit Livre ci-dessus spécifié, conjointement ou séparément & autant de fois que bon lui semblera, sur papier & caracteres conformes à ladite feuille imprimée & attachée sous notredit contrescel, & de le vendre, faire vendre & debiter par tout notre Royaume pendant le tems de six années consecutives, à compter du jour de la date desdites Presentes. Faisons defenses à toutes sortes de personnes de quelque qualité & condition qu'elles soient d'en introduire d'impression étrangere dans aucun lieu de notre obéissance; comme aussi à tous Libraires, Imprimeurs & autres, d'imprimer, faire imprimer, vendre, faire vendre, debiter, ni contrefaire ledit Livre ci-dessus exposé, en tout ni partie, ni d'en faire aucuns extraits, sous quelque prétexte que ce soit, d'augmentation, correction, changement de titre ou autrement, sans la permission expresse & par écrit de ladite Exposante ou de ceux qui auront droit d'elle, à peine de confiscation des Exemplaires contrefaits, de Quinze cens livres d'Amende contre chacun des Contrevenans, dont un tiers à Nous, un tiers à l'Hôtel-Dieu de Paris, l'autre tiers à ladite Exposante, & de tous dépens, dommages & intérêts, à la charge que ces Presentes seront enregistrées tout au long sur le Registre de la

Communauté des Libraires & Imprimeurs de Paris dans trois mois de la date d'icelles, que l'impression de ce Livre sera faite dans notre Royaume & non ailleurs, & que l'Impetrante se conformera en tout aux Réglemens de la Librairie & notanment à celui du 10 Avril 1725. & qu'avant que l'exposer en vente le Manuscrit ou Imprimé qui aura servi de Copie à l'impression dudit Livre sera remis dans le même état où l'Aprobation y aura été donnée ès mains de notre très-cher & feal Chevalier le Garde des Sceaux de France le Sieur Chauvelin, & qu'il en sera ensuite remis deux Exemplaires dans notre Bibliotheque publique, un dans celle de notre Château du Louvre & un dans celle de notredit très-cher & feal Chevalier Garde des Sceaux de France le Sieur Chauvelin, le tout à peine de nullité des Presentes : Du contenu desquelles vous mandons & enjoignons de faire joüir l'Exposante ou ses ayans cause pleinement & paisiblement, sans souffrir qu'il leur soit fait aucun trouble ou empêchement. Voulons que la Copie desdites Presentes, qui sera imprimée tout au long au commencement ou à la fin dudit Livre, soit tenuë pour duëment signifiée, & qu'aux Copies collationnées par l'un de nos amez & feaux Conseillers & Secretaires, foi soit ajoutée comme à l'Original. Commandons au premier notre Huissier ou Sergent de faire pour l'exécution d'icelles tous Actes requis & nécessaires, sans demander autre permission, & nonobstant Clameur de Haro, Chartre Normande & Lettres à ce contraires : CAR tel est notre plaisir. Donné à Fontainebleau le douziéme jour du mois de Novembre, l'an de grace mil sept cens trente-quatre : Et de notre Régne le vingtiéme. Par le Roy en son Conseil, Signé, SAINSON, avec grille & paraphe. Et scellé d'un grand Sceau de cire jaune.

*Regiftré sur le Registre IX. de la Chambre Royale des Libraires & Imprimeurs de Paris N°. 15. F°. 14. conformément aux anciens Réglemens confirmés par celui du 28 Février 1723. A Paris le 7 Décembre 1734. Signé*, G. MARTIN, *Sindic.*

# LE ROMAN DE LA ROSE.

*Cy est le Rommant de la Rose,*
*Où tout l'Art d'Amours est enclose.*

Maintes gens dient que en songes
N'a se non fables & mensonges;
Mais on peut telz songes songier,
Qui ne sont mie mensongier;  5
Ains sont après bien apparant,
Si en puis bien traire à garant
Ung Acteur qui ot nom Macrobes,
Qui ne tient pas songes à Lobes,
Ainçoys descript la vision  10
Qui advint au Roy Cipion.
Quiconques cuide, ne qui die,
Que soit folie ou musardie
De croire que songes adviengne,  15
Qui le voudra pour fol m'en tiengne;

Car endroit moy ay-je fiance,
Que songe soit signifiance
Des biens aux gens & des ennuys,
Car les plusieurs songent de nuytz,       20
Maintes choses couvertement,
Que l'on voit puis appertement.
 Droit au vingtiesme an de mon âage,
Au point qu'amours prend le peage
Des jeunes gens, couchié m'estoie          25
Une nuyt comme je souloye,
Et me dormoye moult formant,
Si vy ung songe en mon dormant,
Qui moult fut bel à adviser
Comme vous orrez deviser :                 30
Car en advisant moult me pleut,
Mais en ce songe oncques riens n'eut
Qui advenu du tout ne soit,
Comme l'histoire le reçoit.
 Or vueil ce songe rimayer,           35
Pour voz cueurs plus fort esgayer;
Amours le me prye & commande,
Et se nulz ou nulle demande,
Comment je vueil que ce Rommans
Soit appellé, que je commans,              40
Que c'est le Rommant de la Rose
Où l'art d'amours est toute enclose.
La matiere en est bonne & neufve;
Or doint Dieu qu'en gré la reçeuve
Celle pour qui je l'ay empris :            45
C'est une Dame de hault pris;
Et tant est digne d'estre amée,

## DE LA ROSE.

Qu'elle doit Rose estre clamée.
   Advis m'estoit à ceste fois
Bien y a cinq ans & cinq moys,
Qu'ou joli moys de May songeoye
Ou temps amoureux plein de joye,
Que toute chose si s'esgaye,
Si qu'il n'y a buissons ne haye,
Qui en May parer ne se vueille
Et couvrir de nouvelle fueille.
Les boys recouvrent leur verdure,
Qui sont secs tant que l'hiver dure,
La terre mesmes s'en orgouille
Pour la rousée qui la mouille,
En oubliant la povreté,
Où elle a tout l'hiver esté.
Lors devient la terre si gobe,
Qu'elle veult avoir neufve robe;
Si sçet si cointe robe faire,
Que de couleurs y a cent paire
D'herbes, de fleurs indes & perses:
Et de maintes couleurs diverses
Est la robe que je devise,
Parquoy la terre mieulx se prise.
Les oiseaulx qui tant se sont teuz
Pour l'hiver qu'ilz ont tous sentuz
Et pour le froit & divers temps,
Sont en May & par le Printemps
Si liez qu'ils montrent en chantant,
Qu'en leur cueur s'y a de joye tant,
Qu'il leur convient chanter à force.
Le rossignol adonc s'efforce

A 2

De chanter & de faire joye;
Lors s'esvertuë & se resjoye 80
Le papegault & la calendre :
Si convient jeunes gens entendre
A estre gays & amoureulx
En iceluy temps doulcereux.
Moult a dur cueur, qui en May n'ame; 85
Quant il oit chanter sur la rame
Aux oyseaulx les sons gracieux
En ce doux temps délicieux,
Ou toute riens d'amer s'esjoye.
Songeay une nuyt que j'estoye 90
Me fut advis en mon dormant
Qu'il estoit matin proprement.
De mon lit tantost me levay;
Me vesty & mes mains lavay
Lors prins une aisguille d'argent 95
D'ung aisguiller mignot & gent,
Et cuydant l'aisguille enfiler,
Hors la Ville euz talent d'aler,
Pour oyr des oyseaulx les sons,
Qui chantoient par ces buissons 100
En icelle saison nouvelle;
Cousant mes manches à Vindelle
M'en vois tout seul en m'esbatant,
Et ces oysillons escoutant,
Qui de chanter moult s'engoissoient 105
Par ces buissons qui florissoient.
Joli & gaiz, plein de liesse,
Vers une Riviere m'adresse,
Que j'oys près d'illecques bruire;

## DE LA ROSE.

Car ne me sçeuz ailleurs déduire, 110
Fors que dessus ceste riviere,
Qui d'ung tertre près & derriere
Descendoit l'eau courant à roide,
Fresche, bruyant & aussi froide,
Comme puis ou comme fontaine, 115
Si estoit peu moindre que Saine;
Fors qu'elle estoit plus espanduë
Qu'oncques mais ne l'avoye veuë:
Celle eauë qui si bien seoit,
Sçachez que grant bien me faisoit, 120
De regarder le lieu plaisant
De l'eauë clere & reluisant.
Mon vis rafreschy & lavé,
Si vey tout couvert & pavé
Le fond de l'eauë de gravelle; 125
Et la prarie grande & belle
Au pié de ce tertre batoit;
Clere, serie & belle estoit
La matinée & attrempée.
Lors m'en alay parmy la prée 130
Tout contre val esbanoyant
Tout le rivage costoyant.
Quant je seuz peu avant alé
Si vey ung vergier grand & lé
Enclos d'ung hault mur bastillié 135
Pourtrait dehors & entaillié
De maintes riches pourtraitures.
Les ymages & les figures,
Ay moult voulentiers remiré,
Si vous compteray & diré 140

A 3

De ces ymages la semblance,
Ainsi que j'en ay remembrance.

## HAYNE,

AU milieu du mur je vy Hayne,
Pleine de courroux & d'ataine
Irée estoit & moult perverse                145
Bien sembloit estre tenceresse,
Et remplie de grande rage
Estoit par semblant cest ymage ;
Si n'estoit pas bien atournée,
Ains sembloit estre forcenée,              150
Rechignée estoit ; & froncé
Avoit le nez & reboursé.
Moult hydeuse estoit & souillée ;
Et fust sa teste entortillée
Très-ordement d'une touaille,              155
Qui moult estoit d'horrible taille.

## FELONNYE,

UNe autre ymage estoit assise
Pourtraite d'une palle guise,
Et estoit au senestre d'elle,
Son nom qui trop estoit rebelle           160
Appellée estoit Felonnye ;
Et de ceste pas je ne nye,
Que bien ne fust à sa droiture
Pourtraite selon sa nature,
Car felonnement étoit faicte,              165

Bien sembloit ymage deffaicte.

## VILENYE.

Lautre ymage après Felonnye
Si fut nommée Vilenye ;
Ceste-cy estoit devers dextre,
Et estoit presque de tel estre, 170
Comme l'autre & telle facture ;
Bien sembloit male creature,
Si sembloit bien estre orgueilleuse,
Et mesdisante & raporteuse ;
Moult sçavoit bien paindre & pourtraire 175
Cil qui tel ymage sçeut faire ;
Car sembloit bien chose vilaine,
De despit & de douleur plaine,
Et femme qni bien petit sçeust
Honneur, & tout ce qu'elle deust. 180

## CONVOYTISE,

Après fut painte Convoytise,
C'est celle qui les gens atise
De prendre & de nyant donner,
Et des grans avoirs aüner :
C'est celle qui baille à usure, 185
Et preste par la grant ardure
D'avoir, conquerre & assembler,
Rober, tollir & barater,
Et bestourner & mescompter :
C'est celle aussi qui les tricheurs 190

A 4

Fait, & cause les faulx plaideurs,
Qui maintesfois par leurs flavelles
Ont aux varletz & aux pucelles
Leurs droites heritez tolluës;
Recroquillées & crossuës                            195
Avoit les mains ycelle ymage.
Ce fut droit, car tousjours enrage
Convoytise de l'autruy prendre;
Convoytise ne sçayt entendre
Fors que l'autruy trop acrochier,                   200
Convoytise à l'autruy trop chier.

## AVARICE.

Une autre ymage y eut assise
Coste à coste de Convoytise,
Avarice estoit appellée,
Laide estoit & sale & soillée;                      205
Et si estoit maisgre & chetive,
Et aussi verde comme chive,
Tant paroissoit descoulourée;
Qu'elle apparoit alangourée :
Chose sembloit morte de fain,                       210
Qui vesquist seulement de pain
Fait de lessive forte & aigre;
Et avec ce qu'elle fut maisgre,
Elle estoit povrement vestuë,
Cotte avoit vieille & derompuë,                     215
Comme s'elle fust demourée
Aux chiens qui l'eussent dessirée,
Et plaine de vieilz palleteaulx.

## DE LA ROSE.

De lez luy pendoit ung manteaulx  
A une perche moult greslette, 220  
Et une cotte de brunette;  
Au manteau n'avoit penne vaire:  
Trop fut vieil & de povre affaire;  
D'aigneaulx noirs, velus & pesans.  
Bien avoit sa robe cent ans; 225  
Mais Avarice sans mentir  
Celle robe n'osoit vestir;  
Car sçachiez que moult luy pesast  
Se celle vieille robe usast;  
Car s'elle le fust & mauvaise, 230  
Avarice en eust grant mesaise.  
De robe neufve eust grant disette  
Avant qu'elle en eust autre faicte.  
Avarice en sa main tenoit  
Une bourse, qu'el reponnoit 235  
Et la noüoit si fermement,  
Que moult demourast longuement  
Avant que l'on en peust riens traire,  
Car elle n'en avoit que faire.

## ENVYE.

Après je vys pourtraite Envye, 240  
Qui ne rist oncques en sa vie,  
N'oncques de riens ne s'esjoit  
S'elle ne veist, ou s'elle n'oyt  
Aucun grant dommage retraire.  
Nulle riens ne luy peut tant plaire 245  
Comme mal & mesadvanture,

A 5

Quant elle voit desconfiture
Sur aucun preud'homme cheoir,
Cela luy plaist moult à veoir ;
Trop est joyeuse en son courage 250
Quant elle voit aucun lignage
Decheoir & puis tourner à honte ;
Et quant aucun en honneur monte
Par son sens & par sa prouesse,
C'est la chose qui plus la blesse. 255
Car sçachiés que moult luy convient
Estre yrée quand bien advient
A nulle personne du monde ;
Car pechié en el trop habonde,
Envie est de tel cruaulté 260
Qu'elle ne porte loyaulté
A compaignon, ne à compaigne ;
Ne n'a parent, tant luy attaigne,
A qui el ne soit ennemye.
Certes elle ne vouldroit mye 265
Que bien advint mesme à son pere ;
Tel n'en peut mais qui trop compere
Sa malice trop durement.
Car elle est en si grant torment,
Et a tel dueil quant gens bien font, 270
Que par ung pou qu'elle ne fond
Par felon cueur qui la detrenche ;
Qui de luy Dieu la gent revenche
Envye ne fine nulle heure
A aucun blasme mettre seure 275
Au plus preud'homme qu'elle cude,
Qui à bien faire met estude.

Je croy que s'elle congnoissoit
Tout le plus preud'homme qui soit,
Ne de çà, ne de la la mer, 280
Si le vouldroit-elle blasmer;
Et s'il estoit si bien apris,
Qu'elle ne peust de tout son pris
L'abatre, ne luy desprifer,
Si vouldroit-elle amenuyser 285
Sa renommée; & son honneur
Par parole faire myneur.
 Lors veis qu'Envye en sa painture
Avoir trop laide regardure,
Elle ne regardoit nyant, 290
Fors de travers en lorgnoyant:
Elle avoit trop mauvais usage,
Car ne povoit de son visage
Regarder tout de plain à plain,
Mais clooit ung œil par desdain, 295
Et fondoit d'yre & si ardoit,
Quant aucun qu'elle regardoit
Estoit ou preux, ou bel, ou gent,
Ou aymé, ou loüé de gent.

## TRISTESSE.

DE lez Envye estoit Tristesse 300
Painte aussi & garnye d'angoisse;
Et bien paroit à sa couleur
Qu'elle avoit au cueur grant douleur,
Et sembloit avoir la jaunice.
Là n'y faisoit riens avarice 305

De palisseur ne de maigresse,
Car le travail & la destresse
Et la pesance & les ennuytz,
Qu'elle avoit de jours & de nuytz,
L'avoient faicte moult jaunir,           310
Et pâle & maisgre devenir
Oncques personne tel martire,
Ne souffrit, ne n'ot si grant yre,
Comme bien il sembloit qu'elle eust;
Et si cuydoit que nul ne sçeust          315
Faire riens qu'à elle peust plaire :
Si ne se pouvoit pas retraire
Du dueil qu'elle avoit en son cueur,
Tant estoit en grande langueur.
Trop avoit son cueur courroucé,          320
Et son dueil parfond commencé :
Moult sembloit bien que fust dolente,
Car el n'avoit pas esté lente
D'esgratignier toute sa chiere ;
Sa robe ne luy estoit chiere,            325
En mains lieux l'avoit dessirée
Comme celle qui fut yrée :
Ses cheveulx dérompus estoient,
Qui autour de son col pendoient,
Presque les avoit tous desroux           330
De maltalent & de courroux.
Et si sçachiés certainement
Qu'elle plouroit moult tendrement :
Nul ne fust tant dur qui la veist,
A qui grande pitié n'en preist.          335
Car se desrompoit & batoit,

## DE LA ROSE.

Et ses poings ensemble hurtoit;
Moult estoit au dueil ententive
La douloureuse, la chetive;
Il ne luy tenoit d'envoysier,　　　　　340
Ne d'accoller, ne de baisier :
Car qui le cueur a bien dolent
Sçachiés de voir qu'il n'a talent
De danser, ne de caroler
Ne nul ne se pourroit mesler,　　　　345
Qui grant dueil a de joye faire,
Car joye & dueil sont en contraire.

## VIEILLESSE.

Après fust Vieillesse pourtraite,
Qui estoit bien un pied retraite.
De celle qu'elle souloit estre;　　　　350
Et à paine se povoit paistre,
Tant estoit vieille & radotée,
Toute estoit sa beaulté gastée :
Moult estoit laide devenuë
Et avoit la tête chenuë,　　　　　　355
Blanche com s'elle fust florie;
Grant dommaige ne fut-ce mie
S'elle mourust, ne grand pechié,
Car tout son corps estoit sechié
De vieillesse & anéanty :　　　　　360
Moult estoit jà son vis flaitry,
Qui jadis fut souef & plains;
Si n'avoit point de chair aux mains.
Les oreilles avoit moussuës,

Et toutes les dens si perduës, 365
Qu'à grant paine deux en avoit,
Et tant que mangier ne sçavoit :
Si n'allast mye la montance
De quatre toises sans potance.

   Le temps qui s'en va nuyt & jour, 370
Sans repos prendre & sans sejour,
Et qui de nous se part & emble
Si celéément, qu'il nous semble
Qu'il nous soit adès en ung point,
Et il ne s'y arreste point, 375
Ains ne fine de trespasser,
Si que l'en ne pourroit penser
Lequel temps c'est qui est present,
Ce le demande-je au Clerc lysant,
Car ainçois qu'il eust ce pensez, 380
Seroit-il jà oultre passez.
Le temps si ne peut sejourner,
Mais va tousjours sans retourner,
Comme l'eauë qui s'avale toute,
Dont n'en retourne arriere goute. 385
Le temps s'en va & riens ne dure,
Ne fer, ne chose tant soit dure,
Car il gaste tout & transmuë,
C'est celluy qui les chose muë,
Qui tout fait croistre & tout nourist, 390
Et qui tout use & tout pourrist.
Le temps si envieillist nos peres,
Et vieillit Roys & Emperieres,
Et aussi nous envieillira,
Ou la mort jeunes nous prendra. 395

## DE LA ROSE.

Le temps qui toute a en baillie
Des gens vieillir, l'avoit vieillie
Si durement, qu'à mon cuider,
Elle ne se peut plus ayder,
Mais retournoit jà en enfance            420
Perdu avoit toute puissance,
Et si n'avoit force, ne sens,
Ne plus qu'ung enfant de deux ans;
Non pourtant comme puis congnoistre,
Avoit esté très-sage maistre,            405
Quant elle fut en son droit ââge,
Mais croy qu'elle n'estoit pas sage,
Ains estoit toute rassotée;
Elle eust d'une chappe fourrée,
Moult bien comme je me recors,           410
Affublé & vestu son corps :
Bien fut vestuë chauldement,
Car elle eut eu froit autrement :
Ces vieilles gens ont tost froidure,
Bien sçavez que c'est leur nature.       415

## PAPELARDIE.

Une autre imaige estoit escripte,
Qui sembloit bien estre ypocrite,
Papelardie est appellée :
C'est celle qui en recellée,
Quant nul ne s'en peut prendre garde,    420
De mal faire ne se retarde,
Et fait dehors le marmiteux,
Si a le vis palle & piteux,

Et semble simple creature;
Mais dessoubz n'a male advànture 425
Qu'elle ne pense en son courage:
Moult la ressembloit bien l'ymage
Qui faicte fut à sa semblance,
Car fut de simple contenance;
Et si fut chaussée & vestuë 430
Ainsi comme femme renduë.
En sa main ung Psaultier tenoit,
Et sachés que moult se penoit
De faire à Dieu prieres sainctes,
Et d'appeller & saints & sainctes; 435
Point ne fut gaye ne jolive,
Mais yert par semblant ententive
A toutes bonnes œuvres faire,
Et si avoit vestu la haire.
Sçachez qu'elle n'estoit pas grasse, 440
Ains sembloit bien par jeuner lasse,
Et avoit couleur palle & morte.
A elle & aux siens est la porte
Dényée de Paradis;
Car icelles gens font leurs vis. 445
Amaisgryr, ce dit l'Evangile,
Pour avoir loz parmy la Ville,
Et pour ung pou de gloire vaine
Dont ilz perdront Dieu & son regne.

## POVRETE'.

Pourtraite si fut au dernier 450
Povreté, qui ung seul denier

## DE LA ROSE.

N'avoit pas si on la deust pendre,
Tant sçeust-elle sa robe vendre;
Car estoit nuë comme vers;
Se le temps fust ung pou divers         455
Elle eust enduré bien grant froit,
Et n'avoit qu'un vieil sac estroit.
Tout plain de menus palleteaulx
Estoit sa cotte & ses manteaulx,
Et si n'avoit plus que affubler,        460
Pitié estoit à veoir trembler;
Des autres fut ung pou loignet,
Comme chien honteux en quignet
S'acroupoit & se tapissoit,
Car povre chose, ou qu'elle soit        465
Est toujours honteuse & despite:
L'heure puisse or estre mauldicte.
Qu'oncques povre homme fut conceu,
Car il ne sera jà bien repeu,
Ne bien vestu, ne bien chaussé,         470
Ne n'est prisé ne avancé.
 Les ymages bien advisé,
Comme je vous ay devisé,
Furent en or & en azur
De toutes pars painctes au mur;         475
Et si y eut planté d'argent
Qui à veoir fut & bel & gent,
Grant fut le mur & bien quarré
Et si estoit clos & barré
En lieu de hayes le vergier,            480
Où onc n'avoit entré bergier.
Ce vergier en moult beau lieu sist

Qui dedans mener me voulsist
Où par eschelle ou par degré
Je lui en sçeusse moult bon gré, 485
Car tel joye, ne tel déduyt
Ne veit nul homme jour ne nuyt,
Comme y avoit en ce vergier :
Car le lieu d'oyseaulx hebergier
N'estoit ne desdaigneux, ne chiche, 490
Oncques nul lieu ne fut si riche
D'arbres, ne d'oysillons chantans,
Car il y eut d'oyseaulx trestans,
Qu'en tout le Royaulme de France.
Moult fut belle leur accordance, 495
De leurs très-joyeux chans ouyr;
Tout chascun s'en deust resjouyr.
Or endroit moy m'en esjouy,
Par tel façon quant les ouy,
Que je n'en prinsse pas cent livres, 500
Si le passage fust délivres,
Que n'entrasse leans & veisse
L'Assemblée, que Dieu beneisse
Des oyseaulx qui leans estoient,
Qui envoyséément chantoient 505
D'amours, les dances & les notes,
Plaisans, courtoises & mignotes.

Quant j'ouy les oyseaulx chanter,
Forment me print à guermenter
Par quel art & par quel engin 510
Je peusse entrer en ce Jardin,
Car fort je mis en mon courage,
Où pourroye trouver passage,

Et sçachez que je ne sçavoye
Se partuys y avoit, ou voye,  515
Ne lieu par où l'on y entrast,
Ne nul hom qui me le monstrast
Illec estoit, car j'estois seulx
Moult pensif & fort angoisseux,
Tant qu'au dernier il me souvint  520
Qu'oncques en nul temps il n'advint,
Qu'en si beau vergier n'eust ung huys,
Ou fenestre, ou quelque partuys.
 Lors m'en allay à grant alleure
Tout à l'entour de la closture  525
De la cloison du mur quarré,
Tant qu'ung huys illec bien barré,
Trouvay moult petit & estroit
Par autre lieu nulluy n'entroit :
A l'huys commençay à ferir  530
Sans plus à nulluy enquerir.

*Comment Dame Oyseuse feist tant*
*Qu'elle ouvrit la porte à l'Amant.*

Assez y fery & heurtay,
 Et maintefoys y escoutay,  535
Se je orroye leans nulle ame,
Le guyschet qui estoit de charme,
M'ouvrit adonc une pucelle
Qui estoit assez gente & belle :
Cheveulx eut blons comme un bassin,  540
La chair plus tendre qu'un poussin,
Front reluysant, sourcils voultis,

L'entr'œil si n'étoit pas petis,
Ains fut assez grans par mesure ;
Le nés eut bien fait par droicture, 545
Les yeulx eut vers comme faulcons,
Pour faire envie à ces bricons.
Doulce alaine eut & savourée
La face blanche & coulourée,
La bouche petite & grossette, 550
Et au menton une fossette ;
Le col eust de bonne moyson,
Gros assez & long par raison,
Si n'avoit tache, ne malan,
N'y eut jusqu'en Hierusalem, 555
Femme qui plus beau col portast.
Poly fust & souef au tast ;
La gorge aussi avoit très-blanche,
Comme est la noif dessus la branche
Quant il a freschement neigé, 560
Si eut le corps bel & rengé ;
Il ne convient en nulle terre
Nul plus beau corps de femme querre.
D'orfraiz eut ung chappel mignot
Qu'oncques nulle pucelle n'ot, 565
Ne plus coint, ne plus desguysé
Ne l'auroye à droit devisé.
Ung chappel de roses tout frais
Eut dessus ce chappel d'orfrais ;
En sa main tenoit ung mirouer, 570
Et si fut d'un riche tressouer
Son chief tressié moult cointement,
Bel & bien & estroictement,

De fil d'or eut cousues ses manches;
Et pour mieulx garder ses mains blanches, 575
De haller elle eut ungs gans blancs,
Cotte eut d'ung riche vert luysans,
Cousuë à ligneul tout autour :
Il paroit bien à son atour
Qu'elle estoit pou embesongnée, 580
Quant elle s'estoit bien pignée,
Et bien parée & atournée,
Si estoit faite sa journée.
Moult avoit bon temps & bon may;
Car n'avoit soucy ne esmay 585
De nulle riens fors seulement.
De soy atourner cointement.
 Quant elle m'eut l'huys desfermé
La pucelle, au corps bien formé.
Je l'en merciay humblement, 590
Et si luy demanday comment
Nom avoit, & qui elle estoit ?
Encontre moy fierté n'avoit
De respondre, ne desdaigneuse;
Je me fais appeller Oyseuse, 595
Dist-elle, tous mes congnoissans;
Je suis riche Dáme & puissans,
Et d'une chose j'ay bon temps,
Car à nulle riens je ne tends
Qu'à moy jouer & soulacer, 600
Et mon chief pigner & tresser;
Privée suis & moult acointe,
De Déduyt le mignot & cointe,
C'est cil à qui est le Jardin,

Qui de la terre Alexandrin 605
Fist là les arbres aporter,
Qu'il fist en ce vergier planter.
Quant les arbres furent tous creuz,
Les murs que cy vous avez veuz,
Fit lors Déduyt tout autour faire, 610
Et si fist au dehors pourtraire
Les ymages qui y sont painctes,
Qui ne sont mignotes, ne cointes;
Mais sont douloureuses & tristes,
Si comme vous orendroit veistes. 615
Maintefois pour esbanoyer,
Se vient en ce lieu umbroyer
Déduyt & ses gens qui le suyvent,
Qui en joye & en soulas vivent.
Encor est-il leans sans doubte, 620
Là où il se tient & escoute
Chanter ces doulx rossignoletz,
Mauvis & autres oyseletz;
Il s'esbat illec & soulace
Avec ses gens emmy la place, 625
Ne plus beau lieu pour soy jouer,
Ne pourroit-il mye trouver
Ne plus belles gens ce sçachiés,
Que jamais en nul lieu truissiés;
Si sont les compaignons Déduyt, 630
Qu'il maine avec soy & conduyt.

 Quant Oyseuse m'eust tout compté,
Et j'os moult bien tout escouté;
Je luy dis lors, Madame Oyseuse,
Jà de ce ne soyés doubteuse, 635

Puis que Déduyt le bel & gent,
Est orendroit avec sa gent
En ce vergier ceste assemblée
Ne me doit pas estre nyée,
Que ne la voye encor ennuyt,     640
Si vous pry ne soye esconduyt
De veoir icelle compaignée
Tant courtoise & bien enseignée.

  Lors entray sans plus dire mot,
Par l'huys qu'ors Oyseuse ouvert m'ot     645
Ou vergier : & quant je le vey,
Je fus de joye tout ravy ;
Et sçachiez que je cuidoye estre
Pour voir en Paradis terrestre,
Tant estoit le lieu délictable,     650
Que c'estoit chose merveillable.
Car, comme lors me fut advis,
Il ne fait en nul Paradis
Si bon estre, comme il faisoit,
Au vergier qui tant me plaisoit.     655
D'oiseaulx chantans y eut assez
Par tout le vergier amassez ;
En ung lieu avoit rossignaulx,
Et puis en l'autre papegaulx,
Si avoit ailleurs grans flavelles     660
D'estourneaulx & de torterelles,
De chardonnereaulx, d'arondelles,
D'alloëttes & de lardelles,
De pinçons, d'autres oysillons
Faisans d'arbres leurs pavillons.     665
  Calendres y eut amassées
En ung autre lieu, qui lassées

Ne fussent de chanter envis :
Merles y avoit & mauvis
Qui tendoient à surmonter 670
Les autres oyseaulx pour chanter :
Si ravoit ailleurs Papegaulx
Et maint autres divers oyseaulx
Qui par ces bois, où ils habitent,
En leur beaulx chanter se delitent : 675
Moult parfaisoient bel servise
Ces oyseaulx que je vous devise ;
Leur chant estoit tant doulx & bel
Comme s'il fust espirituel.
Sçachiés de vray quant les ouy 680
Très-grandement m'en resjouy.
Nulle si doulce melodie
Si ne fut oncques d'homme ouye :
Leur chant estoit si doulx & beaulx ;
Qu'il ne sembloit pas chant d'oyseaulx ; 685
Mais le povoit-on estimer
A chant de seraines de mer,
Car pour les voix qu'elles ont saines ;
Et series, ont nom seraines.
Si en déçoivent bien souvent 690
Ceulx qui en mer courent par vent :
A chanter furent ententis
Les oyseaulx non comme aprentis.
Ne aussi comme non sçachans ;
Et sçachiés quant j'ouy leurs chans, 695
Et je vis le lieu verdoyer,
Je me pris fort à esgayer :
Oncques encore n'avoye esté
Si joyeux, ne fus si haité

Pour

Pour la grant delectableté 700
Que j'euz de la nouvelleté,
Et lors congneu-je bien & vey
Que Oyseuse m'avoit bien servi,
Qui m'avoit en tel déduyt mys.
Bien devoye estre ses amys, 705
Quant elle m'avoit deffermé
Le guychet du vergier ramé.
 Mais ores comme je sçauray,
Je vous compteray & diray,
Premier dequoy Déduyt servoit, 710
Et quelle compaignie avoit
Sans longue fable vous vueil dire,
Et le vergier du tout descrire,
La façon vous en diray puis,
Tout ensemble dire ne puis. 715
Mais tout vous conteray par ordre,
Que nul n'y sçache que remordre.
Hault chant delectable & plaisant,
Chascun oyseau alloit faisant;
Laiz d'amours & sons très-courtois, 720
Chantoit en son petit patois,
Les ungs en bas, les autres hault
Par ordre sans aucun deffault :
Les ungs hault & les autres bas,
Ainsi menoient leurs esbas ; 725
La doulceur & la mélodie
Me mist au cueur tel rebaudie,
Que quant j'ouy leur contenir,
Je ne me peuz oncques tenir,
Que leur Déduyt veoir je n'allasse, 730

*Tome I.*      B

Et du lieu le long & l'espasse,
Son contenement & son estre,
Lors m'en allay tout droit à destre;
Parmy une petite sente
Plaine de fenoul & de mente ;                735
Mais illec près trouvay Déduyt
Tout coyement en ung réduyt,
Si entray là où il estoit,
Où joyeusement s'esbatoit ;
Il avoit en sa compaignie                    740
Gens de toute beaulté garnie,
Je m'esbays dont ils povoient
Estre venuz ; tant beaulx estoient ;
Qu'Anges sembloient empennez,
Si beaulx n'avoie veu homme nez.             745

*Cy parle l'Acteur sans frivolle,*
*De Déduyt & de sa carolle.*

CEste gent dont je vous parolle,
S'estoient prins à la carolle,
Et une Dame leur chantoit,                   750
Qui Liesse appellée estoit,
Bien sçeut chanter & plaisanment
Plus que nulle & mignotement.
  Son bel refrain moult bien luy fist,
Et de chanter merveilles fist,               755
Car avoit la voix clere & saine,
Et elle n'estoit pas villaine :
Très-bien se sçavoit débriser,
Ferir du pied & renvoiser :

## DE LA ROSE.

Elle estoit adès coustumiere 760
De chanter en tous lieux premiere :
Car chanter estoit le mestiers,
Qu'elle faisoit plus voulentiers.
De belle face & planiere,
Courtoise estoit, & non pas fiere, 765
De joyeuseté fut garnie,
Et aussi de soulas fournie.

 Lors y veissiés bien caroller,
Et gens moult proprement aller,
Et faire mainte belle tresche, 770
Et maint beau tour sur l'herbe fresche ;
Là estoient herpeurs & fleuteurs,
Et menestrelz & maints jengleurs.
Damoiselles y eust mignottes
Qui estoient en pure cottes, 775
Et tressées à menuë tresse,
Faisant Déduyt par grant noblesse,
Et parmy la dance baler ;
Mais de ce ne fait à parler.
Comme ils balloient cointement, 780
L'une venoit tout bellement
Contre l'autre : & quand ils estoient,
Puis après si s'entregettoient
Les bouches, & vous fust advis
Qu'ilz s'entrebaisassent au vis ; 785
Très-bien sçavoient diviser,
Et leurs corps en dansant briser.
Mais à nul jour je ne me queisse
Remuer tant que je les veisse,
Ceste gent ainsi s'efforcer, 790

De caroller & de danser.
En la carolle moy estant
Regarday illec jusqu'à tant
Qu'une Dame moult envoysie
M'advisa, ce fut Courtoisie, 795
Le vaillant & la debonnaire,
Que Dieu défende de contraire,
Laquelle lors si m'appella,
Et dist amy que faictes-là;
Je vous prie que cy venez, 800
Et avecques nous vous prenez
A la carolle, s'il vous plaist,
Et sans luy en faire aultre plaisir.
A la carolle me suis prins
Si ne fus pas trop entreprins; 805
Car sçachez que moult m'aggrea
Quant Courtoisie me pria,
Et me dist que je carollasse,
Plus tost l'eusse fait se j'osasse;
J'estois envieux & surpris 810
A veoir ces Dames de hault pris,
Leur corps, leur façon & leur chiere,
Leurs semblances & leur maniere,
Et tous ceulx qui illec dansoient,
Je vous diray qui ilz estoient. 815
   Déduyt fut bel & jeune & droit,
Et compassé très-bien à droit,
Plus que jamais on ne veit homme,
La face avoit comme une pomme,
Blanche & vermeille tout entour; 820
Certes il fut de bel atour.

Les

## DE LA ROSE.

Les yeulx eut vers, la bouche gente;
Le nez fut fait par grant entente,
Cheveulx eut blons & crespelez,
Et n'estoit pas son chief pelez; 825
Des espaules fut bien formé,
De cela suis bien informé;
Gresle estoit par le faulx du corps
Et très-bien fait dont me recors,
Moult legier fut ysnel & vistes, 830
Plus habile homme vous ne veistes;
Et si n'avoit barbe au menton,
Si non petit poil folleton;
Il estoit jeune Damoyseaulx,
Son bauldrier fut pourtrait d'oiseaulx 835
Qui tout estoit à or batu,
Très-richement estoit vestu
D'une robe moult desguysée,
Qui fut en maint lieu incisée
Et découppée par cointise, 840
Et fut chaussé par mignotise
D'ungs souliers découppés à las,
Par joyeuseté & soulas;
Et sa mye luy fist chappeau
De roses gracieux & beau. 845

 Et sçavez-vous qui fut sa mye,
Lyesse qu'il ne hayoit mye,
La joyeuse, la bien chantans
Et en son aage de dix ans,
De son amour luy fist ottroy, 850
Déduyt la tenoit par le doy,
A la danse sont elle & luy,

*Tome I.*     C

Empeschement n'ont de nulluy ;
Il estoit beau : & elle belle,
Bien resembloit rose nouvelle          855
De la couleur, & sa chair tendre
On la lui peut trencher & fendre
Avec une petite ronce,
Le front eut bel, poly sans fronce,
Les sourcilz blons & bien tretiz,      860
Et les yeulx doulcetz & faictiz
Qui ryoient tousiours avant
Que la bouche le plus souvent.
Je ne vous sçay du nez que dire,
On ne l'eust pas mieulx fait de cire ; 865
Elle eut la bouche tres-doulcette,
Plaisante, mignote & bien faicte,
Le chief eut blont & reluysant,
Que vous irois-je devisant,
Belle fut & bien atournée              870
D'ung fil d'or estoit galonnée,
Et ung chappeau d'orfrais eut neuf,
Le plus beau fut de dix & neuf :
Jamais nul jour veu je n'avoye
Chappeau si bien ouvré de soye,        875
D'une sainture moult dorée,
Fut-elle sur son corps parée,
Et son amy eut la pareille,
Qui riche fut à grant merveille.

 A luy se tint de l'autre part    880
Le Dieu d'Amours cil qui depart
Amourettes tant est propice,
Et fait des amoureux justice,

## DE LA ROSE.

Et qui abat l'orgueil des gens,
Et fait des grans Seigneurs sergens, 885
Et les Dames moult fort rabaisse
Quant il les treuve trop en gresse,
Le Dieu d'Amours de sa façon,
Ne resembloit pas un garçon :
De beaulté fut moult à priser, 890
Mais de sa robe deviser
Crains malement qu'encombré soye,
Il n'avoit pas robe de soye,
Ains avoit robe de fleurettes
Faicte par fines amourettes, 895
A losenges & à oyseaulx,
Et à beaux petis leonceaulx,
A autres bestes & lyepars,
Eut la robe de toutes pars,
Pourtraite couverte de fleurs 900
Par diversité de couleurs ;
Fleurs y avoit de mainte guyse
Illecques mises par devise ;
Nulle fleur en Esté il n'est
Qui n'y soit, ne fleur de genest, 905
Ne viollette, ne parvanche,
Ne fleur ynde, jaune, ne blanche,
Par lieux y eut entremeslées
Fueilles de roses grans & lées ;
Il eut au chief ung chappelet 910
De roses bel & nettelet :
Les rossignols entour chantoient,
Qui doulcement se délictoient ;
Il estoit tout couvert d'oyseaulx

Reluisans très-plaisans & beaulx. 915
Mauvis y eut, aussi mesange
Il sembloit que ce fut ung Ange
Qui venist droictement du Ciel,
Amours avoit ung jouvencel,
Qu'il faisoit estre illec delez, 920
Doulx regard estoit appellez,
Et ce Bachelier regardoit
Les oyseaulx : & aussi gardoit
Au Dieu d'Amours deux arcs Turquois,
Et l'ung des arcs estoit de bois 925
Tout cornu & mal aplané,
Tout plain de neudz & mal tourné,
Et estoit dessoubz & desseure,
Comme je veis plus noir que meure,
L'autre des arcs fut d'ung planson 930
Longuet & de gente façon :
Si fut bien fait & bien dolé,
Et aussi fut bien piolé.
Des Dames y eut toutes paintes,
Et jeunes filz mignotz & cointes, 935
Et ces deux arcs tint doulx regard,
Après il tenoit d'autre part
Jusqu'à dix des flesches son maistre,
Il en tint cinq en sa main dextre ;
Mais moult eurent celles cinq flesches, 940
Les pennons bien fais & les coches
Bien faictes furent, à or paintes,
Fors & trenchans furent les pointes
Et aguës pour bien percier ;
Mais il n'y eut ne fer n'acier, 945

Ny autres riens qui d'or ne fuſt,
Fors que les pennons & le fuſt,
Les pointes furent appellées
Sajettes d'or embarbelées.

   La meilleure & la plus yſnelle       950
De ces fleſches & la plus belle,
Celle qui eut meilleur pennon,
Et de toute beaulté eut nom,
Une de celles qui moins bleſſe,
Eut nom, ſe m'eſt advis Simpleſſe.       955

   Une autre y eut appellée
Franchiſe qui fut empennée
De Valeur & de Courtoyſie.

   La quarte eut à nom Compaignie,
En celle eut trop peſant feſte,       960
Elle n'eſtoit d'aller loing preſte;
Mais qui de près en vouſſiſt traire,
Il en peuſt aſſez de mal faire.

   La quinte eut à nom Beau-ſemblant,
Qui fut toute la moins grevant,       965
Non pour tant fait-elle grand playe
A celluy qui ſon coup eſſaye,
Qui de ceſte fleſche eſt playé,
Il en doit eſtre moins eſmayé;
Car il peut toſt ſanté attendre,       970
Sa douleur en doit eſtre mendre.

   Les autres cinq fleſches ſont laides
Mal rabotées & mal faictes,
Les fuſtz eſtoient & le fer
Plus noirs que les diables d'enfer.       975
Orgueil avoit nom la premiere,

Des autres portoit la baniere,
La seconde fut Vilenie,
Plaine de grande felonnie,
La tierce fut Honte nommée 980
Entre gens souvent renommée,
Et la quarte fut Couvoitise,
Qui les gens à mal faire atise;
La quinte fut Desesperance,
Pour mal faire fut sans doubtance 985
Appellée ainsi la derniere.
Ces cinq flesches d'une maniere
Furent, & toutes ressemblables,
Et moult leur estoit convenables;
L'ung des deux arcs qui fut boiteux, 990
Bossu, tortu & plain de neux,
Telles flesches devoient bien traire,
Qui des autres sont au contraire:
Je ne vous diray pas leur force,
Car à present ne m'en efforce, 995
Vous aurés la signifiance,
Sans y obmettre diligence,
Et vous diray que tout ce monte,
Ainçois que je fine mon compte.
 Si reviendray à ma parole, 1000
Des nobles gens de la carolle
Me fault dire les contenances,
Et les façons & les semblances,
Le Dieu d'Amours si s'estoit pris
A une Dame de hault pris, 1005
Près se tenoit de son costé,
Celle Dame eut nom Beaulté;

Ainsi comme une des cinq flesches
En elle eut toutes bonnes taiches
Point ne fut obscure, ne brune ; 1010
Mais fut clere comme la lune,
Envers que les autres estoilles
Qui semblent petites chandelles :
Tendre eur la chair comme rousée,
Simple fut comme une espousée, 1015
Et blanche comme fleur de lis ;
Visaige eut bel, doulx & alis,
Elle estoit gresle & alignée,
N'estoit fardée ne pignée ;
Car elle n'avoit pas mestier 1020
De soy farder & affaictier :
Les cheveulx eut blons & si longs
Qu'ilz luy batoient aux talons ;
Elle eut bien fait nez, yeulx & bouche,
Moult grand douleur au cueur me touche. 1025
Quant de sa beaulté me remembre,
De la façon de chascun membre ;
Si belle femme n'a au monde,
Jeune fut & de grant faconde,
Sage, plaisant, joyeuse & cointe, 1030
Gresle, gente, frisque & acointe.

 Près de Beaulté se tint Richesse,
Une Dame de grant haultesse,
De grant pris & de grant affaire,
Qui à luy & aux siens meffaire 1035
Osast, ne par faitz, ne par ditz,
Il fust réputé pour hardis,
Qui luy peust nuyre ou ayder ;

Ce n'est mye ne d'huy ne d'hier,
Que riches gens ont grant puissance, 1040
De faire ayde & grevance,
Tous les plus grans & les mineurs
Portoient à richesse honneurs ;
Chascun si l'appelloit sa Dame,
Et craignoit comme riche femme, 1045
Tous se mectent en son dangier,
Et la veult chascun calengier :
Maint traitre & maint envieux,
Souventesfoys sont bien joyeux
De despriser ou de blasmer 1050
Tous ceulx qui sont mieulx à amer
Par devant comme mocquerie,
Louant les gens en flaterie,
Et par doulces paroles oygnent ;
Mais après de leurs flesches poignent 1055
Par derriere jusques à l'oz,
Et abayssent des bons les loz,
Et desloent les aloez ;
Maint preudhomme ont desaloez,
Les losengeurs par leurs losenges, 1060
Et fait tenir de court estranges
Ceulx qui dussent estre privez,
Mal puissent-ilz estre arrivez
Telz losengeurs tous plains d'envye ;
Car nulz preud'homs n'ayment leur vie. 1065
 De poupre fut le vestement
A Richesse, si noblement,
Qu'en tout le monde n'eust plus bel
Mieulx fait, ne aussi plus nouvel ;

## DE LA ROSE.

Pourtraictes y furent d'orfroys 1070
Hystoyres d'Empereurs & Roys.
Et encores y avoit-il
Ung ouvrage noble & soubtil,
A noyaulx d'or au col fermoit,
Et à bendes d'azur tenoit : 1075
Noblement eut le chief paré,
De riches pierres décoré,
Qui gettoient moult grant clarté,
Tout y estoit bien assorté,
Puis eut une riche sainture, 1080
Sainte par dessus sa vesture ;
La boucle d'une pierre fu,
Grosse & de moult grant vertu :
Celluy qui sur soy la portoit,
De tous venins gardé estoit, 1085
De richesses valoit grant somme ;
Car si belle n'avoit veu homme.
D'autre pierre fut le mordans,
Qui guérissoit du mal des dens ;
Ceste pierre portoit bon eur, 1090
Qui l'avoit pouvoit estre asseur
De sa santé & de sa veuë,
Quant à jeun il l'avoit veuë ;
Les cloux furent d'or épuré,
Par dessus le tissu doré, 1095
Qui estoient grans & pesans,
En chascun avoit deux besans ;
Si eut avecques ce Richesse,
Ung cadre d'or mis sur sa tresse
Si riche, si plaisant, si bel, 1100

Qu'oncques on ne veit le pareil,
De pierres estoit fort garny,
Précieuses & aplany,
Qui bien en vouldroit deviser,
On ne les pourroit pas priser :                 1105
Rubis y eut, saphirs, jagonces,
Esmeraudes plus de cent onces ;
Mais devant eut par grant maistrise
Une escharboucle bien assise,
Et la pierre si clere estoit,                   1110
Que cil qui devant la mettoit,
Si en povoit veoir au besoing,
A soy conduire une lieue loing,
Telle clarté si en yssoit,
Que Richesse en resplandissoit,                 1115
Par tout le corps & par sa face,
Aussi d'autour d'elle la place.
 Richesse tint parmy la main
Ung jouvencel de beaulté plain,
C'est son amy Joliveté,                         1120
Ung homme qui au temps d'esté,
Maintenant moult se délictoit,
Il se chaussoit bien & vestoit :
Si avoit des chevaulx de pris,
Bien eust cuidé estre repris,                   1125
De meurtre ou de larrecin,
S'en son estable n'eust roucin,
Pour ce avoit-il l'acointance
De Richesse & la bien vueillance,
Et avoit tousiours en pourpens,                 1130
De maintenir les grands despens ;

Il les povoit bien maintenir,
Puis qu'il y povoit bien fournir,
Richesse luy livroit deniers,
A mesures & à sestiers. 1135
  Après si fut Largesse assise,
Qui fut bien duite & bien aprise,
De faire honneur & tout despendre
Du lignage fut d'Alexandre;
Si n'avoit-el plaisir de rien, 1140
Que quant elle donnoit du sien.
Mais Avarice la chétive
N'est pas songneuse, n'ententive
Comme Largesse de donner;
Pour ce luy fist Dieu foisonner: 1145
Tous ses biens qu'elle ne sçavoit
Tant donner, que plus n'en avoit.
Moult eut Largesse pris & loz,
Elle eut les sages & les folz,
Communément à son bandon, 1150
Tant avoit fait por son beau don,
Que s'aulcun fust qui la hayst,
Elle tantost de ceulx-là feist
Ses amis par son beau service,
Et pour ce luy estoit propice 1155
L'amour des povres & des riches:
Folz sont les avers & les chiches,
Riche ne peut pas avoir vice
Tant le grevant comme avarice,
Tant homme avers ne peut conquerre 1160
Ne seigneurie, ne grant terre,
Dont il face sa voulenté,

Car il n'a pas d'amys planté ;
Mais qui amis vouldra avoir,
Si n'ait mye chier son avoir, 1165
Ains par beaulx dons amys acquiere,
Car c'est tout en telle maniere,
Comme la pierre d'ayment
Le fer attrait soubtivement ;
Ainsi attrait le cueur des gens, 1170
Qui à donner est diligens.

Largesse eut robe bonne & belle,
D'une couleur toute nouvelle,
Visage eut bel & bien formé,
Nul membre n'avoit difformé : 1175
Largesse la vaillante & sage
Tint ung Chevalier du lignage,
Au bon Roy Artus de Bretaigne,
Ce fut cil qui porta l'enseigne
De valeur & le gonfanon, 1180
Celluy acquist moult grant renom :
Encores tient-on de luy conte,
Et devant Roy & devant Conte.
Ce Chevalier nouvellement
Fut venu d'ung tournoyement, 1185
Où il avoit fait pour sa mye,
Mainte jouste & chevalerie,
Et prins par force & abatu,
Maint Chevalier & combatu.

Après tous ceulx estoit Franchise, 1190
Qui ne fut ne brune ne bise ;
Ains fut comme la neige blanche,
Courtoyse estoit, joyeuse & franche,

## DE LA ROSE.

Le nez avoit long & tretis,
Yeulx vers rians, sourcilz faitis, 1195
Les cheveulx eut très-blons & longs,
Simple fut comme les coulons,
Le cueur eut doulx & debonnaire,
Elle n'osast dire ne faire
Nulle riens que faire ne deust; 1200
Et se elle ung homme congneust,
Qui souffrist pour son amitié,
Tantost en eust-elle pitié :
Car elle eut le cueur piteable,
Très-franc, très-doulx & amiable; 1205
Son habit fut en surquanye,
Honneste & sans vilenie;
Mais elle ne fut de bourras,
Si belle n'eut jusques Arras,
Et fut si bien cueillie & jointe, 1210
Qu'il n'y eut une seule pointe
Qui à son droit ne fust assise,
Moult fut bien vestue franchise;
Car nulle robe n'eust si belle
A Dame ne à Damoyselle, 1215
Femme est plus cointe & plus mignote
En surquanie que en cotte :
La surquanie qui fut blanche,
La signifioit doulce & Franche :
Et près d'elle si la vestoit 1220
Ung jouvencel qui là estoit,
Qui moult fort estoit renommé,
Ne sçay comme il estoit nommé;
Bel fut, gent & de bel arroy,

Il sembloit estre filz de Roy. 1225

Après ce tenoit Courtoisie,
Qui moult estoit de tous prisie,
Ne fut orgueilleuse ne folle,
C'est celle qui à la carolle
La sienne mercy m'appella, 1230
Oncques ne sçeut quant je vins là,
Elle ne fut nice ne umbrage;
Mais saige & sans nul oultrage.
Les beaulx respons & les beaulx ditz
Furent souvent par elles ditz, 1235
A nulluy ne porta rancune,
Elle fut clere comme Lune:
Le visaige eut bel & luysant,
Je ne sçay femme si plaisant;
Elle est en toutes Cours bien digne, 1240
Soit d'Empereurs, Roys ou Royne;
A luy se tint ung jouvencel,
Acointable, très-gent & bel,
Bien fist honneur à toute gent,
De ce faire estoit diligent, 1245
Et en armes estoit instruit,
Très-bien aprins & très-bien duit,
De sa mye fut bien aymé,
Comme très-bel & bien formé,
Qui d'assez près si le suivoit, 1250
Et voulentiers le poursuyvoit:
De celle vous ay dit sans faille,
Toute la façon & la taille,
Ja plus ne vous sera compté,
Car c'est celle qui la bonté 1255

## DE LA ROSE.

Me fist quant m'ouvrit le vergier,
Combien que je fusse estrangier:
Après fut comme bien seant,
Jeunesse au visaige riant,
Qui n'avoit encores d'assez, 1260
Comme je croy, douze ans passez.
Nicette fut & ne pensoit
A nul mal engin quel qu'il soit;
Mais moult estoit joyeuse & gaye,
Car jeune chose ne s'esmaye, 1265
Fors de jouer, comme sçavez,
Son amy fut de luy privez,
En maniere qui luy plaisoit,
Et tout service luy faisoit,
Devant tous ceulx de la carole, 1270
Et mesmes qui tenist parole,
D'eulx ilz ne fussent jà honteux;
Mais les apperceussiez tous deux
Baiser comme deux columbeaulx.
Le jouvencel fut jeune & beaulx; 1275
Et si estoit de tout bel aage,
Comme sa mye & de couraige;
Ainsi caroloient illecques
Tous ces gens & d'autres avecques
Qui estoient de leur mesgnée, 1280
Bonne gent & bien enseignée,
Et gens de bel gouvernement,
Estoient tous communément.

*Comment le Dieu d'Amours suyvant,*
*Va au Jardin en espiant,* 1285
*L'Amant tant qu'il soit bien apoint,*
*Que de ses cinq flesches soit point.*

Quant j'euz regardé la semblance,
De cilz qui menoient la dance,
Ainsi comme j'ai dit devant, 1290
J'euz desir d'aler plus avant,
Et voulenté de moy bouger,
Pour visiter ce bel vergier;
Les pins, les cedres qui y furent
Et les beaulx arbres qui y creurent; 1295
Les caroles jà deffailloient,
Et plusieurs des gens s'en alloient
Avec leur amye umbroyer,
Soubz les arbres sans forvoyer:
Là menoient joyeuse vie, 1300
De tous délices assouvie,
Qui telle vie avoir pourroit,
De meilleure se souffreroit;
Il n'est nul moindre Paradis
Qu'avoir amye à son devis, 1305
D'illecques me party à tant,
Si m'en allay seul escoutant
Parmy le vergier çà & là,
Et le Dieu d'Amours appella,
Tout par devant luy doulx regart, 1310
A nul n'avoit-il plus regart;
Son arc d'or, sans plus attendre,

## DE LA ROSE.

Luy a lors commandé à tendre,
Et celluy tantost le tendit,
Et trestout tandu luy rendit; 1315
Et si luy bailla cinq sajectes
Fortes, grandes, d'aler loing prestes,
Le Dieu d'Amours tantost de loing
Se print à suyvir, l'arc au poing.
Or me gard Dieu de mortel playe, 1320
S'il poursuit tant que à moy traye,
Il me greveroit malement,
Qui ne m'en doubte nullement :
Par le vergier, allay délivre,
Et celluy pensa de moy suivre; 1325
Mais en nul lieu n'ay aresté,
Tant que j'euz par tous lieux esté.
Ce bel vergier par compasseur,
Si estoit tout d'une quarreur :
Il fut autant long comme large, 1330
De fruict fut tout plain le ramage,
Se n'est au moins ou ung ou deux,
Ou quelque mal arbre hydeux.
Des pommiers y eut au vergier,
Bien m'en souvient pour abregier, 1335
Qui portoient pommes grenades,
Prouffitans au cas des malades,
De noyers y eut grant foison,
Qui portoient en la saison
Tel fruict comme les noys muscades 1340
Qui ne sont ameres ne fades,
Des amandiers y eut plantez
Et aussi au vergier antez,

Et maint figier & maint datier,
On trouvast qui en eust mestier; 1345
Si y eut mainte bonne espice,
Cloux de giroffle & reclice,
Graine de Paradis nouvelle,
Cerfueil, anys, aussi canelle,
Et mainte espice délictable, 1350
Moult fut celluy lieu délicable.
Au vergier eut arbres non seiches,
Qui portoient & coingz & pesches,
Chataines, des pommes & poyres,
Nesfles, prunes blanches & noyres, 1355
Serises fresches nouvellettes,
Cormes, alises & noysettes;
De haultz loriers & de haultz pins
Estoit tout peuplé ce jardins,
Et d'oliviers & de ciprés, 1360
Dont il n'en a gueres cy prés :
Ormes y eut gros & branchuz,
Et avec ce chesnes fourchuz,
Que vous yroye-je plus contant,
De divers arbres y eut tant, 1365
Ce me seroit bien grant encombre,
De les vous déclairer par nombre;
Mais sachiés que les arbres furent
Si loing à loing comme estre deurent,
L'ung fut de l'autre loing assis 1370
De cinq toises voyre de six;
Mais moult furent fueilluz & haulx,
Pour garder de l'Esté les chaulx,
Et si espés par dessus furent,

Que chaleurs percer ne les peurent, 1375
Ne ne povoient bas descendre,
Ne faire mal à l'erbe tendre.
  Au vergier eut dains & chevreulx,
Et aussi beaucoup d'escureux,
Qui par dessus arbres sailloyent, 1380
Connins y avoit qui yssoient
Bien souvent hors de leurs tanieres,
En moult de diverses manieres,
Par lieux y eut cleres fontaines,
Sans barbelotes & sans raines, 1385
Qui des arbres estoient umbrez,
Par moy ne vous seront nombrez,
Et petis ruisseaulx, que Déduit
Avoit là trouvés par conduit ;
L'eaue alloit aval faisant 1390
Son mélodieux & plaisant.
Aux bortz des ruisseaulx & des rives
Des fontaines cleres & vives,
Poignoit l'erbe drue & plaisant,
Grant soulas & plaisir faisant ; 1395
Amy povoit avec sa mye
Soy déporter, n'en doubtez mye ;
Et par les ruisseletz venoit
Tant d'eaue comme il convenoit,
En très-beau lieu & délectable 1400
Plaisant, joyeux & aggréable,
Estoient tousiours à planté
Des fleurs en Yver & Esté :
Violette y fut moult belle,
Et aussi parvenche nouvelle, 1405

Fleurs y eut blanches & vermeilles
On ne pourroit trouver pareilles,
De toutes diverses couleurs,
De haulx pris & de grans valeurs;
Si estoient soef flairans, 1410
Et reflagrans & odorans,
Ne vous feray pas longue fable,
Du lieu plaisant & delectable;
Mais m'en convient de present taire,
Et de vous dire & retraire, 1415
Du vergier toute la beaulté
Et la grant delectableté,
Ma langue ne pourroit souffire
A le vous reciter ne dire,
Tant allay à dextre & senestre
Que je vey tout l'affaire & l'estre
De ce bel vergier assouvy;
Mais le Dieu d'Amours m'a suivy,
Et de loing m'estoit costoiant,
Me regardant & espiant, 1425
Comme le veneur fait la beste,
Pour me ferir de sa sajecte.

En ung très-beau lieu arrivay,
Ou au dernier je me trouvay,
Fontaine y avoit soubz ung pin; 1430
Mais puis le temps du Roy Pepin,
N'avoit esté tel arbre veu;
Il estoit moult hault & parcreu,
En ce vergier avoit tel arbre:
Dedans une pierre de marbre, 1435
Eut nature par grand maistrise,

## DE LA ROSE.

Soubz le pin la fontaine mise;
Si eut dedans la pierre escriptz,
Au bout d'amont lettres petitz,
Et disoient que illec dessus, 1440
Si mourut le beau Narcisus.
  Narcisus fut ung Damoyseau,
Qu'Amours tindrent en leur roseau;
Et tant le fist Amours destraindre,
Et tant plourer & tant complaindre, 1445
Qu'il luy convint rendre son ame;
Car echo une haulte Dame
L'avoit plus aymé que riens née,
Et s'amour luy avoit donnée,
Et luy dist qu'il luy donneroit 1450
Son amour où elle mourroit.
Mais il fut par sa grant beaulté,
Plain de desdain & de fierté,
Et ne luy voulut octroyer,
Tant l'en sceust-elle bien prier: 1455
Quant elle veyt soy escondire,
Si en eut tel dueil & tel yre,
Qu'il luy convint par ce despit,
En souffrir mort sans nul respit;
Mais au devant qu'elle mourust, 1460
Pria à Dieu qu'encores fust,
Narcisus au felon couraige,
Qui au cueur luy donna la rage,
Dont el mourut villainement,
Que de brief & maulvaisement, 1465
Fust Narcisus sans nul sejour
Eschauffé d'une telle amour:

Et dont il ne peust joye attendre,
Si pourroit sçavoir & entendre.
Quel dueil seuffrent les amoureux,   1470
Par refus dur & rigoureux ;
La priere fut recevable
De Dieu, & par luy acceptable ;
Car Narcisus par adventure,
A la Fontaine necte & pure,   1475
S'en vint soubz le pin umbroier,
Ung jour qu'il venoit de chasser,
Où il eut souffert grand travail,
De courir amont & aval,
Tant qu'il eut soif par grant oppresse   1480
Du Chault, aussi par sa lassesse
Il eut presque perdu l'alayne,
Quant arriva en la fontaine,
Que le pin de rame couvroit,
Il pensa lors qu'il buveroit   1485
A la fontaine tout à dens,
Se mist lors pour boire dedans.

*Comment Narcisus se mira*
*A la fontaine, & soupira*
*Par amour tant qu'il fist partir* 1490
*S'ame du corps sans départir.*

IL veit en l'eaue clere & necte
Son vis, son nez & sa bouchette,
Et il maintenant s'esbahit,
Car son umbre si le trahit,   1895
Car il cuida veoir la figure

## DE LA ROSE.

D'ung enfant bel à demesure.
Adonc se voult amours vengier
Du grant orgueil & du dangier,
Que Narcisus luy eust mené,　　　　1500
Lors il luy fut bien guerdonné;
Car tant musa à la fontaine,
Que trop ayma son umbre vayne,
Et en mourut en la parfin,
De ceste amour en fut la fin;　　　　1505
Et quand il veit qu'il ne pouvoit
Acomplir ce qu'il desiroit,
Et qu'il estoit si prins par sort,
Qu'il ne povoit avoir confort,
En nulle heure, ne en nul temps　　　　1510
Iré fut, & si mal contens
Que de grant dueil après mourut;
Par ce la Dame vengée fut
De luy qui l'avoit escondite,
Et receut illec son merite.　　　　1515
　　Amans cest exemple aprenez,
Qui vers vos amyes mesprenez,
Car se vous les laissés mourir,
Dieu le vous sçaura bien merir:
Quant l'escript si m'eut fait sçavoir,　　　　1520
Que c'estoit en ce lieu pour voir
La fontaine au beau Narcisus,
Je me tiray ung peu en sus,
Quant de Narcisus me souvint,
A qui mallement mesadvint;　　　　1525
Sy commençay à couarder,
Ne dedans n'osay regarder:

Et puis je me pensay que asseur,
Sans point de paour ne de maleur,
A la fontaine aller povoye,       1530
Par folye m'en eslongnoye ;
Sy m'aprouchay de la fontaine
Pour veoir l'eaue très-clere & saine,
Et la gravelle belle & necte,
Qui au fons estoit très-parfaicte,   1535
Et plus luysante que argent fin,
De la fontaine c'est la fin,
Qu'en tout le monde n'eust si belle ;
L'eaue fut très-fresche & nouvelle,
Qui nuyt & jour sault à grans undes   1540
Par deux fosses creuses parfondes,
Dont entour croist l'herbe menue,
Qui par l'eaue vint fresche & drue,
Et en Yver ne peut tarir,
Ne aussi en Esté faillir.             1545
Au fons de la fontaine aval,
Avoit deux pierres de cristal,
Que je regarday à merveilles,
Veu n'avoye oncques les pareilles ;
De ces pierres je vous vueil dire,    1550
Par bon vouloir sans courroux n'ire,
Quant le soleil qui tout aguette,
Ses rays en la fontaine gecte,
Et sa clarté du Ciel descend,
Lors prent de couleurs plus de cent ;  1555
Du cristal qui par le soleil,
Devient inde, jaune & vermeil ;
Ces cristaulx sont très-merveilleux,

Et

## DE LA ROSE.

Et telle force ont chascun d'eux
Arbres, fleurs & toute verdure,　　　1560
Appert à cil qui y met cure ;
Et pour faire la chose entendre,
Une raison vous vueil aprendre ;
Ainsi comment ung miroir monstre,
Les choses qui sont à l'encontre,　　　1565
Et qu'on y voit sans couverture
Et la façon & la figure,
Tout ainsi vous dis-je pour voir,
Que le cristal sans décevoir :
Tout l'estre du vergier accuse　　　1570
A celluy qui dedans l'eaue muse ;
Car tousiours quelque part qu'il soit,
L'une moitié du vergier voit ;
Et s'il se torne maintenant,
Peut-il tout veoir le remenant?
Si n'y a si petite chose　　　1575
Tant mussée ne tant enclose,
Dont démonstrance ne soit faicte,
Comme elle est au vergier pourtraicte.
  C'est cy le miroir périlleux,　　　1580
Où Narcisus très-orgueilleux
Mira sa face & ses yeulx vers,
Dont il cheut puis mort tout envers ;
Qui en ce mirouer se mire,
Ne peut avoir besoing de mire ;　　　1585
Nul n'est qui de ses yeulx le voye,
Qui d'amer ne soit mys en voye ;
Maint vaillant homme y a mys gaige
Ou mirouer, car le plus saige,

Le plus preux & plus affecté 1590
Y a esté prins & guetté :
Illec fur très-mauvaife rage,
Car trop toft change le courage,
N'y ont befoing fens, ne mefure,
Car Dame y a voulenté pure ; 1595
Là ne fe fçait confeiller nulz,
Car Cupido fils de Venus,
Sema illec d'amours la graine
Qui toute encombre la fontaine,
Et fift fes latz environ tendre ; 1600
Et fes engins y mift pour prendre,
Damoyfelles & Damoifeaulx,
Amours ne veult autres oyfeaulx,
Pour la graine qui fut femée.
Fut cefte fontaine nommée 1605
La fontaine d'amours par droit,
Dont plufieurs ont en maint endroit
Parlé en Rommant & en Livre ;
Mais jamais n'orrez mieulx defcrivre
La vérité de la matiere 1610
Quant dit vous auray la maniere.
Maintenant me plaift demourer
A la fontaine, & remirer
Les criftaulx qui là démonftroient
Mille chofes qui là eftoient. 1615
De male heure m'y fuis miré,
J'en ay depuis moult foufpiré,
Ce bel miroir m'a fort deceu ;
Mais fe j'eufle au devant conneu,
De fa force & de fa vertu, 1620

## DE LA ROSE.

Ne m'y fusse pas embatu;
Car fort me trouvay esbahy,
Quant malement ès latz chey.
  Au miroir entre mille choses,
Choisy rosiers chargiés de roses     1625
Qui estoient en ung détour
Clos d'une haye tout entour :
Lors me print-il très-grant envye,
Que ne laissasse pour Pavie,
Ne pour Paris, que n'y allasse,    1630
Où je choisy la plus grant masse,
Quant celle rose m'eut surprins,
Dont maint autre a esté esprins;
Vers le rosier tantost me tretz,
Et bien sachiés quand je fu près,    1635
L'oudeur de la plus savourée
Rose m'entra en la pensée,
Si ne cuidasse estre blasmé,
Vituperé ou diffamé :
Très-voulentiers d'elles cueillisse,    1640
Au moins une que je tenisse
En ma main pour l'oudeur sentir;
Mais paour euz du repentir :
Car il en eust peu de legier
Peser au Seigneur du vergier.    1645
De roses y eut à monceaulx,
Rosiers ne veiz oncques si beaulx,
Boutons y eut petis & clos,
D'autres furent ung pou plus gros;
Si en y eut d'autre moyson,    1650
Qui tendoient à leur saison :

Et s'aprestoient d'espanyr,
Et à perfection venir.
Les roses ouvertes & lées,
Sont en ung jour toutes allées ; 1655
Mais les boutons durent tous frais
A tout le moins deux jours ou trois ;
Iceulx boutons très-fort me pleurent,
Car oncques plus beaulx veuz ne furent.
Qui en pourroit ung acrochier, 1660
Il le devroit tenir moult chier ;
S'ung chappelet en peusse avoir,
Mieulx l'amasse que nul avoir.
Entre tous ces boutons j'en vey
Ung si très-bel, que envers celluy 1665
Nul des autres riens ne prisay,
Quant sa grant beaulté advisay ;
Car une couleur l'enlumine,
Qui est si vermeille & si fine,
Comme nature le sceut faire ; 1670
Des fueilles y eut quatre paire,
Que nature par ses maistrises,
Y avoit mises & assises.
La queue droite comme ung jon,
Et par dessus siet le bouton, 1675
Si ne s'encline ne ne pend,
L'oudeur de luy par tout s'estend ;
La souefveté qui en yst,
Toute la place en resplanist.
Quand je l'euz sentu au flairer, 1680
Ailleurs ne voulu repairer ;
Si g'y osasse la main tendre,

## DE LA ROSE.

Et moy approucher pour le prendre
Le feiſſe ; mais chardons poignans
M'en faiſoient moult eſloignans,　　1685
Eſpines trenchans & aguës,
Orties & ronces croſſuës,
Ne me laiſſoient avant traire,
Car je craignoye à moy mal faire.

*Comment Amours au bel jardin,*　1690
*Traicta l'Amant qui de cueur fin,*
*Ama le bouton tellement,*
*Que puis en eut empeſchement.*

LE Dieu d'Amours qui l'arc tendu
Avoit toute jour attendu,　　1695
A moy pourſuyvre & eſpier,
Si s'arreſta ſoubz ung figuier ;
Et quant il eut bien apperceu,
Que j'avoye ſi bien eſleu,
Le bouton qui plus me plaiſoit,　　1700
Que nul des autres ne faiſoit :
Il a tantoſt prins une fleſche,
En la corde la miſt en coiche,
Si l'enteſa juſqu'à l'oreille,
L'arc qui eſtoit fort à merveille,　　1705
Et tira à moy par tel guyſe,
Qu'à l'ouye m'a la fleſche miſe
Juſques au cueur par grant roideur :
Et lors me print une froideur,
Dont je deſſoubz chault peliſſon,　　1710
Senty au cueur mainte friſſon.

D 3

Quant j'euz esté ainsi bersé,
A terre fuz tantost versé ;
Cueur me faillit, sueur me vint,
Pasmer par force me convint ; 1715
Et quant je vins de pasmoison,
Et j'euz mon sens & ma raison,
Je fuz moult vain, & ay cuidé,
Beaucoup de sang avoir vuidé ;
Mais la sajette qui m'eut point, 1720
De mon sang si ne tira point,
Ains fut la playe toute seiche.
Je prins lors à deux mains la flesche,
Et la commençay à tirer,
Et en la tirant souspirer, 1725
Et tant tiray qu'ay amené
A moy le fust tout empenné.
Mais la sajette barbelée,
Qui Beaulté estoit appellée,
Fut dedans mon cueur si fichée, 1730
Qu'elle n'en peut estre arrachée ;
Mais demoura en mon corps toute
Sans en saillir de mon sang goute :
Angoisseux fuz & moult troublé,
Pour le péril qui fut doublé ; 1735
Ne sceuz que faire, ne que dire,
Ne pour ma playe trouver mire,
Ne par herbe, ne par racine,
Je ne peuz trouver médicine.
Vers le bouton se flechissoit 1740
Mon cueur qui ailleurs ne pensoit :
Se je l'eusse eu à mon plaisir,

## DE LA ROSE.

Santé m'eust rendu à plaisir;
Le veoir sans plus & l'oudeur,
Si m'alegeoient ma douleur: 1745
Je me commençay à retraire,
Vers le bouton à mon contraire.
Amours avoit jà recouvrée,
Une autre flesche à or ouvrée
Simpleſſe eut nom : c'est la seconde 1750
Que maint homme parmy le monde
Et mainte femme fist aymer,
Quant amours me veit opprimer :
Il trait à moy sans menacier,
La flesche, où n'est fer ne acier; 1755
Si que par l'œil au corps m'entra,
La sijette qui n'en ystra
Jamais, ce croy par homme né;
Car au tirer en ay mené,
Le fust avec moy sans contens, 1760
Le fer est demouré dedans.
Or sachiés bien de vérité,
Que se j'avoye devant esté,
Du bouton bien entalenté,
Plus grande fut ma voulenté; 1765
Et quant le mal plus m'angoiſſoit,
Tant plus ma voulenté croiſſoit,
D'aller touſiours à la rosette,
Qui mieulx sentoit que violette,
Bien je m'en voulsiſſe excuser; 1770
Mais je ne le puis reffuser :
Car touſiours mon cueur si tendoit,
A la chose qu'il demandoit,

Aller m'y convenoit par force,
Et d'autre part l'Archier s'efforce,       1775
Et à moy grever moult se paine,
Ne me lairra aller sans paine.
Si m'a fait pour mieulx m'affoler,
La tierce flesche au corps voler,
Qui Courtoysie est appellée;              1780
La playe fut parfonde & lée,
Si me convint cheoir pasmé,
Dessoubz ung olivier ramé,
Grant piece y fuz sans remuer;
Quant je me peuz esvertuer,                1785
Je prins la flesche & là osté,
Tantost le fust de mon costé;
Mais je ne peuz pas le fer traire,
Pour chose que je peusse faire.
 En mon séant me suis rassis,        1790
Moult angoisseux & moult pensis;
Moult me destraint ycelle playe,
Et me semont que je me traye,
Vers le bouton qui m'atalente:
Et l'Archier si me represente,             1795
La quarte flesche au pennon d'or,
Qui le cueur m'environna d'or.
Icelle flesche eut nom Franchise,
Il la me tira à sa guyse.
Or me dois bien espouventer,               1800
Eschauldé doit chaleur doubter;
Mais je ne sçavoye pour voir,
Car se je veisse illec plouvoir,
Quarreaulx & pierres par meslée,

## DE LA ROSE.

Auſſi eſpés comme greſlée, 1805
Si convenoit que g'y allaſſe;
Amours qui toutes choſes paſſe,
Me donnoit cueur & hardement,
De faire ſon commandement:
Je me ſuis lors du pied drecé, 1810
Foible, vain & comme blecé,
Si m'eſchauffay moult de marchier;
Ne differay pas pour l'Archier,
Vers le roſier où mon cueur tend;
Mais des eſpines avoit tant, 1815
Des ronces & chardons aguz;
Mais pourtant ne fuz-je confuz,
Qu'au roſier ne vouſiſſe attaindre,
Et les eſpines toſt enfraindre,
Qui le roſier environnoient, 1820
Et de toutes pars me poignoient;
Mais ſi bien me vint que j'eſtoye
Si près du bouton que ſentoye
La doulce odeur qui en yſſoit,
Qui tout mon mal adoulciſſoit, 1825
Et que le veoye à bandon,
De ce me venoit tel guerdon,
Que tous mes maulx entr'oublioye;
Pour le délit où me veoye.
Adonc fuz guery & bien ayſe, 1830
Car riens n'eſtoit qui tant me plaiſe,
Comme d'eſtre illec à ſéjour,
Partir n'en vouloye nul jour.
 Quant illec ay eſté grant piece,
Le Dieu d'Amours qui tout deſpiece, 1835

A mon cueur dont il fist bersault,
Bailla nouvel & fier assault,
Et me tira pour mon meschief
La quinte flesche derechief,
Jusques au cueur soubz la mamelle, 1840
Dont la grant douleur renouvelle
De mes playes en ung tenant
Me pasmay trois fois maintenant :
Au revenir plains & soufpire,
Car ma douleur croist & empire 1845
Si fort que je n'ay esperance,
De guerison ne d'alegeance,
Mieulx vouldroie estre mort que vifz,
Car en la fin par mon adviz,
Fera Amours de moy martir, 1850
Par autre lieu n'en puis partir.
La sixiesme flesche il a prise,
C'est celle que très-fort je prise ;
Et si la tiens à moult pesant,
C'est Beau-semblant qui en usant 1855
A nul Amant qui se repente,
De bien servir quel mal qu'il sente.
Elle est aguë à bien percier,
Trenchant comme rasoir d'acier ;
Mais amour moult bien l'a pointé 1860
D'ung précieux oignement oingté,
Afin qu'elle ne me peust nuyre,
Amours ne veult pas que je muyre ;
Mais veult que j'aye allegement,
Par la force de l'oignement, 1865
Qui tout est de réconfort plain,

Et j'en fuz dedans le corps sain :
C'est pour amans réconforter,
Et pour leurs maulx mieulx suporter.
Celle flesche fut à moy traicte, 1870
Qui m'a au cueur grand playe faicte :
Mais l'oignement si s'espandit
Par mes playes, & me rendit
Le cueur qui m'estoit tout failly ;
La mort m'eust de brief acueilly, 1875
Se le doulx oignement ne fust,
Je tiray hors à moy le fust ;
Mais le fer dedans demoura,
Mon cueur par chaleur devora :
Six flesches y furent crochées, 1880
Qui jà n'en seront arrachées,
Et l'oignement moult me valut,
Toutesvoyes moult me dolut
Ma playe, si que ma douleur
Me faisoit muer la couleur, 1885
En ceste flesche par coustume,
Estoit doulceur & amertume ;
J'ay bien congneu par sa puissance
Son ayde, aussi sa nuysance.
Grant trou y eut par la poincture ; 1890
Mais moult m'assouaga l'oingture,
D'une part m'oingt, d'autre me cuyst ;
Ainsi m'aide, ainsi me nuyst.

*Comment Amours sans plus attendre,*
*Alla tost courant l'Amant prendre,*
*En luy disant qu'il se rendist*   1895
*A luy, & que plus n'attendist.*

LE Dieu d'Amours est descendu,
Et est incontinent venu
A moy, puis tantost m'escria ;   1900
Vassal : prins estes riens n'y a
De l'efforcer, ne du deffendre,
Ne fay pas dangier de toy rendre,
Tant plus voulentiers te rendras,
Et plus tost à mercy viendras.   1905
Il est fol qui maine dangier,
Vers celluy qu'il doit calengier,
Et qu'il luy convient supplier,
Tu ne pourras mieulx employer,
Ta paine pour toy avancer,   1910
Tu ne te peuz vers moy forcer,
Ta force te seroit contraire,
Et te nuyroit en ton affaire ;
Et si te vueil bien enseigner,
Que tu ne pourras riens gaigner,   1915
En folie, ny en orgueil ;
Mais rendz-toy prins, car je le vueil,
En paix & debonnairement :
Et je respondy simplement.
   Sire, voulentiers me rendray,   1920
Jà vers vous ne me deffendray,
A Dieu ne plaise que je pense,

## DE LA ROSE.

Faire contre voſtre deffenſe,
Car ce n'eſt pas raiſon ne droit,
Auſſi mon cueur ne le vouldroit ;            1925
Vous me povez prendre & tuer,
Bien ſçay que ne vous puis muer,
Car ma vie eſt en voſtre main,
Ne puis vivre juſques à demain,
Se n'eſt pas voſtre voulenté,                1930
J'attendz par vous joye & ſanté ;
Car jà par autre ne l'auré,
Se voſtre main qui m'a navré,
Ne me donne la gueriſon,
Et ſe de moy voſtre priſon                   1935
Voulez faire, ne ne daignez,
Je ne me tiens pas engygnez ;
Et ſachiés que je n'ay point d'yre,
Tant ay de vous ouy bien dire,
Que mette me vueil par deviſe,               1940
Cueur & corps à voſtre ſerviſe ;
Car ſe je fais voſtre vouloir,
Ne me puis pas de riens douloir,
Et eſpere qu'en aucun temps,
Auray la mercy que j'attendz.                1945
Adonc me ſuis agenoillié,
Et vouloye baiſier ſon pié ;
Mais il m'a la dextre main priſe,
Et dit : je te ayme bien & priſe,
Quant tu m'as reſpondu ainſi ;               1950
Oncques tel reſponſe n'yſſi
D'homme villain mal enſeigné,
Et par ce point tu as gagné ;

Que je vueil pour ton advantaige,
Qu'à present cy me face hommaige : 1955
Si me baiseras en la bouche,
A qui nul villain homs ne touche ;
Je ne laisse mye attouchier,
Chascun villain, chascun bouchier ;
Mais doit estre courtois & frans, 1960
Celluy duquel l'hommage prens.
Mais touteffois celluy à paine,
Qui à moi bien servir se paine ;
Honneur en aura, si doit estre,
Joyeux de servir si bon maistre 1965
Et si hault Seigneur de renom,
D'Amours porte le gonfanon,
De Courtoisie la baniere ;
Et si est de telle maniere,
Si doulx, si franc & si gentil, 1970
Que qui est si sage & subtil,
De le servir & honnourer,
Dedans luy ne peut demourer
Villenye ne mesprison,
Ne faulseté, ne trahison. 1975

*Comment après ce bel langage,*
*L'Amant humblement fist hommage,*
*Par jeunesse qui le déçoit,*
*Au Dieu d'Amours qui le reçoit.*

BOn homme fuz-je les mains jointes, 1980
Et sachiez que moult me fiz cointes,
Quant sa bouche toucha la moye,

Ce fut ce dont J'euz au cueur joye,
Il m'a lors demandé ostages.

## *Amours parle.*

Amys, dist-il, j'ay mains hommages, 1985
Et d'ungs & d'autres gens receu,
Dont j'ay esté moult tost deceu :
Les felons plains de faulseté,
M'ont par maintesfois baraté,
Par eulx ay souffert mainte noise ; 1990
Mais ilz sçauront comme il m'en poise,
Se je les puis à mon droit prendre,
Je leur vouldray chierement vendre,
Et pource que suis ton maistre,
Vueil-je bien de toy certain estre, 1995
Et te vueil si à moy lyer,
Que tu ne me puisses nyer,
De faire riens doresnavant,
Tien-moy donc loyal convenant,
Pechié seroit se tu trichoyes, 2000
Moult me semble que loyal soyes.

## *L'Amant respond.*

Sire, fis-je, or m'entendez,
Ne sçay pourquoy vous demandez
Pleiges de moi, ne seureré,
Vous sçavez bien la vérité, 2005
Que mon cueur si tolu m'avez,
Et si prins, comme le sçavez,
Qu'il ne peut riens faire pour moy,
S'il ne venoit de vostre ottroy.

Le cueur est vostre non pas mien,   2010
Car il convient soit mal ou bien,
Qu'il face tout vostre plaisir,
Nul ne vous en peut dessaisir.
La garnison y avez mise,
Qui le guerroye à vostre guyse ;   2015
Et se de cela vous doubtez,
Faictes-y clef & l'emportez,
Et la clef soit en lieu d'ostage.

### Amours.

Par mon chief ce n'est mye oultrage,
Respond Amour, je m'y accords,   2020
Il est assez seigneur du corps,
Qui a le cueur en sa commande,
Oultrageux est qui plus demande.

*Comment Amours très-bien souef,*
*Ferma d'une petite clef*   2025
*Le cueur de l'Amant par tel guyse,*
*Qu'il n'entama point la chemise.*

Lors a de l'Aumoniere traicte,
Une petite clef bien faicte,
Qui fut de fin or esmeré,   2030
Soubz elle demourra serré,
Ton cueur qui sera seurement,
Contraint ne sera autrement :
Plus est de mon petit doy mendre,
A mes amys la vueil bien tendre,   2035
Elle est de moult grant poesté.

## DE LA ROSE.

### L'Amant parle.

Lors la m'attacha au costé,
Et ferma mon cueur si souef,
Qu'à grant paine senty la clef :
Ainsi fist sa voulenté toute ;     2040
Et quant je l'euz mys hors de doubte,
Luy dis ; je suis entalenté,
De faire vostre voulenté ;
Mais mon service recevez
En gré, & ne me decevez ;     2045
Ne le dy comme recréant,
De vous servir suis aggréant.
Mais celluy en vain se travaille
De faire service qui vaille,
Quant le service n'atalente     2050
A cil à qui l'en le presente.

### Amours parle.

Amours respond, ne t'espouvente
Quant tu consens à mon entente,
Ton service prendray en gré,
Et te mettray au hault degré,     2055
Se maulvaistié ne t'en retrait,
Mais si-tost ne peut estre fait,
Grant bien ne vient pas en pou d'heure,
Il y convient paine & demeure,
Attendz & seuffre la destresse,     2060
Qui or endroit te nuyst & blesse,
Car je sçay par quelle raison
Tu seras mis à guérison :

Je te donneray Feaulté,
Se tu te tiens à loyaulté, 2065
Qui tes playes te guerira,
Quant je sçauray & m'apperra,
Se tu de bon cueur serviras,
Et comment tu exploicteras
Nuyt & jour mes commandemens, 2070
Que je commande aux fins Amans.

### L'Amant parle.

Sire, fis-je, pour Dieu mercy,
Avant que vous partez d'icy,
Vos commandemens m'en chargiés,
Je suis de faire encouragiés, 2075
Car j'espoir, se ne les sçavoye,
Tost pourroye yssir de sa voye,
Pource je les desire aprendre,
Affin que ne puisse mesprendre.

### Amours.

Amours respond, tu dis moult bien, 2080
Si les entendz & les retien,
Le maistre pert sa paine toute,
Quant le disciple qui escoute
Ne met tel soing à retenir,
Qu'il lui en puisse souvenir. 2085

### L'Amant.

Le Dieu d'Amours lors m'encharja,
Tout ainsi que vous orrés jà
Mot à mot ses commandemens,

## DE LA ROSE.

Comment le dient les Rommans;
Qui aymer veult si y entende,     2090
Ainsi comme amours le commande,
Car il les fait bon escouter,
Qui son entente y veult bouter,
Pource que la fin en est belle,
Et que c'est matiere nouvelle.     2095
Qui du songe la fin orra,
Je vous dy bien qu'il y pourra
Des jeux d'amours assez aprendre,
Pourveu que bien y vueille entendre
Et bien concevoir la substance,     2100
Du songe la signifiance.
La vérité qui est couverte,
Vous en sera lors toute apperte,
Quant déclarer m'orrez le songe,
Où n'y a fable, ne mensonge.     2105

*Comment le Dieu d'Amours enseigne*
*L'Amant, & dit qu'il face & tiengne*
*Les reigles qui baille à l'Amant,*
*Escrites en ce bel Rommant.*

Villenye premierement,     2110
   Ce dist amours vueil & commant,
Que tu délaisses sans reprendre,
Se tu ne veulx vers moy mesprendre;
Si mauldis & excommunie
Tous ceulx qui ayment Villenye.     2115
Villenye le Villain fait,
Je ne l'ayme, n'en dit, n'en fait;

Villain est fel & sans pitié,
Sans service & sans amytié.
Après te garde de retraire,  2120
Chose des gens qui face à taire,
N'est pas prouesse de mesdire,
En Keulx le Seneschal te mire,
Qui fut par mesdire jadis
Mal renommé, de tous mauldis,  2125
Comme tant Gauvain eut le pris,
Comme courtois & bien apris :
Autant eut Keulx de Villenye,
Par mesdire & de Felonnie ;
Des mocqueurs l'estandart portoit,  2130
En mocquer tant se délictoit.
Soyes sage & raisonnable,
En parler doulx & convenable,
Aux grans personnes & menues ;
Et quant tu iras par les rues,  2135
Garde que soyes coustumier
De saluer les gens premier ;
Et s'aucun avant te salue,
Si n'ayes pas la langue mue ;
Ains te paine de salut rendre,  2140
Sans demourer & sans attendre.
 Après garde que tu ne dyes
Ces ors motz & ces ribaudies ;
Ja pour nommer villaine chose,
Ne doit ta bouche estre desclose ;  2145
Je ne tiens pas à courtois homme,
Qui orde chose & laide nomme,
Toutes femmes sers & honnoure,

## DE LA ROSE.

A eulx aider paine & laboure ;
Et se tu oys nul mesdisant, 2150
Qui les femmes soit desprisant,
Blasme-le & fais qu'il se taise.
Fay se tu peux chose qui plaise,
Aux Dames & aux Damoiselles ;
Si qu'ils ayent bonnes nouvelles, 2155
De toy dire & de racompter,
Par ce pourras en pris monter.

Après tout ce d'orgueil te garde,
Car se l'orgueilleux se regarde,
Orgueil est folie & pechié ; 2160
Et qui d'orgueil est entachié,
Il ne peut son cueur employer,
A servir ne à supployer.
Orgueilleux fait tout le contraire,
De ce que fin Amant doit faire ; 2165
Mais qui d'amours se veult pener,
Il se doit cointement mener :
Car qui est coint n'a pas orgueil ;
Mais en est moult plaisant à l'œil,
Quant il n'est pas oultrecuidé, 2170
De ce doit-il estre vuidé :
De vestement & de chaussure,
Selon ta rente, ta mesure.
Bien te dy que bel vestement,
A l'homme siet honnestement ; 2175
Et si dois ton habit baillier,
A tel qui le saiche taillier,
Et faire bien séans les pointes,
Et les manches droictes & cointes,

Souliers à latz, aussi houseaulx, 2180
Ayes souvent frés & nouveaulx,
Et qu'ils soient beaux & fetis,
Ne trop larges, ne trop petis,
De gans & de bourse de soye,
Et de saincture te cointoye ; 2185
Et si tu as si grant richesse,
Que faire ne puisse largesse,
Tout au plus bel te dois conduire,
Que tu pourras sans toy destruire,
Chappel de fleurs que moult peu couste, 2190
Ou de roses de penthecouste.
Peux-tu bien sur ton chief avoir,
Il n'y convient pas grant avoir.
Ne seuffre sur toy nulle ordure,
Lave tes mains & tes dens cure ; 2195
S'en tes ongles a point de noir,
Ne lui laisse pas remanoir.
Tiens-toy bien net, tes cheveulx pigne ;
Mais ne te farde, ne te guigne.
Telles choses ne font si non, 2200
Gens folz & de maulvais renom :
Qui amours par male advanture,
Ont trouvé encontre nature.
Après te doit-il souvenir,
De joyeuseté maintenir, 2205
A joye & à déduit t'atourne,
Amours n'a cure d'homme mourne.
La melodie est moult courtoise,
Où siet joyeuseté sans noyse ;
Amans sentent les maulx d'aymer, 2210

## DE LA ROSE.

Une fois doulx & l'autre amer.
Mal d'aymer est moult oultrageux ;
Tantost est l'Amant en ses jeux ,
Tost se complaint , tost se guermente ,
Une heure pleure & l'autre chante. 2215
Se tu sçes nul beau déduit faire ,
Par quoy tu puisses aux gens plaire ;
Je t'ordonne que tu le faces ,
Chascun doit faire en toutes places ,
Ce qu'il sçet qui mieulx luy advient , 2220
Car loz & pris & grace en vient ;
Se tu te sens juste & legier ,
Ne fault pas d'assaillir dangier ;
Et se tu es bien à cheval ,
Tu dois prendre amont & aval ; 2225
Et se tu sçès lances briser ,
Tu t'en peuz moult faire priser ;
Si aux armes es asseuré ,
De tant plus seras honnouré ;
Se tu as clere & saine voix , 2230
Tu ne dois pas querir forvois ,
De chanter se l'en t'en semoult ;
Car beau chanter embellit moult ,
Aussi d'instrumens de musique ,
Te fault avoir quelque pratique , 2235
Et pareillement de dancer ,
Ce te pourra moult avancer.
 Ne te faitz tenir pour aver,
Car ce te pourroit moult grever :
Car c'est bien raison que l'Amant , 2240
Donne du sien plus largement :

## LE ROMAN

Que les villains plains d'avarice
Aufquelz amours n'est jà propice,
A qui il ne plaist de donner,
D'avoir amours ne doit pener ;     2245
Mais qui en veult avoir la grace,
D'avarice tost se defface :
Car cil qui par regart plaisant,
Ou par doulce chiere faisant
A luy, ou par ung ris serin     2250
Donne son cueur tout enterin,
Doit bien après si riche don,
Donner l'avoir tout à bandon.

   Maintenant te vueil recorder,
A mes ditz te dois accorder,     2255
Car la parole est tant moins griefve,
A retenir quant elle est briefve ;
Qui d'amours veult faire son maistre,
Saige & sans orgueil il doit estre,
De cointise soit bien garny,     2260
Baillart de largesse fourny.
Après t'enjoings par pénitence,
Que jour & nuyt sans repentence,
En bien aymer soit ton penser,
Tousiours y pense sans cesser,     2265
Et te pense de la doulce heure,
Dont la joye tant te demeure ;
Et pour ce que fin Amans soyes,
Je te commande que tu ayes
En ung seul lieu ton cueur assis,     2270
Ferme, constant & bien rassis,
Sans barat, ne sans tricherie,     Fraulde

## DE LA ROSE.

Fraulde, ne nulle tromperie,
Qui en mains lieux son cueur départ;
Par tout en a petite part; 2275
Mais de celluy pas ne me doubte,
Qui tient en ung lieu s'amour toute
Pour ce vueil qu'en ung lieu la mettes,
Et qu'en autre lieu ne la prestes;
Car se tu l'avoyes prestée, 2280
Elle seroit tost degastée;
Mais donne-la en don tout quitte,
Tu en auras plus grant merite,
Car bonté de chose prestée,
Et tost rendue & acquitée; 2285
Mais de chose donnée en don,
Doit estre moult grant le guerdon.
 Donne-la donc tout quittement,
Et le faiz débonnairement:
Car on a la chose plus chiere, 2290
Qui donnée est à belle chiere,
Peu doit estre ou néant guerdonnée,
La chose par regret donnée;
Quant tu auras ton cueur donné,
Ainsi que je t'ay sermonné, 2295
Lors te viendront les advantures,
Qui aux Amans sont tresfort dures;
Souvent quant il te souviendra,
De tes amours te conviendra,
Partir des yeux faisant devoir, 2300
Que nul ne puisse apparcevoir,
Le mal que seuffres & l'angoisse,
A une par tout seul t'adresse;

*Tome I.*        E

En plusieurs manieres seras
Travaillé, grant mal sentiras, 2305
Une heure chault & l'autre froit,
Passer te fault par ce destroit,
Vermeil une heure, l'autre palle,
Tu n'euz oncques fievre si malle,
Ne quotidianes, ne quartes; 2310
Et bien auras ains que tu partes,
Les douleurs d'amours essayées,
Tes forces y seront employées,
Tant qu'en pensant t'en troubleras;
Et une grant piece seras; 2315
Ainsi comme une ymage muë,
Qui ne se crosle ne remuë,
Sans piedz, sans mains, sans dois crosler,
Sans yeulx mouvoir, ne sans baler;
Puis après quant tu reviendras 2320
En ta memoire tressauldras,
Frayeur auras au revenir,
De paour ne te pourras tenir,
Souspirs auras de cueur parfont;
Et saiches bien que ainsi le font 2325
Ceulx qui les maulx ont essayez,
Dont tu seras lors esmayez,
Après est droit qu'il te souvienne,
De ta mye s'elle est loingtaine.
Lors maleureux te jugeras, 2330
Quant près d'elle tu ne seras,
Et conviendra que ton cueur soit,
En ce que ton œil n'apperçoit:
Disant, mes yeulx vueil envoyer,

## DE LA ROSE.

Après pour le cueur convoyer.
Doyvent-ils icy arrester ;
Nenny, mais voisent visiter,
Ce dont le cueur a tel talent,
Lors me puis bien tenir allant,
Quant de mon cueur si loingtain suis,
Pour sol bien tenir je me puis ;
Si iray, plus ne laisseray,
N'a mon cueur ayse ne seray,
Devant qu'aucune enseigne n'aye ;
Adonc te mettras en la voye.
Et yras soubz tel couvenant,
Qu'à ton esme fauldras souvent,
Et gasteras en vain tes pas,
Ce que tu quiers ne verras pas ;
Si conviendra que tu retournes,
Sans riens faire, pensif & mournes.
Lors seras en moult grant meschief,
Et te viendront tost derechief,
Soufpirs & plaintes & frissons,
Plus poignantes que herissons ;
Qui ne le sçet si le demant,
A cil qui est loyal Amant :
Ton cueur ne pourras appaiser ;
Mais vouldras encores viser,
Se tu verras par advanture,
Ce dont tu es en si grand cure ;
Et se tu te peux tant pener,
Que veoir puisses & assener,
Tu vouldras très-ententif estre,
A tes yeulx saouler & repaistre,

E 2

## LE ROMAN

Grant joye en ton cueur demouras,
De la beaulté que tu verras;
Et saiches que du regarder,
Feras ton cueur frire & larder,
Et tout adés en regardant, 2370
Aviveras le feu ardant :
Car cil qui ayme & plus regarde,
Plus enflame son cueur & l'arde;
Cil art, alume & fait flamer,
Le feu qui fait les gens amer. 2375
 Chascun Amant suyt par coustume,
Le feu qui l'art & qui l'alume,
Quant le feu de plus près il sent,
Et il s'en va plus oppressant,
Le feu art celluy qui regarde 2380
Sa mye, s'il ne si prent garde;
Car de tant plus près il s'en tient,
En aymer plus fort se maintient.
Ce sçavent bien saige & musart,
Qui plus est près du feu, plus art, 2385
Tant que aymes ainsi le verras,
Jamais partir ne t'en pourras;
Et quant partir te conviendra,
Par tout le jour te souviendra
De celle que tu auras veu; 2390
Et si te tiendras à deceu,
D'une chose trop malement,
C'est que couraige & hardement,
N'auras eu d'elle arraysonner;
Ains as esté sans mot sonner, 2395
Près d'elle confuz & empris,

Bien cuidoyes avoir mespris,
Que tu n'as la belle appellée,
Avant qu'elle s'en fust allée,
Tourner te doit à grand contraire ; 2400
Car se tu n'en eusses peu traire,
Fors seulement ung beau salut,
Plus de cent marcs d'or te valut :
Lors te prendras à devaler,
Et querras achoison d'aler 2405
Tout derechief hors en la rue,
Où tu avoyes celle veue,
Que tu n'osas mettre à raison,
Moult yroyes en sa maison :
Voulentiers s'achoison avoyes. 2410
Il est droit que toutes tes voyes
Et tes allées & ton tour,
S'en reviennent par-là entour :
Devers les gens très-bien te cele,
Et quiers autre cause que celle, 2415
Qui celle part te fait aller ;
Car c'est grant sens de soy celer.
Et s'il est chose que tu voyes
Ta mye à point, que tu la doyes
Arraisonner, ne saluer : 2420
Lors te convient couleur muer,
Et tout le sang te fremira,
Parole & sens tout te fauldra,
Quand tu cuideras commencer.
Et se tant te veulx avancer, 2425
Que ta raison commencer oses,
Quant tu deveras dire troys choses,

Tu n'en diras mie les deux,
Tant seras doneques vergongneux.
Il n'y a nul si appensez, 2430
Qui en ce point n'oublie assez ;
S'il n'est tel que de guille serve,
Car faulx Amans comptent leur verve
Sans paour, ainsi comme ils veullent,
Car de mentir point ne se deullent, 2435
Ilz dient l'ung & l'autre pensent,
En riant il semble qu'ilz tensent.
Quant ta raison sera finie,
Sans luy avoir dit villenie,
Moult desplaisant au cueur seras, 2440
Se riens oublié tu auras,
Qui te fust advenant à dire,
Adonc seras en grant martyre :
C'est la bataille, c'est l'ardure,
C'est le contemps qui tousiours dure, 2445
Jà fin ne prendra ceste guerre,
Tant que j'en vueille la paix querre.

Quant les nuys venuës seront,
Mille desplaisirs te vendront,
Tu te coucheras en ton lict, 2450
Où tu auras peu de délit;
Car quant tu cuideras dormir,
Tu commenceras à fremir,
A tressaillir & demener,
D'ung costé sur l'autre tourner, 2455
Une heure envers & l'autre adens,
Comme cil qui a mal aux dens;
Lors te viendra à remembrance,

Et sa façon & sa semblance,
A qui nulluy ne s'appareille, 2460
Si te diray moult grant merveille,
Telle foys te sera advis,
Que tu tiendras celle au cler vis,
Entre tes bras & toute nue,
Comme celle fust devenue 2465
Du tout ta mye & ta compaigne,
Lors feras chasteaulx en Espaigne ;
Et si auras joye de néant,
Pour le tems que seras béant,
En ta pensée delectable, 2470
Où n'est fors que mensonge & fable ;
Mais peu y pourras demourer,
Lors commenceras à plourer,
Et diras : Dieu ay-je songié,
Suis-je remué ou bougié. 2475
Ceste pensée dont me vint,
Certes le jour dix fois ou vingt,
Vouldroye qu'elle revenist,
Toute me plaist & replenist
De joye & de bonne advanture ; 2480
Mais ceste façon peu me dure,
Dieu, verray-je point que je soye
En tel point comme je songeoye.
La mort ne me greveroit mye,
Se je mouroye ès bras ma mye, 2485
Moult me griefve amours & tormente,
Souvent me plaings & me guermente ;
Mais se tant fait amours que j'aye
De ma mye enterin joye,

E 4

Bien seroit mon mal rachapté. 2490
 Las, chose vueil de grant chierté,
Je ne me tiens mye pour sage,
Quant je demande tel oultrage;
Car qui demande musardie,
C'est bien droit que on l'escondye, 2495
Ne sçay comme je l'osay dire,
Plus fort que moy & plus grand Sire
De moy auroit très-grant honneur,
En ung loyer assez myneur;
Mais sans plus se d'ung doulx baisier, 2500
La belle me vouloit aisier,
Moult auroye riche desserte,
De la paine que j'ay soufferte;
Mais forte chose est à venir,
Je me puis bien pour fol tenir, 2505
Quant j'ay en tel lieu mon cueur mys,
Dont à nul preu ne suis submys,
Si dy comme fol envyeux,
Car un regard d'elle vault mieulx,
Que d'autres les deduys entiers, 2510
Je la veisse moult voulentiers.
Tout à cest heure se Dieu m'aist
Guery seroit cil qui la veist.
Dieu, quant sera-il adjourné,
J'ay en ce lieu trop sejourné; 2515
Je n'ayme mye tel desir,
Quant je n'ay ce dont j'ay gesir:
Desir est ennuyeuse chose,
Quant on ne dort ne ne repose,
Moult m'ennuye certes & griefve, 2520

Quant maintenant l'Aube ne crieve,
Et que la nuyt tost ne trespasse,
Car s'il fust jour je m'en allasse.
   Ha Soleil! pour Dieu haste-toy,
Ne fay séjour, apreste-toy,           2525
Fay départir la nuyt obscure,
Et son ennuy qui trop me dure.
La nuyt ainsi te contendras,
Et de repos point ne prendras,
Tant seras de desir garny;           2530
Et quant tu ne pourras l'ennuy
Souffrir en ton lict de veiller,
Lors te fauldra appareiller,
Vestir, chausser & atourner,
Ains que tu voyes adjourner,          2535
Lors t'en yras en recelée,
Soit par pluye soit par gelée;
Tout droit vers l'hostel de ta mye,
Qui seras très-bien endormye,
Et à toy ne penseras guieres,          2540
Une heure yras à l'huys derriere
Sçavoir s'il est en riens ouvert,
Et là seras à descouvert,
Tout seul à la pluye & au vent,
Et puis yras à l'huys devant          2545
Sçavoir s'il y a ouverture;
Et se tu y treuves faulture,
Oreilleras parmy la fente,
Se de lever nul se démente,
Et se la belle sans plus veille,          2550
Si te dy bien & te conseille,

Qu'elle t'oye bien douloser,
Pour congnoiſtre que repoſer,
Ne peuz en lict pour s'amityé,
Mieulx t'en aymera la moitié, 2555
Quant en ce point ouy t'aura,
En amours ſe conſentira,
Et aura vers toy amytié.
Bien doit Dame aucune pitié,
Avoir de celluy qui endure 2560
Tel mal pour luy ſe moult n'eſt dure ;
Si te diray que tu dois faire,
Pour l'amour de la débonnaire,
De qui tu ne peuz avoir aiſe,
Au départir la porte baiſe ; 2565
Et affin que l'en ne te voye
Devant la maiſon n'en la voye,
Garde que ſoye retourné,
Ains qu'il ſoit gueres ajourné ;
Iceulx venirs, yceulx allers, 2570
Iceulx penſers, yceulx parlers,
Font aux Amans ſoubz leurs drapeaux,
Rudement amaiſgrir leurs peaulx ;
Tu le pourras par toy ſçavoir,
Se de bien aymer fais devoir. 2575
Et bien ſçachiés qu'amours ne laiſſe,
Sur fin Amant couleur, ne greſſe,
De ce ne ſont appariſſant,
Ceulx qui Dames vont trahyſſant ;
Et dient pour eulx loſengier, 2580
Qu'ilz ont perdu boire & mangier,
Et je les voy comme jengleurs,

Plus gras qu'Abbés, ne que Prieurs.
 Encores te commande & charge,
Que tenir te faces pour large,    2585
A la servante de l'Hostel,
Ung garnement luy donne tel,
Qu'elle dye que tu es vaillans :
Ta mye & tous ses bien-vueillans,
Dois honnorer & chier tenir,    2590
Grant bien te peut par eulx venir ;
Car cil qui est d'elle privé,
Lui comptera qu'il t'a trouvé
Preux & courtois bien affaitié ;
Mieulx t'en prisera la moityé.    2595
Du pays gueres ne t'esloigne ;
Et se tu as si grant besongne,
Qu'il te conviegne t'eslonger,
Garde-toy de ton cueur changer,
En autre qu'en la créature,    2600
Où est ta pensée & ta cure ;
Et pense de tost retourner,
Tu ne dois gueres sejourner ;
Fay semblant que reveoir te tarde,
Celle qui a ton cueur en garde ;    2605
Si t'ay dit comme & en quel guyse,
Amant doit faire son servise.
Or le fay donc sur toute chose,
Se fruyt veulx avoir de la Rose.

### L'Amant parle.

 Quant amours m'a ce commandé,    2610
Je luy ay adonc demandé

Sire, en quel guyſe ne comment
Peut endurer le vray Amant
Les maulx que vous m'avez compté,
Vous m'avez tout eſpoventé, 2615
Comment vit homme & comment dure,
En telle paine, en telle ardure,
En dueil, en ſouſpirs & en larmes,
Et en tous points & en tous termes,
Et en ſoucy & en reveil. 2620
Certainement moult m'en merveil,
Comment homme, s'il n'eſt de fer,
Peut vivre ung moys en tel enfer.
Le Dieu d'amours ſans nulle amande,
Reſpondit lors à ma demande. 2625

## *Amours parle.*

Beaulx amys par l'ame mon pere,
Nul n'a bien, s'il ne le compere,
Si ayme l'en mieulx l'achapté,
Quant on l'a plus chier achapté,
Et en plus grant gré ſont receuz, 2630
Les biens qu'on a à grief receuz,
Que ceulx que l'en a euz pour néant,
Car trop les va l'en violant ;
Il n'eſt homme ſe Dieu m'amant,
Qui ſaiche le mal de l'Amant, 2635
Nul ne pourroit le mal d'amer,
Ne qu'il puyſt eſpuiſer la mer,
Compter en Rommant ne en Livre,
Et touteſſois convient-il vivre
Les Amans, il en eſt meſtier, 2640

Chascun fuyt de mort le sentier.
Cil que l'en met en chartre obscure,
En la vermine & en l'ordure,
Qui n'a ne pain d'orge ou d'avaine,
Ne se meurt mye pour la paine : 2645
Esperance confort luy livre,
Qu'il se cuide trouver délivre,
Encor par quelque chevissance.
Tout ainsi & en tel balance,
Est cil qu'amours tient en prison 2650
Il cuyde avoir sa guerison,
Ceste esperance le conforte,
Et cueur & talent luy apporte
De son corps à martire offrir :
Esperance luy fait souffrir 2655
Les maulx, dont il ne sçait le compte
Pour la joye qui cent ans monte ;
Esperance vainct par souffrir,
Et fait l'Amant à vivre offrir.
O benoiste soit esperance, 2660
Qui ainsi les Amans avance !
Moult est esperance courtoise,
Qui ne lairra jà une toise,
Nul vaillant homme jusqu'à chief,
Ne pour peril, ne pour meschief ; 2665
Et au larron qu'on maine pendre,
Luy fait-elle mercy attendre.
Esperance te gardera,
Ne jà de toy ne partira,
Qu'elle ne garde ta personne 2670
Au besoing ; & oultre te donne

Trois autres biens, qui grant foulas
Font à ceulx qui font en mes las.
 Premierement qui bien foulaffe
Celluy qui mal d'amer enlaffe,     2675
A qui efperance s'accorde,
C'eft doulx penfer que l'en recorde :
Car quant l'Amant plaint & foufpire,
Et eft en dueil & en martire,
Doulx penfer vient à chief de piece,   2680
Qui l'yre & le courroux defpiece,
Et à l'Amant en fon venir
Fait de la joye fouvenir,
Et efperance luy promet ;
Et après au devant luy met     2685
Les yeulx ryans, le nez tretis,
Qui n'eft trop grant ne trop petis,
Et la bouchette coulourée,
L'alaine fouef, oudourée.
Si luy plaift moult quant fe remembre   2690
De la beaulté de chafcun membre.
Amours va fes foulas doublant,
Quant d'ung rys ou d'ung beau femblant
Luy fouvient ou de belle chiere,
Que fait luy à fa mye chiere ;     2695
Doulx penfer ainfi affouage
Les douleurs d'amours & la rage,
Ceftuy vueil-je que tu ayes,
Et fe toy l'autre reffufoyes,
Qui n'eft mye nom douloureux,    2700
Tu feroyes bien dangereux.
 Le fecond bien, eft doulx parler

Qui donnes à maint bacheler,
Et à maintes Dames secours;
Car chascun qui de ses amours, 2705
Oyt parler moult s'en esbaudit.
Si me semble que pour ce dit,
Une Dame qui d'amer s'ot,
En sa chanson ung courtois mot :
Moult suis, dist-elle, en bonne escole; 2710
Quant de mon amy oy parole :
Se m'aist Dieu celluy m'a guerie,
Qui m'en parle quoy qu'on m'en die.
S'elle le doulx parler sçavoit,
Et du penser ce qu'il estoit, 2715
En sçavoit toutes les manieres;
Si te dis & vueil que tu quieres
Ung compaignon sage & celant,
Auquel diras tout ton talent,
Et descouvreras ton couraige, 2720
Cil te fera grant avantaige,
Quant tes maulx t'angoisseront fort;
Si yras à luy par confort,
Et parlerez vous deux ensemble
De la belle qui ton cueur emble, 2725
De sa beaulté, de sa semblance
Et de sa simple contenance,
Comment tu pourras chose faire,
Qui à ta mye puisse plaire;
Se cil qui sera ton amys, 2730
A bien amer son cueur mys,
Mieulx en vauldra la compaignie;
Si sera raison qu'il te die

Se sa mye est pucelle ou non,
Ses amys, ses parens, son nom, 2735
Si n'auras pas paour qu'il muse
A ta mye, ne qu'il s'en ruse;
Mais vous entreporterés foy
Et toy à luy & luy à toy.
Sachiés que c'est moult belle chose, 2740
Quant on a homme à qui l'en ose,
Son conseil dire & son segré,
Ce déduit prendras en bon gré,
Et t'en tiendras à bien payé,
Puisque tu l'auras essayé. 2745
 Le tiers bien vient du regarder
C'est doulx regard, qui seult tarder,
A ceulx qui ont amours loingtaines;
Pource, te dis, que tu te tiennes
Près d'elle, metz-toy en sa garde, 2750
Son soulas aucunesfois tarde;
Mais il est aux fins amoureux,
Déduisant & fort savoureux,
Moult ont au matin bon encontre.
Es yeulx quant Dame Dieux leur monstre
Le sainctuaire précieux 2755
De quoy ils sont si curieux;
Et le jour que le peuvent veoir,
Ne leur doit mye m'escheoir;
Ne doubtent ne pluye, ne vent, 2760
Ne nulle autre chose vivant;
Et quant les yeulx ont leurs déduis,
Ilz sont si aprins & si duys,
Que seulz ne veullent avoir joye;

## DE LA ROSE.

Mais fault que le cueur se resjoye, 2765
Et font les maulx assouagier;
Ly œils comme droit messagier,
Incontinent au cueur envoyent
Nouvelles de tout ce qu'ilz voyent
Et pour la joye qui les lye 2770
Le cueur, ses douleurs entr'oublye,
Et sa destresse male & fiere,
Car tout ainsi que la lumiere.
Les tenebres devant soy chace;
Tout ainsi doulx regard desface 2775
Les tenebres où le cueur gyst,
Qui nuyt & jour d'amours languist;
Car le cueur de riens ne se deult,
Quant l'œil regarde ce qu'il veult.
Or t'ay-je icy tout desclaré 2780
Ce dont je te vey esgaré;
Car je t'ay compté sans mentir
Les biens qui peuvent garantir,
Les Amans & garder de mort;
Si sçais qui te fera confort, 2785
Au moins auras-tu esperance,
Doulx penser auras sans doubtance,
Puis doulx parler & doulx regard,
Je vueil que chascun d'eulx te gard,
Tant que tu puisses mieulx attendre 2790
Autre bien qui ne sera mendre,
Lequel tu auras çà avant;
Mais davantaige en as autant.

*Comment l'Amant dit cy qu'amours*
*Le laiſſa en ſes grans doulours.* 2795

Incontinent qu'Amours m'eut dit
Son plaiſir, ne fut contredit;
Mais quant il fut eſvanouy,
Adonc fuz-je bien eſbahy;
Car je ne veis près-moy nully           2800
De mes playes moult me doly,
Et ſceuz que guerir ne pourroye,
Fors par le bouton où j'avoye
Tout mon cueur mys & ma ſcience,
Et n'avoye eu nulluy fiance,            2805
Fors au Dieu d'Amours, de l'avoir;
Car je ſçavoye bien de voir,
Que de l'avoir riens ne m'eſtoit,
S'amours ne s'en entremettoit:
Les Roſiers d'une claye furent         2810
Clos à l'environ comme ilz deurent
Mais je paſſaſſe la cloyſon,
Moult voulentiers pour l'occaſion
Du bouton flairant comme baſme,
Se je n'euſſe craintiſe ou blaſme;      2815
Mais aſſés toſt euſt peu ſembler
Que les Roſes voulſiſſe embler,
Laquel choſe ne penſeray,
Ne jamais nul jour ne feray.

*Comment Bel-acueil humblement,* 2820
*Offrit à l'Amant doulcement,*
*A passer pour veoir les Roses*
*Qu'il desiroit sur toutes choses.*

Ainsi que je me pourpensoye,
Se oultre la haie passeroie, 2825
Je vis vers moy tout droit venant,
Ung Varlet bel & advenant,
En qui il n'eut riens à blasmer,
Bel-acueil se faisoit nommer,
Fils de Courtoisie la sage, 2830
Si m'abandonna le passage
De la haye moult doulcement,
Et me dist amiablement.

### *Bel-acueil parle.*

Bel amy chier, se bien vous plaist,
Passez la haye sans arrest, 2835
Pour l'odeur des Roses sentir,
Je vous y puis bien garantir,
N'y aurez mal ne vilenie ;
Mais que vous gardés de folie ;
Se de riens vous y puis aider, 2840
Je ne me quiers faire prier ;
Car de faire vostre plaisir,
En tout honneur j'ay le desir.

### *L'Amant respond.*

Sire, se dis-je, à Bel-acueil,

Ceste promesse en gré recueil, 2845
Si vous rens graces & merites,
De la bonté que vous me dictes ;
Car moult vous vient de grant franchise,
Et quant vous plaist en ceste guise,
Suis prest de passer voulentiers, 2850
Par ronces & par esglantiers,
Dont en la voye avoit assez,
Suis maintenant oultre passez.
Vers le bouton m'en vois errant,
Des Roses les mieulx odorant, 2855
Et Bel-acueil me convoya
De son bien qui moult m'agréa ;
Et si près allay sans me faindre,
Que je l'eusse bien peu attaindre.
Bel-acueil moult bien me servit, 2860
Quant le bouton de sy près vit ;
Mais ung villain qui riens n'avoit
Près d'illecques mussé estoit.
Dangier eut nom, si fut Closiers
Et garde de tous les Rosiers, 2865
En ung destour fut le pervers
D'herbes & de fueilles couvers,
Pour ceulx espier & deffendre,
Qui vont aux Roses les mains tendre ;
Et fut de trois acompaignié, 2870
Le villain lourt malengrongnié.
Deux femmes & ung langart homme,
L'homme Malle-bouche se nomme,
Le fault traitre jengleur qu'il fut,
Avec luy honte & paour eut, 2875

## DE LA ROSE.

La mieulx vaillant d'eulx si fut Honte,
Et sachiés que qui a droit compte
Sa parenté & son lignaige :
Fille fut de raison la saige ;
Et son pere eut à nom Malfait, 2880
Qui fut si hydeux contrefait,
Qu'oncques avec raison ne geut ;
Mais de veoir Honte en conceut,
Qui puis enfanta Chasteté,
Qui a guerre Yver & Esté. 2885
Quant Dieu eut fait de Honte naistre
Chasteté, qui Dame doit estre
Et des Rosiers & des boutons,
Fut assaillie des gloutons ;
Si qu'elle avoit mestiers d'aye, 2890
Car Venus l'avoit assaillie ;
Qui nuyt & jour souvent luy emble,
Boutons & Roses tout ensemble.
Lors requist Raison comme fille,
Chasteté que Venus exille, 2895
Desconseillée moult estoit,
De prier Raison se hastoit :
Si luy presta à sa Requeste,
Honte qui est simple & honneste,
Qui tousiours tire simplement 2900
A faire son commandement.
Or sont aux Roses garder quatre
Qui se lairoient avant batre,
Que Rose ne bouton emport,
Je fusse arrivé à bon port, 2905
Se par eulx ne fusse guetté,

Car le Franc le bien apointé;
Bel-acueil se penoit de faire
Ce qu'il sçavoit qui me deust plaire,
Souvent me semont d'aprochier, 2910
Vers le bouton & d'atouchier
Au Rosier qu'il avoit chargié,
De ce me donnoit-il congié,
Pour ce qu'il cuide que j'en vueille
Cueillir aucune verde fueille, 2915
Près du bouton qu'il m'a donné,
Pour ce que près a esté né.

De la fueille me fiz moult cointe,
Et quant je me senty acointe,
De Bel-acueil & si privé, 2920
Je cuiday bien estre arrivé.
Lors ay prins cueur & hardement,
De dire à Bel-acueil comment
Amours m'avoit prins & navré,
Sire, dy-je, jamais n'auré 2925
Aide, se n'est par une chose,
Que j'ay dedans mon cueur enclose.
C'est une pesant maladie,
Ne sçay comment je la vous die ;
Car je vous crains à courroucer, 2930
Mieulx vouldroit à cousteaux d'acier,
Piece à piece estre depecé,
Que vous en fussiez couroucé.

### *Bel-acueil:*

Dictes-moy donc vostre vouloir,
Que ja ne me verrez douloir, 2935

De chose que me vueillez dire.

### L'Amant.

Lors luy ay dit, sachiez, beau Sire,
Qu'Amours durement me tormente,
Ne cuydez pas que je vous mente,
Il m'a au cueur cinq playes faictes, 2940
Jà les douleurs n'en seront traictes,
Se le bouton ne me bailliez,
Qui est des autres mieulx tailliez;
Ce est ma mort, ce est ma vie,
De nulle riens n'ay plus envie, 2945
Lors s'est Bel-acueil effrayez,

### Bel-acueil.

Et me dist, frere vous bayez,
A ce qui ne peult advenir,
Comment me voulez-vous honnir;
Vous me auriez bien assotté, 2950
Se le bouton m'aviez osté
Du Rosier, car ce n'est droicture
Qu'on l'oste de sa norriture.
Villain estes du demander,
Laissiez-le croistre & amander, 2955
Ne le vouldroye estre osté
Du rosier qui l'a rapporté,
Pour nulle riens tant le tiens chier.

### L'Acteur.

A tant saillit villain Dangier,
De-là où il estoit mucé, 2960

Grant fut, noir & tout hericé
S'ot, les yeulx rouges comme feux,
Le vis froncé, le nez hydeux,
Et s'efcria tout forcenez.

### Dangier.

Bel-acueil pour quoy amenez     2965
Entour ſes Roſiers ce vaſſault ;
Vous faictes mal, ſe Dieu me ſault,
Il tend à voſtre avillement,
Mal ait-il ſans vous ſeulement,
Qui en ce pourpris l'amena,     2970
Et dedans ſi droit l'aſſena.

*Comment Dangier villainement,*
*Bouta hors dépiteuſement,*
*L'Amant d'avecques Bel-acueil,*
*Dont il eut en ſon cueur grãt dueil.* 2975

FUiez Vaſſal, fuiez d'icy,
A peu que je ne vous occy,
Bel-acueil ne vous congnoiſſoit,
Qui de vous ſervir s'angoiſſoit :
Vous le vouliez cy lier,     2980
Maulvais ſe fait en vous fier ;
Car très-bien eſt or eſprouvée
La trayſon qu'avez trouvée.

### L'Amant.

N'oſay illec plus remanoir,
Pour le Villain hydeux & noir,     2985

## DE LA ROSE.

Qui me menasse à assaillir,
La haye m'a faite saillir,
A grande paour & à grant heste,
Et le villain crosle la teste;
Et dit se jamais y retour, 2990
Qu'il me fera prendre ung mal tour.
Lors s'en est Bel-acueil fouy,
Je demouray moult esbahy,
Honteux & mat, si m'en repens,
Qu'oncques je luy dis mon pourpens; 2995
De ma folie me recors,
Si voy que livré est mon corps,
A dueil, à paine & à martyre;
Et de ce ay la plus grand ire,
Que je n'osay passer la haye, 3000
Nul n'a mal qui amours n'essaye,
Ne cuydez-pas que nul congnoisse,
Qui n'a aymé que c'est angoisse.
Amours vers moy très-bien s'aquitte,
De la paine qu'il m'avoit dicte; 3005
Car cueur ne pourroit pas penser,
Ne bouche d'homme recenser,
De ma douleur la quarte part,
A peu que le cueur ne me part,
Quant de la Rose me souvient, 3010
Que si eslongnier me convient.

Tome I. F

*Comment rayson de Dieu aymée*
*Est jus de sa tour devalée,*
*Qui l'Amant chastie & reprent*
*De ce que fole Amour emprent.* 3015

EN ce point grant piece arresté,
Tant que me vis comme maté;
La Dame de la haulte garde,
Qui de sa tour aval regarde;
Rayson fut la Dame appellée, 3020
Si est de sa tour devalée;
Et s'en est droit vers moy venue,
Ne fut ne vieille, ne chenue,
Ne fut trop maigre, ne trop grasse,
Ne fut trop haulte, ne trop basse. 3025
Les yeulx qui en son chief estoient,
Comme deux estoiles luysoient,
Au chief avoit une couronne,
Bien ressembloit haulte personne,
Et croy que son corps & son vis 3030
Furent forgiés en Paradis;
Car nature ne sçauroit pas
Oeuvre faire de tel compas.
Sachiez se la lectre ne ment,
Que Dieu la fist nomméement 3035
A sa semblance & son ymage,
Et luy donna tel avantage,
Qu'elle a povoir & seigneurie
De garder homme de folie,

Mais qu'il soit tel que bien la croye, 3040
Ainsi comme me démentoye,
A moy Raison parler commence.

*Raison parle à l'Amant.*

Beaulx amys folie & enfance
T'ont mis en paine & en esmay,
Mal visas au bel temps de May, 3045
Qui fist ton cueur trop esgayer,
Mal allas oncques umbroyer,
Ou vergier dont Oyseuse porte
La clef, dont elle ouvryt la porte.
Fol est qui s'acointe d'Oyseuse, 3050
S'acointance est trop perilleuse,
Bien t'a trahy, bien t'a deceu;
Car Amours ne t'eust en riens veu,
Se l'Oyseuse ne t'eust conduit,
Ou beau vergier où est Desduit, 3055
Qui d'affoler gens à l'usage;
Mais folleur n'est pas vasselage:
Se tu as folement ouvré,
Si faiz tant qu'il soit recouvré;
Car la folie moult empire, 3060
Celluy qui tost ne s'en retire.
Garde donc bien que tu ne croyes
Le conseil par qui tu souloyes,
Beau foloye qui se chastie;
Et quant jeune homme fait folie, 3065
On ne s'en doit esmerveillier,
Si te viens dire & conseillier,
Que l'amour mettes en oubly,

Dont je te voy si affoibly,
Si conquis & si tormenté, 3070
Je ne voy mie ta santé,
Ne ta garison mesmement ;
Car moult desire malement,
Dangier le fel toy guerroyer,
Tu n'y as pas à essayer, 3075
Encor Dangier riens ne me monte,
Envers ma belle fille Honte,
Qui les Roses deffend & garde,
Comme celle qui n'est musarde ;
Et en sa compagnie a peur, 3080
Si en dois avoir grant frayeur :
Avec ces deux est Malle-bouche,
Qui ne seuffre que nul y touche,
Avant que la chose soit faicte,
Il y a en cent lieux retraicte, 3085
Moult as à faire à malle gent,
Regarde lequel est plus gent,
Ou de laisser, ou de poursuivre
Ce qui te fait en douleur vivre.
C'est le mal qui Amours a nom, 3090
Où il n'y a que foleur non ;
Folye se doit chascun croyre,
Homs qui ayme ne peult bien faire,
N'a nul preu de ce monde entendre ;
S'il est Clerc il perd son aprendre ; 3095
Et puis s'il fait autre mestier,
Il n'en peult guaires exploitier :
Ainsi à celluy plus de poine,
Que n'ont Hermite, ne blanc Moine,

La paine en est desmesurée, 3100
Et la joye a courte durée,
Qui joye en a petit luy dure,
Et de l'avoir est advanture ;
Car je voy que mains y travaillent,
Qui en la fin du tout y faillent. 3105
Oncques mon conseil n'entendis,
Quant au Dieu d'Amours te rendis
Le cueur que tu as trop volage,
Te fist comprendre tel folage :
Une folie est tost emprise ; 3110
Mais d'en yssir est la maistrise,
Si metz l'amour en nonchaloir,
Qui te peult nuyre & non valoir ;
Car folie est trop acourant,
Quant on ne luy court au devant. 3115
Pren hardiement au dens le frain,
Et dompte ton cueur & refrain ;
Tu dois mettre forte deffence
Encontre ce que ton cueur pense ;
Qui tousiours son couraige croit, 3120
Ne peult estre qu'il ne foloit.

*Si respond l'Amant à rebours,*
*A raison qui luy blasme Amours.*

Quant je ouy ce chastiement,
Je répondis ireusement : 3125
Dame, je vous vueil moult prier,
Que me laissiez de chastier :
Vous me dictes que je refraigne

F 5

Mon cueur qu'Amours ne le retiegne,
Cuidez-vous qu'Amours se consente, 3130
Que je refraigne & que démente,
Le cueur qui est à soy tout quittes,
Ce ne peult être que vous dictes.
Amours a si mon cueur dompté,
Qu'il n'est plus à ma voulenté ; 3135
Il a ung mestier si forment,
Qu'il luy a faite clef fermant,
Pour ce laissiez m'en du tout faire,
Car vous pourriés gaster l'affaire,
Et perdre tout vostre françoys, 3140
Mieulx vouldroye mourir, ainçoys
Qu'Amours si m'eust de faulseté,
Ne de Raison là aresté ;
Il me veult louer ou blasmer,
Au derrenier des maulx damer ; 3145
Si m'ennuye qui me chastie.
A tant est Raison départie,
Qui voit, bien que pour sermonner,
Ne me pourroit de ce tourner.

 Je demeuray seul d'ire plain, 3150
Souvent pleure & souvent me plain ;
Car de moy ne sceu chevissance,
Tant qu'il me vient en remembrance,
Qu'Amours me dist, lorsque je quisse
Ung compaignon à qui je disse, 3155
Mon conseil tout entierement,
Si m'osteroit de grant torment.
Adonc pourpensay que j'avoye
Ung compaignon que je sçavoye

Bon & loyal, Amys eut nom, 3160
Oncques n'euz si bon compaignon.

*Comment par le conseil d'Amours*
*L'Amant vint faire ses clamours,*
*A Amys à qui tout compta,*
*Lequel moult le réconforta.* 3165

JE vins à Amys grant aleure,
Et luy dis toute l'encloeure,
Dont je me sentoye encloé;
Si comme Amours m'avoit loé,
A luy me plaigny de Dangier, 3170
Qui me voult ainsi ledangier;
Et Bel-acueil en fist aler,
Quant il me veit à luy parler
Du bouton à qui je tendoye,
Et me dist que le comparroye, 3175
Se jamais par nulle achoison,
Me veoit passer la cloison :
Quant Amys sçeut la vérité,
Il ne m'a pas espoventé.

*Comment Amys moult doulcement* 3180
*Donne réconfort à l'Amant.*

MAis me dist compains or soyés
Seur & ne vous esmayez,
Je congnois de pieça Dangier,
Prest à mal dire & ledangier 3185
A mesdire & à menacer

Ceulx qui ayment à commencer;
Je l'ay de pieça esprouvé,
Se vous l'avez felon trouvé,
Tout autre sera au dernier, 3190
Je le connois comme ung denier,
Il se sçet bien amolier
Par prier & par supplier;
Car j'ay esprouvé que l'en vainct
Felon & par souffrir refrainct; 3195
Si vous diray que vous ferés,
Je vueil que vous le requerés,
Qu'il vous pardoint sa mal-veillance,
Par amours & par accordance,
Et luy mettés bien en convant, 3200
Que jamais de lors en avant
Ne ferés rien qui luy desplaise;
Mais toute chose qui lui plaise,
Car il veult bien qu'on le blandist.

### *L'Amant.*

Tant parla Amys & tant dist, 3205
Qu'il m'a presque réconforté,
Le hardement m'a apporté
De mon cueur d'aller essayer,
Se Dangier pourray appayer.

## DE LA ROSE.

*Comment l'Amant vint à Dangier,*
*Luy prier que plus Ledangier* 3210
*Ne le voulsist, & par ainsi*
*Humblement lui crioit mercy.*

AVant Dangier suis venu honteux,
De ma paix faire convoiteux ; 3215
Mais la haye ne passay pas,
Pour ce qu'il m'eust nyé le pas ;
Je le trouvay en pieds drecé,
Fel par semblant & courroucé,
En sa main ung baston d'espine : 3220
Je tins vers luy la teste encline ;
Et luy dis, Sire, je suis cy
Venu pour vous crier mercy,
Moult me desplaist amerement,
Que vous fiz iré nullement : 3225
Mais je suis prest de l'amander,
Comme me vouldrés commander.
Certes Amours le me fist faire,
Dont je ne puis mon cueur retraire ;
Mais je n'auray jamais plaisance 3230
A riens dont vous ayés pesance ;
J'ayme mieulx souffrir ma mesaise,
Que faire riens qui vous desplaise,
Si vous requiers que vous ayés
Pitié de moy & appaisiés 3235
Vostre ire, qui fort m'espouvante,
Et je vous jure & acreante,
Que vers vous si me maintiendray,

F 5

Que jà de riens ne mesprendray ;
Pource vueilliez-moy ottroyer             3240
Ce que ne me devez nyer ;
Vueilliez que j'ayme seulement,
Autre chose ne vous démant,
Toutes vos autres voulentez,
Feray se ce me consentez ;               3245
Si ne me povez destourber,
Je ne vous quier de ce lober ;
Car j'aymeray puisqu'il me plaist,
A qui qu'il soit belle ou desplaist ;
Mais ne vouldroye pour finance,          3250
Qu'il fust à vostre desplaisance.
   Moult trouvay Dangier dur & lant
De pardonner son maltalant ;
Et si le m'a-il pardonné,
En la fin tant l'ay sermonné,            3255
Et me dist par sentence briefve :

### Dangier.

Ta requeste riens ne me griefve,
Si ne te vueil pas escondire,
Certes je n'ay vers toy point d'ire ;
Et se tu aymes moi qu'en chault,         3260
Ce ne me fait ne froit ne chault :
Assez ayme ; mais que tu soyes
Loing de mes Roses, toutesvoyes
Tu n'auras mal, paour n'en ayes,
Se tu passes jamais les hayes.           3265

### L'Amant.

Ainsi m'ottroya ma Requeste,
Et je l'alay compter en queste,
A Amys qui s'en esjoyt,
Com bon compaing quant il oyt.

### Amys.

Or va bien, dit-il, vostre affaire,     3270
Encore vous sera debonnaire,
Dangier qui fut à maint torment,
Quant vers eulx se cource forment;
S'il estoit prins en bonne vaine,
Pitié auroit de vostre paine,     3275
Si devez souffrir & attendre,
Tant qu'en bon point le puissiez prendre;
Car maint felon cueur est vaincu,
Par souffrir souvent & menu,
Car je l'ay mainteffois trouvé     3280
Et felon & bien esprouvé.

### L'Amant.

Moult me conforta doulcement,
Amys qui mon avancement
Voulsist aussi-bien comme moy,
De luy prins congié sans esmoy;     3285
A la haye que Dangier garde
Suis retourné; car moult me tarde
Que le bouton encor revoye,
Puis qu'avoir ne puis autre voye.
Dangier se prent garde souvent,     3290

Se je luy tiens bien mon Convent;
Mais n'ay garde que luy m'efface,
Car trop redoubte sa menace;
Si me suis pené longuement
De faire son commandement, 3295
Pour l'accointer & pour l'attraire;
Mais ce me tourne à grand contraire,
Que sa mercy trop me demeure,
Si voit-il souvent que je pleure,
Et que je me plains & souspir, 3300
Pour ce qu'il me fait trop cropir.
Delez la haye que je n'ose,
Passer pour aller à la Rose,
Tant fist qu'il a certainement
Congneu à mon contenement: 3305
Qu'Amours mallement me maistrise,
Et qu'il n'y a point de faintise
En moy, ne de desloyaulté ;
Mais il est de tel cruaulté,
Qu'il ne se daigne encor refraindre. 3310
Tant me voye pleurer & plaindre.

*Comment Pitié avec Franchise*
*Allerent par très-belle guise*
*A Dangier parler pour l'Amant*
*Qui estoit d'aimer en torment.* 3315

Comme j'estoye en ceste paine,
De vers moy vint, que Dieu amaine,
Franchise avec elle Pitié,
N'y eut oncques riens respité,

A Dangier allerent tout droit ; 3320
Car l'une & l'autre me vouldroit
Bien aider & très-voulentiers,
Attendu qu'il en fust mestiers.
La parole a premiere prise,
Par sa mercy Dame Franchise, 3325
Et dist à Dangier fermement.

## Franchise.

Vous avez tort de cest Amant
Qui par vous est si mal menez,
Dont trop vous en avillenez ;
Car je n'ai pas encor apris, 3330
Qu'il ait vers vous de riens mespris,
S'Amours le fait par force aymer,
Le devez-vous pour ce blasmer ?
Plus y pert-il que vous ne faictes,
Qui en a maintes paines traictes ? 3335
Mais Amours ne veult consentir
Qu'il s'en vueille en riens repentir,
Qui le devroit tout vif l'arder,
Ne s'en pourroit-il pas garder ;
Mais beau Sire que vous avance, 3340
De luy faire paine & grevance.
Avez-vous guerre à luy emprise,
Pour ce que tant vous ayme & prise,
Aussi qu'il est de vos subgetz,
S'Amours le tient pris en ses getz, 3345
Et le fait à luy obeyr,
Le devez-vous pour ce hayr ?
Non, mais le deussiez espargnier

Plus qu'ung orgueilleux Pautonnier.
Courtoyfie eſt que l'en ſequeure, 3350
Celluy dont on eſt au deſſeure,
Moult a dur cueur qui n'amollie,
Quant il treuve qui le ſupplie.

### Pitié.

Pitié diſt, c'eſt bien vérité,
En grief vainct humilité ; 3355
Et quant trop dure l'agrieſté,
C'eſt folie & grand maulvaiſté.
Dangier, pour ce vous vueille requerre,
Que vous ne maintenez plus guerre
Vers ceſt Amant qui languiſt là, 3360
Qui oncques Amours n'avilla,
Advis m'eſt que vous le grevez,
Aſſez plus que vous ne devez ;
Il eut trop male pénitence,
Dès-lors ença que l'accointance, 3365
Bel-acueil luy avez fortraite,
Car c'eſt-là riens qui plus convoite :
Il fut aſſez devant troublé ;
Mais ores eſt ſon mal doublé,
Comme de mort eſt aſſailly, 3370
Quant Bel-acueil lui eſt failly.
Pourquoy luy faictes tel contraire,
Trop grant mal luy fait Amour traire ?
Car il en ſoubſtient tant qu'il n'euſt
Beſoing d'avoir pis, s'il vous pleuſt ; 3375
Si ne l'allez contrariant,
En la fin n'en ſerez riant ;

Souffrez que Bel-acueil luy face
Desormais quelque bien & grace,
A pécheur fault misericorde, 3380
Puis que Franchise si accorde.
Je vous en prie & admonneste,
Ne reffusez-pas sa Requeste;
Moult est cil fol & despitaire,
Qui pour nous deux ne veult riens faire, 3385
Lors ne peut plus Dangier durer,
Ains le convient amesurer.

### Dangier.

Dames, dist-il, je ne vous ose
Esconduyre de ceste chose,
Car trop seroit grant Villenye; 3390
Je veulx qu'il ait la compaignie
De Bel-acueil, puis qu'il vous plaist,
Je n'y mettray jamais arrest.

### L'Acteur.

Lors est à Bel-acueil allée,
Franchise, la bien emparlée, 3395
Et luy a dit courtoisement :

### Franchise.

Trop vous estes de cest Amant,
Bel-acueil, grant piece eslongnez,
Que regarder ne le daignez,
Moult a esté pensif & tristes, 3400
Depuis le temps que ne le veistes.
Or pensez de luy conjouyr,

Se de m'Amour voulez jouyr,
Et de faire sa voulenté,
Sachiés que nous avons dompté, 3405
Moy & Pitié très-bien Dangier,
Qui vous en faisoit Ledangier.

### Bel-acueil.

Je feray tout vostre plaisir,
Dames, ainsi le vueil choisir,
Puis que Dangier l'a ottroyé. 3410

### L'Amant.

Lors là ma Franchise envoyé,
Bel-acueil au commencement
Me salua moult doulcement,
S'il eust esté vers moy iré
Arriere n'en fust empiré; 3415
Mais me monstra plus bel semblant
Qu'il n'avoit fait oncques devant,
Il m'a lores par la main pris,
Pour mener dedans le pourpris,
Que Dangier m'avoit calengié, 3420
Et euz d'aller par tout congié.

*Comment Bel-acueil doulcement*
*Maine l'Amant joyeusement*
*Au vergier pour veoir la Rose,*
*Qui lui fut doulcereuse chose.* 3425

JE fuz venu, ce m'est advis,
De grant Enfer en Paradis,

Car Bel-acueil par tout me maine,
Qui de faire mon gré se paine,
Comme j'euz la Rose approuchée, 3430
Ung pou l'a trouvay angrossée,
Et congneuz qu'elle estoit plus creuë,
Que quant au premier je l'euz veuë,
Et avec ce s'eslargissoit
Par dessus, si m'embellissoit 3435
De ce que n'estoit si ouverte,
Que la graine fust descouverte.
Ainçois estoit encores close,
Entre les fueilles de la Rose,
Qui a moult droictes se levoient, 3440
Et la place dedans employent,
Si ne povoit paroir la graine,
Pour la place qui estoit plaine ;
Elle fut lors, Dieu l'a benye,
Assez plus belle qu'espanye, 3445
Plus gracieuse & plus vermeille,
Moult m'esbahy de la merveille,
De tant comme estoit embellie,
Pource Amours plus fort me lye,
Et de tant plus estraint ses las, 3450
Comment gy prens plus de soulas ;
Grant piece ay illec demouré,
De Bel-acueil enamouré,
Où je trouvay grant compaignie ;
Et quant j'ay veu qu'il ne me nye, 3455
Ne son soulas, ne son servise,
Une chose luy ay requise,
Qui bien fait à ramentevoir ;

Sire, dys-je, sachiés de voir,
Que je suis très-moult envieux         3460
D'avoir ung baisier savoureux
De la Rose qui souef flaire;
Et s'il ne vous devoit desplaire,
Je le vous requerroye en don,
Pour Dieu, Sire, dictes le don :        3465
Se j'auray du baisier l'ottroy,
Très-doulx amy dictes-le moy,
Tost, s'il vous plaist, que je la baise,
Se c'est chose qui bien vous plaise.

### Bel-acueil.

Amys, dist-il, se Dieu m'aist,          3470
Se chasteté ne me hayst,
Jà ne vous fust par moy nyé;
Mais je n'ose pour chasteté,
Vers qui ne vouldroye mesprendre,
Elle me seult tousiours deffendre,      3475
Que du baisier congié ne donne
A nul Amant qui m'en sermonne;
Car qui à baisier peut attaindre,
A paine peut à tant remaindre;
Et sachiés à qui l'en ottroye,          3480
Le baisier, il a de la proye,
Le mieulx & le plus advenant,
Et avec ce le remenant.

### L'Amant.

Quant je l'ouy ainsi respondre,
Plus ne le veuil de ce semondre;        3485

## DE LA ROSE.

Car je le doubtay courroucer,
L'en ne doit pas homme presser
Oultre son gré ne prier trop,
Vous sçavez bien que au premier cop,
Ne couppe-l'en pas bien ung chesne, 3490
Ne on n'a pas le vin de lesne,
Tant qu'il soit estraint & pressez,
L'ottroy si me tarda assez,
Du baisier que je desiroye;
Mais Venus qui tousiours guerroye 3495
Chasteté me vint au secours,
C'est la mere au grant Dieu d'Amours,
Qui a secouru maint Amant,
Elle tint ung Brandon flammant
En sa main dextre dont la flamme 3500
A eschauffée mainte Dame;
Elle fut cointe & bien tissée,
Elle sembloit Déesse ou Fée,
Du grant atour qu'elle portoit,
Bien peut congnoistre qui la voit, 3505
Que point n'est de religion :
Ne feray pas cy mencion
De son habit tant décoré,
Ne de son bel tyssu doré,
Ne du fermail ne de courroye, 3510
Pource que trop y demourroye;
Mais bien sachiés certainement,
Que vestuë fut cointement;
Et si n'eut point en luy d'orgueil.
Venus se trait vers Bel-acueil, 3515
Et luy a commencé à dire;

## Venus.

Pourquoy vous feistes-vous, beau Sire,
Vers cest Amant si dangereux ?
D'avoir ung baisier amoureux,
Ne luy deust estre reffusez ; 3520
Car vous sçavez bien & véez
Qu'il sert & ayme en loyaulté,
Et en luy a assez beaulté,
Par quoy est digne d'estre aymé ;
Véez comme il est bien formé, 3525
Comme il est bel, comme il est gent,
Franc & courtois à toute gent,
Et avec ce il n'est pas vieulx ;
Mais est jeune dont il vault mieulx.
Il n'est Dame, ne Chastellaine, 3530
Que je ne tenisse à vilaine,
S'elle ne le daignoit aisier,
D'avoir ung savoureux baisier.
Donc le baisier luy ottroyés,
Moult est à luy bien employés ; 3535
Je cuide qu'il a doulce alaine,
Et sa bouche n'est pas vilaine,
Ne faictes pour à nulluy nuyre ;
Mais pour solacer & déduyre ;
Car ses levres sont vermeillettes, 3540
Les dens a si blanches & nettes,
Qu'il n'y a tache ne ordure.
Bien est se m'est advis droicture,
Qu'ung baisier luy soit ottroyé,
Il lui sera bien employé ; 3545

## DE LA ROSE.

Car tant plus que vous attendez,
Tant ce sachiés de tems perdez.

*Comment l'ardant brandon Venus*
*Ayda à l'Amant plus que nulz,*
*Tant que la Rose alla baiser,* 3550
*Pour mieulx son Amour appaiser.*

BEl-acueil qui sentit l'oudeur
Du brandon Venus & l'ardeur,
M'ottroya ung baiser en don,
Tant fist Venus par son brandon; 3555
Si ne fut guieres demouré,
Ung baiser doulx & savouré,
Ay de la belle Rose prins,
Dont de joye fuz moult surprins;
Car une odeur m'entra au corps, 3560
Qui en attrait la douleur hors,
Et adoulcit le mal d'aymer,
Qui long-temps m'eust semblé amer.
Je ne fus oncques si très-aise,
Bien est guery qui tel fleur baise, 3565
Qui tant est doulce & redolent.
Je ne seray jà si dolent,
S'il m'en souvient que je ne soye
Tout plain de soulas & de joye;
Mais non pourtant j'ay mains ennuytz 3570
Souffers & maintes males nuytz;
Puis que j'euz la Rose baisée,
La mer n'est jà si appaisée,
Qu'elle ne trouble à pou de vent,

Amour si se change souvent. 3575
 Mais il est droit que je vous compte,
Comment je fuz meslé à Honte,
Par qui je fuz puis moult grevé,
Et comment le mur fut levé,
Et le Chasteau riches & fort, 3580
Qu'Amours print puis par son effort :
Toute l'Hystoire vueil poursuyvre
Et déclarer tout à délivre,
Afin qu'elle reviengne & plaise,
A la belle, que Dieu tiegne aise, 3585
Qui le guerdon bien m'en rendra
Mieulx que nulle quant luy plaira.
Male-bouche qui la couvine,
De maint Amant pense & devine ;
Et tout le mal qu'il sçait retrait, 3590
Se print garde du bel attrait,
Que Bel-acueil me daigna faire,
Et tant qu'il ne s'en peust plus taire.
Il fut filz d'une vieille ireuse ;
La langue avoit moult périlleuse, 3595
Et moult puante & moult amere,
Bien en resembloit à sa mere.
 Male-bouche dès-lors en ça,
A nous accuser commença ;
Et si dist qu'il mettroit son œil 3600
Se entre moy & Bel-acueil,
N'avoit maulvais acointement :
Tant parla le glout solement
De moy & du filz Courtoisie,
Qu'il fist esveiller Jalousie 3605

Qui se leva par grant frayeur,
Quant elle eut ouy le jangleur ;
Puis quant elle se fut levée,
Elle courut comme desvée,
Vers Bel-acueil qui aymast mieulx        3610
Estre ravy jusques aux Cieulx.

*Comment par la voix Male-bouche*
*Qui des bons souvent dit reprouche,*
*Jalousie moult asprement*
*Tence Bel-acueil pour l'Amant.*        3615

Lors par paroles l'assailly ;
Gars, pourquoy as le cueur failly ?
Qui bien veulx estre du garçon,
Dont j'ay mauvaise supeçon :
Bien pert qui tu crois losengiers,        3620
De legier garçons estrangiers.
Ne me vueil plus en toy fier,
Certes je te feray lier
Et enferrer en une Tour :
Car je ne voy autre retour,        3625
Trop s'est de toy Honte eslongnée ;
Et si ne s'est pas bien soignée,
De toy garder tenir court ;
Si m'est advis qu'elle secourt,
Moult mauvaisement Chasteté ;        3630
Quant ung garçon mal arresté
Laisse en nostre pourpris venir,
Pour elle & moy avilenir.

### L'Amant.

Bel-acueil ne sçeust que respondre,
Ainçois se fust allé ascondre,  3635
Que ne fust illecques trouvé,
Et prins avec moy tout prouvé ;
Mais quant je veis venir la grive,
Qui contre moy tence & estrive,
Je fuz tantost trouvé en fuye,  3640
Pour la ryotte qui m'ennuye ;
Honte s'est dehors avant traicte,
Qui moult se cuyde estre meffaicte,
Moult humiliant & tres-simple,
Elle eut ung voille en lieu de gimple ;  3645
Ainsi comme Nonnain d'Abbaye,
Et pource qu'elle est esbaye,
Commença à parler en bas :

### Honte parle à Jalousie.

Pour Dieu, Dame, ne croyés pas
Male-bouche le losengier,  3650
Il est homme pour le Dangier,
Car maint preud'homme a amusé,
Il a Bel-acueil accusé ;
Mais ce n'est mye le premier.
Male-bouche est bien coustumier  3655
De racompter faulses nouvelles
Des Damoiseaulx & Damoiselles :
Sans faute ce n'est pas mensonge,
Bel-acueil en son fait ne songe,
On luy a souffert à attraire  3660

**Telz**

Tels gens dont il n'avoit que faire;
Mais certes je n'ay pas créance,
Qu'il eust oncques nulle science
De maulvaistié ne de folie;
Mais il est vrai que Courtoisie, 3665
Qui est sa mere luy enseigne,
Que d'acointer gens ne se faigne.
Oncques n'ayma qu'en bonne guyse,
Par Courtoisie & sans faintise,
En son Amour n'a autre chose, 3670
Si non Joyeuseté enclose;
Et qu'aux gens s'esbat & parole,
Sans faille j'ay esté trop fole,
De le garder & chastier,
Si vous en vueil mercy crier; 3675
Se j'ay esté ung pou trop lente,
De bien faire j'en suis dolente,
De ma folie je m'en repens;
Mais je mettray tout mon pourpens,
Dès ores en Bel-acueil garder, 3680
Jamais ne m'en quiers retarder.

### *Jalousie parle à Honte.*

Adonc, respondit Jalousie,
Honte j'ay paour d'estre trahye;
Car lecherie est tant montée,
Que trop pourroit estre ahontée. 3685
N'est merveille se je m'en doubt;
Car Luxure regne par tout,
Son povoir ne fine de croistre:
En Abbaye ne en Cloistre,

*Tome I.*

N'est jamais chasteté asseur, 3690
Pource feray de nouvel mur,
Clorre les Rosiers & les Roses,
Ne les lairray ainsi descloses.
En vostre garde pou me sie;
Car je congnois, je vous affie, 3695
Que en meilleur garde pert l'en;
Jà ne verroye passer l'an,
Que on me tiendroit pour musarde,
Se je ne m'en prenoye garde:
Besoing est que je m'en pourvoye. 3700
Certes je clorray fort la haye
A ceulx qui pour moy guerrier,
Viennent les Roses espier.
Il ne me sera jà paresse,
Que ne face une forteresse, 3705
Qui les roses clorra autour,
Au millieu aura une Tour,
Pour Bel-acueil mettre en prison,
Car grant paour ay de trahyson.
Je croy si bien garder son corps, 3710
Qu'il n'aura povoir d'yssir hors,
Ne aussi compaignie tenir
Aux garçons qui pour luy honnir,
De paroles le vont huant :
Trop l'ont trouvé nyce & truant, 3715
Fol & legier à décevoir;
Mais se je vifz sachiés de voir,
Malheur fist oncques Bel-semblant.

## DE LA ROSE.
### *L'Acteur.*

A ce mot vint Paour tremblant ;
Mais elle fut si esbahye, 3720
Quant elle eut ouy Jalousie.
Oncques ne luy osa mot dire,
Pource que la savoit en yre ;
Mais se tira en autre part,
Et Jalousie a tant se part 3725
Paour & Honte laisse ensemble,
Tout le maisgre du cul leur tremble ;
Paour qui tint la teste encline,
Parla a Honte sa cousine.

### *Paour.*

Honte, dist-elle, moult me poise, 3730
Dont il nous convient avoir noise.
Oncques n'avons eu nul diffame,
Aucun reprouche, n'aucun blasme.
Or nous ledenge Jalousie,
Qui nous mescroit de Vilenye, 3735
Allons à Dangier hardement,
Et luy démonstrons clerement,
Qu'il a faicte lasche entreprise,
Quant il n'a plus grant paine mise
A bien garder cestuy vergier ; 3740
Et lui disons pour abbregier,
Que trop a Bel-acueil souffert,
A faire son gré en appert,
Et qu'il se gouverne autrement,
Ou qu'il sache certainement, 3745

Que fuyr luy fault ceste terre;
Car porter ne pourroit la guerre,
De Jalousie ne l'atayne,
S'elle l'acueilloit en sa hayne.

*Comment Honte & Paour aussi* 3750
*Vindrent à Dangier par soucy,*
*De la Rose le ledengier,*
*Que bien ne gardit le vergier.*

PUis si sont à Dangier venuës,
A ce conseil se sont tenuës, 3755
Si ont trouvé le Mal-plaisant
Dessoubz ung aubepin gisant.
Il eut en lieu de chevecel,
Soubz son chief d'herbe ung grant moncel;
Si commençoit à sommeillier, 3760
Mais Honte l'a fait esveillier,
Qui le laidoye & luy court seure.

### Honte.

Comment dormez-vous à ceste heure,
Dangier par très-male advanture?
Fol est cil qui en vous s'assure, 3765
De garder Rose ne bouton,
Ne qu'en la queue d'ung mouton
Vous estes lasches comme mousche,
Qui deussiez estre fort sarousche,
Et tout le monde escoutoier, 3770
Folie vous fait ottroier
En ce vergier par grant meffait,
Bel-acueil, qui blasmer nous fait.

## DE LA ROSE.

Quant vous dormez nous en avons  
La noise, qui mais n'en povons, 3775  
Vous estes vous ores couchiez.  
Or vous levez, tost si bouchiez  
Tous les partuys de ceste haye,  
Faictes que chascun si vous haye;  
Car il n'affiert à vostre nom, 3780  
Que vous faciés ce ennuy non.  
Se franc & doulx est Bel-acueil,  
Devez estre fier, plain d'orgueil,  
Et de mocquerie & d'oultrage;  
Villain qui est Courtois c'est rage. 3785  
J'ay ouy ce n'est d'huy ne d'hier,  
Dire qu'on ne peut espervier  
En nul temps faire d'ung buysart,  
Tous ceulx vous tiennent pour musart,  
Qui vous ont trouvé debonnaire. 3790  
Voulez-vous doncques aux gens plaire,  
Et faire service & bonté,  
Ce vous vient de grant lascheté,  
Si avez loz de toute gent  
D'estre lasches & négligent, 3795  
Et que vous croyés janglerie,  
Puis luy dist Paour sans mocquerie.

### Paour.

Certes Dangier moult me merveil,  
Que n'estes en plus grand esveil,  
De garder ce que vous devez, 3800  
Tost en pourriez estre grevez,  
Se l'ire Jalousie en gaigne,

Elle est moult fiere & moult estrangne,
Et de tencer appareillie,
Elle en a fort Honte assaillie, 3805
Et chasse par sa grant menace
Bel-acueil hors de ceste place,
Et jure qu'il ne quiert durer,
Se vif ne le fait enyvrer,
C'est tout par vostre maulvaistié; 3810
Car vous n'avez pas bien guettié,
Et croy que cueur vous est failly;
Mais mal en serez accueilly,
Et l'heure cent fois mauldirez,
Que Jalousie congneue aurez. 3815

### L'Acteur.

Le Villain leva son aumuce,
Fronce les yeulx, ses dens ne muce,
Et si fut plain d'ire & de rouille,
Le nez froncé & les yeux rouille,
Quant il se veit si mal mener. 3820

### Dangier.

Je puisse dist-il forcener,
Quant vous me tenez pour vaincu,
Certes or ay-je trop vescu,
Se ce pourpris ne puis garder,
Tout vif me puisse l'en arder. 3825
Se jamais homs vivant y entre,
Trop yré suis au cueur du ventre,
Quant oncques nul y mist le pié,
Mieulx aymasse d'ung roide espié,

Estre feru parmy le corps, 3830
Je fais que fol bien m'en recors.
Si m'amenderay par vous deux,
Jamais ne seray paresseux,
De ceste pourprise deffendre,
Se je y puis nulluy entreprendre; 3835
Mieulx luy vaulsist estre à Pavie,
Jamais en nul jour de ma vie,
Ne me rendrez pour recreant,
Nul n'y sera tant soit bruyant.

### L'Amant.

Lors s'est Dangier en piedz dressé, 3840
Semblant fait d'estre courroucé,
En sa main a ung baston pris,
Et va cherchant tout le pourpris,
S'il trouvera partuys ne trace,
Ne fente qu'à estoupper face, 3845
Desormais m'est changé le vers;
Car Dangier si m'est plus divers,
Et plus fier qu'il ne souloit estre.
Mort m'a qui pire le fait estre,
Car je n'auray jamais loysir 3850
De reveoir ce que je desir :
Moult ay le cueur du ventre yré,
Dont j'ay Bel-acueil adiré.
Et bien sachiés que tout le membre
Me fremist quant je me remembre, 3855
De la Rose que je souloye
Veoir de bien près quant je vouloye;
Et quant du baisier suis recors,

Qui me mist une oudeur au corps,
Assez plus doulce que de basme, 3860
Par ung pou que je ne pasme ;
Car encor ay au cueur enclose
La doulce saveur de la Rose.
Et sachiez quant il me souvient,
Qu'ainsi eslongner me convient ; 3865
Et qu'avoir ne puis mon devis,
Mieulx vouldroye estre mort que vis.
Mal toucha la Rose à ma bouche,
S'Amours ne seuffre que j'atouche
Une autrefois arriere à elle, 3870
J'en ay trouvé la saveur telle.
Tant est grande la Convoitise,
Qui esprent mon cueur & atise ;
Moult me viendront pleurs & souspirs,
Longues pensées, cours dormirs, 3875
Frissons & avec plus complaintes,
De tels douleurs aurai-je maintes.
Or suis-je cheu en telle paine,
Par Male-bouche la haultaine,
Sa langue desloyalle & faulse 3880
M'a pourchassée ceste saulse.

## DE LA ROSE.

*Comment par envieux atour*
*Jalousie fist une Tour*
*Faire au milieu du pourpris,*
*Pour enfermer & tenir pris*    3885
*Bel-acueil, le très-doulx enfant,*
*Pource qu'avoit baisé l'Amant.*

MAintenant est droit qui vous die
La contenance Jalousie,
Qui eut male suspection :           3890
Il n'y eut au Païs maçon,
Ne pionnier qu'elle ne mande,
Si el' leur fait faire & commande,
Entre les Rosiers des Fossés,
Qui cousterent deniers assés ;      3895
Car ils sont larges & parfons,
Dessus les bors sont les maçons,
Ung mur de quarreaulx bien taillez,
Bien appointez & habilliez,
Dont le fondement par mesure       3900
Est assis sur roche très-dure,
Jusqu'au pié du fossé descent,
Et vient à mont en estressent.
L'œuvre en est plus forte d'assez,
Les murs furent si compassez,      3905
Qui sont d'une mesme quarreure,
Chascun des pans cent toise dure ;
Si sont autant longz comme lez,
Les tournelles sont lez à lez,
Qui sont richement entaillées,     3910

Et faictes de pierres taillées,
Aux quatre coings en y a quatre
Qui seroient fors à abatre ;
Et si y a quatre portaulx
Dont les murs sont espés & haulx. 3915
Il en y a ung au devant
Bien deffensable & ensuyvant
Deux de costé & ung derriere,
Qui ne doubte coup qu'on lui fiere;
Si a bonnes portes coulans 3920
Pour faire ceulx dehors doulans,
Et pour eulx prendre & retenir,
S'ils osoient avant venir ;
Et au milieu de la pourprise,
Font une Tour de grant devise, 3925
Faicte fut d'ouvrier & de maistre,
Nulle plus belle ne peut estre ;
Elle fut forte, large & haulte,
Le mur n'en doit pas faire faulte,
Pour engin qu'on saiche gettier ; 3930
Car on destrempa le mortier
De fort vin aigre & de chaulx vive :
La pierre est de roche naïve
Dont on a fait le fondement,
Si est dure comme l'ayment. 3935
Celle Tour-là est toute ronde,
Plus belle n'eut en tout le monde,
Ne par dedans mieulx ordonnée ;
Elle est dehors environnée
D'unes lices qui sont entour ; 3940
Entre les lices & la Tour.

## DE LA ROSE.

Sont les Rosiers espés plantez,
Où sont Roses à grant plantez;
Dedans ceste Tour à pierrieres
Et engins de maintes manieres, 3945
Vous puissiez bien les mangonneaulx
Veoir là par-dessus les creneaulx;
Et aux archieres de la Tour
Sont arbalestres tout entour,
Que nul n'oseroit s'y tenir, 3950
Qui près des murs vouldroit venir.
Il pourroit bien faire que nyces,
Dehors des murs à unes lices,
De bon mur fort à carneaulx bas,
Si que chevaulx si ne peuvent pas 3955
Venir aux fossez d'une allée,
Que il n'y eut avant grant meslée.
 Jalousie a garnison mise
Au Chasteau que je vous devise;
Si m'est advis que Dangier porte 3960
La clef de la premiere porte,
Qui euvre devers Orient
Avecques luy je vous creant,
A trente Sergens tout par compte,
Et l'autre porte garde Honte 3965
Qui euvre par devers midy;
Elle fut moult sage & vous dy
Qu'elle eut Sergens à grant planté,
Prestz de faire sa voulenté,
Paour eut grande connestablie, 3970
Et fut à garder establie;
L'autre porte qui fut assise

A main seneftre contrebise,
Paour si ne sera jà asseure,
S'elle n'est enclose à serrure, 3975
Et si ne l'euvre pas souvent;
Car quant elle oyt bruyre le vent
Ou petite souris saillir,
Elle commence à tressaillir.
Male-bouche que Dieu mauldie, 3980
Eut souldoyers de Normandie,
Cil garde la porte de trois;
Et si sachiez qu'aux autres trois,
Va & vient souvent quant il scet,
Qu'il doit faire par nuyt le guet : 3985
Il monte le soir aux creneaulx
Et attrempe ses chalemeaulx,
Et ses buysines & ses cors,
Une heure dit chant de discors,
Et sons nouveaulx de contretaille, 3990
Aux chalemeaulx de Cornouaille,
Et autreffois dit à la fleuste,
Qu'oncques femme ne trouva juste.
Il n'est nulle qui ne se rye,
S'elle oyt parler de lecherie; 3995
Ceste est pute, ceste se farde
Et l'autre folement regarde;
Ceste est villaine & ceste est fole,
Et ceste-cy a trop parole;
Malle-bouche qui riens n'espargne 4000
Sur chascun trouve sa flacargne.
  Jalousie que Dieu confonde,
Si a garnie la Tour ronde;

## DE LA ROSE.

Et saichiez bien qu'elle y a mis
Des plus privés de ses amis, 4005
Tant qu'il y a grant garnison,
Et Bel-acueil est en prison,
Amont en la Tour enserré,
Dont l'huys est si tresfort barré,
Qu'il n'a puissance qu'il en ysse. 4010
Une vieille que Dieu honnisse,
A mis à l'huys pour le guettier
Qui ne fait nul autre mestier,
Que d'espier tant seulement
Qu'il ne se maine folement : 4015
Nul ne la pourroit engignier,
Ne pour parler, ne pour guignier;
Il n'est barat qu'el ne congnoisse,
Elle eut des biens & de langoisse,
Qu'Amours à ses Sergens départ, 4020
En jeunesse moult bien s'appart.
Bel-acueil se taist & escoute,
Par la vieille qu'il redoubte,
Et n'est si hardy qu'il se meuve,
Que la vieille en luy ne treuve 4025
Aucune fole contenance;
Et scet toute la vieille dance.

 Tout maintenant que Jalousie,
Se fut de Bel-acueil saysie,
Et qu'elle l'eut fait emmurer, 4030
Elle se print à asseurer :
Son chastel qu'elle veyt si fort
Luy a donné grant réconfort;
Elle n'a garde que gloutons,

Luy emblent Roses, ne boutons,  4035
Trop sont les Rosiers clos formant,
Et en veillant & en dormant,
Peust-elle très-bien estre asseur.

### L'Amant.

Mais je qui fuz dehors le mur,
Suis livré à mort & à paine,  4040
Qui sçauroit quel vie je maine,
Luy en deveroit pitié prendre.
Amours me sceut ores bien vendre
Les grands biens qu'il m'avoit prestez,
Que cuidoye avoir achaptez,  4045
Si les me vent trop derechief;
Car je suis en plus grant meschief,
Pour la joye que j'ay perdue,
Que se je ne l'eusse oncques eue :
Que vous yroye devisant,  4050
Je resemble à ung Paisant
Qui geste en terre sa semence,
Si a grant joye quant commence,
A estre belle & drue en herbe;
Mais ainçois qu'il en cueille gerbe  4055
L'empire, dégaste & moult greve
Une mal nyeule qui leve,
Et fait le grain dedans mourir,
Quant les espitz doivent fleurir;
L'esperance luy est tolluë,  4060
Laquelle trop tost avoit euë.
Ainsi crains-je sans que vous mente
Perdre l'esperance & l'atente,

## DE LA ROSE.

Qu'Amours m'avoit tant avancé,
Et que j'avoye commencé 4065
A dire ma grant priveté,
A Bel-acueil qui apresté
Estoit de recevoir mes jeux ;
Mais Amours est si courageux,
Qu'il me tollit tout en une heure, 4070
Quant je cuydoye estre au desseure.
C'est ainsi comme de fortune
Qui met aux cueurs des gens rancune,
Autrefoys les flate & les huë,
En trop petit de temps se muë : 4075
Une heure ryt & l'autre est mourne,
Elle a une roe qui tourne ;
Celluy qu'elle veult elle met
Du plus bas amont au sommet,
Et celluy qui est sur la roe 4080
Renverse à ung tour en la boe.
Je suis celluy qui est versé,
Mal veys le mur & le fossé,
Que je n'ose ne passer puis.
Je n'euz bien ne joye oncques puis 4085
Que Bel-acueil fut en prison ;
Car ma joye & ma garison
Qui est dedans le mur enclose,
Est tout en luy & en la Rose.
De-là conviendra-il qu'il ysse, 4090
Se Amours veult que je garisse ;
Car jà d'ailleurs je ne querroye
Honneur, santé, ne bien, ne joye.

Ha Bel-acueil ! beau doulx amis,

Se vous estes en prison mis, 4095
Gardez-moy au moins vostre cueur,
Et ne souffrez pas pour fureur,
Que Jalousie la saulvage
Mette votre cueur en servage,
Ainsi comme elle a fait le corps; 4100
Et s'elle vous chastie dehors,
Ayez dedans le cueur d'ayment,
Encontre de son chastiement :
Se le corps en Prison est mis,
Gardez que le cueur soit submis 4105
Car franc cueur ne laisse à amer,
Pour batre, ne pour diffamer ;
Se Jalousie est vers vous dure,
Et vous faict ennuy & laidure,
Faictes-luy du grief à l'encontre, 4110
Et du dangier qu'elle vous monstre,
Vous vengiez au moins en pensant
Quant vous ne povez autrement ;
Se vous en ce point le faisiez,
Je m'en tiendroye bien aysiez. 4115
 Mais je suis en moult grant soucy,
Que vous ne faciez pas ainsi ;
Car je cuide que me sçavez
Mal gré de ce que vous avez
Esté pour moy mis en Prison, 4120
Se n'est-ce pas pour mesprison,
Que j'aye encores vers vous faicte.
Oncques par moy ne fut retraicte,
Nulle chose que à celer feist ;
Mais il me poise, ainsi Dieu meist 4125

## DE LA ROSE.

Plus que à vous de la mescheance ;
Car j'en souffre la pénitence
Plus grant que nul ne pourroit dire,
Pour ung peu que je ne fons d'ire.
Quant il me souvient de ma perte, 4130
Qui est si grant & si apperte,
Si ay paour que grant desconfort
Ne me donne tantost la mort.
Cela je puis bien concevoir,
Quant je congnois & sçay de voir, 4135
Que les losengeux envieux,
Sont de moy nuyre curieux.
Ha Bel-acueil ! je say de voir,
Qu'ils tendent à vous décevoir,
Et faire tant par leur flavelle, 4140
Qu'ils vous trayent à leur cordelle.
Si croy qu'ilz ont ainsi jà fait,
La vérité n'en sçay de fait ;
Mais mallement suis esmayez,
Que entr'oublié ne m'ayez. 4145
Se je perds votre bien-vueillance,
Jamais n'auray ailleurs fiance ;
Et si je l'ay perdue j'espoir,
A peu que je ne m'en desespoir.

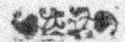

*Cy endroit trespassa Guillaume* 4150
*De Loris & n'en fist plus Pseaulme;*
*Mais après plus de quarante ans,*
*Maître Jehan de Meun ce Rommans*
*Parfist, ainsi comme je treuve,*
*Et icy commence son œuvre.* 4155

DEsesperer las non feray,
je ne me desespereray ;
S'esperance m'estoit faillant,
Je ne seroye pas vaillant,
En luy me dois réconforter. 4160
Amours pour mieulx mes maulx porter,
Me dist qu'il me garantiroit,
Et qu'avec moy par tout iroit.
Mais qu'ay-je de cela affaire
S'elle est courtoyse & debonnaire? 4165
Elle n'est pas de riens certaine,
Et met les Amans en grant paine,
Et se fait d'eux Dame & Maistresse,
Maints en déçoit par sa promesse ;
Si est peril se Dieu m'amant, 4170
Car en aimer maint bon Amant,
Par luy se tiennent & tiendront,
Qui jà nul jour n'y adviendront.
L'en ne s'en scet à quoy tenir,
Car on ne scet qui peult venir, 4175
Pour ce est fol qui s'en aprime.
Car quant on fait bon silogisme
Si doit-on avoir grant paour,

Qu'on ne concluife le pejour,
Aucunesfois l'a l'en bien veu, 4180
Et maint en a efté deceu.
Et non pourtant fi vouldroit-elle,
Que le meilleur de la querelle
Euft celluy qui la tient o foy ;
Si fus fol quant blafmer l'ofoy, 4185
Et que me revault fon vouloir,
Puys que ne me fait defdouloir.
Riens n'a qui ne peult confeil mettre
Fors feulement que de promettre :
Promeffe fans don ne vault gaires, 4190
Avoir me fait tant de contraires,
Que nul n'en peult fçavoir le nombre.
Dangier, Honte & Paour m'encombre,
Et Jaloufie & Malle-bouche,
Qui n'ayme que maulvais reprouche ; 4195
Car par maulvaife bouche blafme,
Par fa contreuve & fa diffame,
Tous ceulx dont il fait fa matire,
Par langue les livre à martyre.
Cil tient en Prifon Bel-acueil, 4200
Qu'en treftous mes penfées acueil,
Et fçay que fçavoir ne le puis,
En brief temps je ne vivray puis ;
Sur tous autres me nuyft & tuë,
L'orde vieille puant, mouffuë, 4205
Qui de fi près le doit garder,
Qu'il n'ofe nulluy regarder.
 Dès or mon dueil s'y enforça,
Quant le Dieu d'Amours confera,

A moy trois dons sienne mercy, 4210
Me donna; mais je les pers cy
Doulx penser qui point ne m'aide,
Doulx parler me deffaut d'aide.
Le tiers avoit nom Doulx-regard,
Perduz les ay, se Dieu me gard, 4215
Sans faille beau don me fist ; mais
Ils ne me reviendront jamais.
Se Bel-acueil n'ist de Prison,
Qu'on tient sans nulle mesprison :
Pour luy mourray; car m'est advis 4220
Qu'il n'en ystra ce croy-je vis.
Istra, non voir, par quelle proesse
Istroit-il de tel' forteresse;
Par moy voir ne sera-ce mye,
De sens n'ay goutte, ne demie ; 4225
Ains fis grant folie & grant rage.
Quant au Dieu d'Amours fis hommage,
Dame Oyseuse le me fist faire
Honnie soit & son affaire,
Qui me fist au joly vergier, 4230
Par ma priere hebergier ;
Car s'elle eust beaucoup de bien sceu
Elle ne m'eust de chose creu.
L'en ne doit pas croire fol homme
De la value d'une pomme ; 4235
Blasmer le doit-on & reprendre ;
Ains qu'on luy laist folie emprendre ;
Et je fu fol & tel me creut.
Onc par elle bien ne m'acreut,
Elle accomplit trop mon vouloir, 4240

## DE LA ROSE. 145

Dont me convient plaindre & douloir.
Bien le m'avoit Raison noté,
Tenir m'en puis pour assotté,
Quant dès lors d'aymer ne recreuz,
Et le conseil Rayson ne creuz. 4245
   Droit eut Raison de moy blasmer,
Quant oncques m'entremis d'aymer,
Trop grief mal m'en convient sentir,
Je m'en vueil ce croy repentir.
Repentir las & que feroye! 4250
Faulx traitre renié seroye;
Mauffez m'auroient envahy,
J'auroye mon Seigneur trahy.
Bel-acueil en seroit trahyz,
Doit-il estre par moy hayz; 4255
S'il pour moy faire Courtoysie
Languist en la Tour Jalousie;
Courtoysie me fit-il voire
Si grant que nul ne pourroit croire.
   Quant il voulut que trespassasse 4260
La haye & la Rose baisasse,
Ne luy en dois mal gré sçavoir,
Ne je luy en sçauray jà voir.
Jà se Dieu plaist au Dieu d'Amours,
Ne de luy plaintes, ne clamours, 4265
Ne d'Esperance, ne d'Oyseuse,
   Qui tant m'a esté gracieuse;
Ne feray plus, car tort auroye
Se de leur bien-fait me plaignoye,
Dont n'y a mieulx que de souffrir, 4270
Et mon corps à martire offrir,

Et d'actendre en bonne esperance,
Tant qu'Amours m'envoye allegence,
Attendre mercy me convient;
Car il me dist bien m'en souvient,  4275
Ton service prendray en gré,
Et te mettray en hault degré,
Se Maulvaistié ne le te tolt;
Mais je croy que non pas si-tost,
Grant bien ne vient pas en peu d'heure,  4280
Il y convient paine & demeure.
Ce sont les ditz qu'Amours formoit,
Bien pert que tendrement m'amoit,
Si entendray à la servir,
Pour bien sa grace desservir;  4285
Car en moy seroit le deffault,
Où Dieu d'Amours n'a pas deffault
Par foy, car Dieu ne faillit oncques.
Certes il deffault en moy doncques,
Si ne sçay-je pas dont ce vient,  4290
Ne jà ne sçauray se devient.
Or voyse comme aller pourra,
Face Amours tout ce qu'il vouldra,
Ou d'eschapper ou de courir,
S'il veult, si me face mourir.  4295
Je n'en vendroye jamais à chief,
Si suis-je mort si ne lachief,
Ou autre que moy ne l'achieve.
Mais s'Amours qui si fort me griefve,
Pour moy le vouloit achever,  4300
Nul mal ne me pourroit grever,
Qui m'avenist en son servise.

Or soit du tout à son devise,
Mette-il conseil s'il luy veult mettre
Je ne m'en sçay plus entremettre; 4305
Mais comment que de moy advienne,
Je lui supply qu'il luy souvienne
De Bel-acueil après ma mort,
Qui sans moy mal faire m'amort :
Et toutesfois pour le vray dire, 4310
A vous Amours ains que je muire,
Puis que ne puis porter le fais,
Sans repentir me fais confais,
Comme fait le loyal Amant,
Et vueil faire mon testament : 4315
Au départir mon cueur luy laisse,
Autre chose ne luy délaisse.

*Cy est la très-belle Raison,*
*Qui est preste en toute saison,*
*De donner bon conseil à ceulx* 4320
*Qui d'eulx saulver sont paresceux.*

TOut ainsi que me démentoye
Des grans douleurs que je sentoye,
Ne ne sçavoye trouver mire
De ma douleur, ne de mon yre. 4325
Lors veis à moy tout droit venant,
Raison la belle & advenant,
Qui de sa Tour jus descendit.
Quant mes complaintes entendit ;
Car selon ce qu'elle pourroit, 4330
Moult voulentiers me secourroit :

### Raison.

Beaulx Amys, dit Raison la belle,
Comment se porte ta querelle ?
Seras-tu jà d'Amours lassez ?
N'as-tu pas eu des maulx assez ?     4335
Que te semble du mal d'amer ?
Est-il trop doulx ou trop amer ?
Ne sçais-tu le moyen eslyre ?
Qui te puisse aider & suffire.
As-tu donc bon Seigneur servy ?     4340
Qui t'a si prins & asservy,
Et te tormente sans sejour,
Il te mescheit bien le jour.
Qu'oncques hommage tu luy fis,
Bien fol fuz quant à ce te mys ;     4345
Mais sans faille tu ne sçavoyes
A quel Seigneur affaire avoyes ;
Car se très-bien tu le congneusses,
Oncques ses hommes esté n'eusses,
Ou se ses hommes eusses esté,     4350
Jà servy ne l'eusses ung esté,
Non pas du jour une seule heure ;
Mais croy que sans point de demeure,
Son hommage luy renvoyasses,
Ne jamais par Amour n'aimasses.     4355
Le congnois-tu point ?

### L'Amant.
      Ouy, Dame.

### Raison.
Non fais.

### L'Amant.

### L'Amant.

Si fais.

### Raison.

De quoy par t'ame.

### L'Amant.

De tant qu'il me dist, tu doys estre
Moult liez, dont tu as si bon maistre, 4363
Et Seigneur de si hault renom.

### Raison.

Le congnois-tu de riens ?

### L'Amant.

Las ! nom,
Fors tant qu'il me bailla sa reigle,
Puis s'enfuyt plus tost que ung aigle,
Et je demouray en balance. 4365

### Raison.

Certes c'est poure connoissance ;
Mais je vueil que tu le congnoisses,
Qui tant en as jà eu d'angoisses,
Que tout en és deffiguré ;
Nul povre chetif malheuré, 4370
Ne peuz fais emprendre greigneur,
Bon fait congnoistre son Seigneur ;
Et se cestuy bien congnoissoyes,
Legierement issir pourroyes,
De la Prison ou tant empires, 4375

*Tome I.* H

### L'Amant.

Dame voir puisqu'il est mes Sires,
Et je son homme lige entiers,
Moult y entendis voulentiers,
Mon cueur & plus fort en aprint,
S'il fust qui leçon luy aprint.     4380

### Raison.

Par mon chief la te vueil aprendre,
Puis que ton cueur y veult entendre,
Et te démonstreray sans fable,
Chose qui n'est point démonstrable ;
Si sçauras bien tout sans science,     4385
Et congnoistras sans congnoissance,
Ce qui jà ne peut être sceu,
Ne point demonstré, ne congneu.
Quant à ce que jà plus en saiche,
Nul homs qui son cueur y atache,     4390
Ne qui jà pource moins s'en dueille ;
S'il n'est tel que fouyr le vueille,
Lors t'auray le neu desnoé,
Que tousjours trouveras noé.
Or y metz ton intencion,     4395
Cy verras la descripcion.
  Amour si est paix haineuse,
Amour est haine amoureuse,
C'est loyaulté la desloyalle,
C'est la desloyaulté loyalle,     4400
C'est la paour toute asseurée ;
Esperance desesperée,

C'est raison toute forcenable,
C'est forcenerie raisonnable,
C'est doulx péril à soy noyer, 4405
C'est fais legier à paumoyer,
C'est Caribdis la périlleuse,
Desaggréable & gracieuse ;
C'est la langueur toute santive,
C'est santé toute maladive, 4410
C'est fain saoule en habondance,
C'est convoiteuse suffisance,
C'est la soif qui tousjours est yvre,
Yvresse qui de soif s'enyvre ;
C'est faulx délit, c'est tristeur lye, 4415
C'est tristesse la courroucie ;
Doulx mal, doulceur malicieuse,
Doulce saveur, mal savoureuse,
Entachiés de pardon pechiés,
De pechiés pardon entachiés ; 4420
C'est paine qui trop est joyeuse,
C'est Felonnie la piteuse ;
C'est le jeu qui n'est pas estable,
Estat estable & trop muable ;
Force enferme, en fermeté fors, 4425
Qui tout esmeut par ses effors ;
C'est fol sens, c'est sage folie ;
Prosperité triste & jolye,
C'est ris plain de pleurs & de larmes,
Repos travaillant en tous termes : 4430
C'est Enfer le très-doulcereux,
C'est Paradis le douloureux ;
Charité qui Prison soulage,

H 2

Printemps plain de grant yvernage :
C'eſt taigne qui rien ne refuſe, 4435
Les pourpres & les bureaulx uſe ;
Car auſſi-bien ſont amourettes,
Soubz bureaulx que ſoubz brunettes ;
Car nul ne trouve l'en ſi ſage,
Ne de ſi hault puiſſant lignage, 4440
Ne de force tant eſprouvé,
Ne ſi hardy n'a l'en trouvé,
Ne qui ait moult d'autres bontez,
Qui par Amours ne ſoit domptez.
Tout le monde va ceſte voye, 4445
C'eſt le Dieu qui tous les deſvoye,
Se ne ſont ceulx de male-vie,
Que Genius excommunie.
Pource qu'ilz font tort à nature,
Ne pourtant ſe je n'ay d'eulx cure, 4450
Ne vueil je pas que les gens ament,
De celle Amour dont ilz ſe clament,
En la fin las chétifz dolans,
Tant les va Amours aſſollans ;
Mais ſe tu veulx bien eſchever, 4455
Qu'Amours ne te puiſſe grever,
Et veulx guerir de ceſte rage,
Ne peux boire ſinon breuvage,
Comme penſer de luy foüyr,
Tu n'en peuz autrement joüyr ; 4460
Se tu le ſuis il te ſuyvra,
Se tu le fuys il s'enfuyra.

### L'Amant.

Quand j'euz raison bien entenduë,
Qui pour néant s'est debatuë ;
Dame, dys-je, de ce me vant, 4465
Je n'en sçay pas plus que devant,
A ce que m'en puisse retraire.
Ceste leçon m'est tant contraire,
Que ne la puis pas bien entendre,
Si la sçay-je bien par cueur rendre. 4470
Onc mon cueur riens n'en oublya,
Et entends bien ce qu'il y a,
Pour lire à tous communément,
Ne mais à moy tant seulement ;
Mais puis qu'Amours m'avez descripte, 4475
Et tant loüée & tant bien dicte,
Prier vous vueil du deffinir,
Si que m'en puisse mieulx venir ;
Car ne l'ouy deffinir oncques.

### Raison

Voulentiers or y entendz doncques ; 4480
Amours se bien y suis appensée,
Est maladie de pensée,
Entre deux personnes annexe,
Franches entre eulx de divers sexe
Venant aux gens par ardeur née 4485
De vision desordonnée,
Par accoler & par baiser,
Pour eux charnellement aiser.
Amours autre chose n'entant ;

H 3

Ains sert & se délite en tant, 4490
Que de fruit avoir ne fait force,
En déliter sans plus s'efforce ;
Si sont aucuns de tel maniere,
Que c'est Amour n'ont mye chiere.
Toutesvois fins Amans le faignent ; 4495
Mais par Amour aymer ne daignent,
Et se gabbent ainsi des Dames,
Et leurs promettent corps & ames ;
Ilz jurent mensonges & fables,
A ceulx qu'ils trouvent décevables, 4500
Tant qu'ilz ayent leurs délitz eux ;
Mais ceux-là sont les moins déceuz ;
Car tousjours vault-il mieulx bel maistre
Décevoir, qu'en rien déceu estre,
Et mesmement de cest Amour
Les plus sages n'y sçavent tour. 4505
Or entendz bien je te diray,
Une autre Amour te descriray ;
Et de celle vueil pour ton ame,
Que tu aimes la doulce Dame,
Comme dit la Saincte Escripture. 4510
Amour soubstient, Amour endure,
Amour retient & tousjours dure,
Amour met en amer sa cure ;
Amour leale & Amour seure
Sert & de service n'a cure ; 4515
Amour fait du propre commun,
Amour fait bien de deux cueurs ung,
Amour enchante, ce me semble,
Amour départ, Amour assemble, 4520

Amour joingt divers cueurs ensemble
Amour rend cueurs, Amour les emble,
Amour d'espece, Amour refait,
Amour fait paix, Amour fait plait,
Amour fait beau, Amour fait lait 4525
Toutes heures quand il luy plaist.
Amour attrait, Amour estrange,
Amour fait de privez estrange,
Amour aprent, amour emprent,
Amour reprent, amour esprent. 4530
Ores n'est riens que Amour ne face,
Amour toult le cueur & la grace,
Amour deslye, Amour enlace,
Amour occist, amour efface,
Amour ne craint ne pic ne mace, 4535
Amour fait venir Dieu en place,
Amour fist Dieu nostre chair prendre,
Amour le fist en la croix pendre,
Amour le fist illec estendre,
Amour luy fist le costé fendre, 4540
Amour luy fist les maulx reprendre,
Amour luy fait les bons aprendre,
Amour le fist à nous venir,
Amour nous fait à luy tenir.
 Comme l'Escripture racompte, 4545
De vertu ne tient-on nul compte,
S'Amour ne joingt & lye ensemble;
Il m'est advis & voir me semble,
Que pou vault foy, ny esperance,
Justice, force, n'attrempance, 4550
Qui n'a vraye Amour avec soy.

H 4

L'Apoſtre dit, & je le croy,
Que aumoſne faicte, ne martire,
Ne bien que nulluy ſaiche dire,
Ne vault riens s'Amour y deffault; 4555
Sans Amour toute choſe fault,
Sans Amour n'eſt homme parfait,
Ne par parole, ne par fait.
C'en eſt la fin, c'en eſt la ſomme;
Amour ſi fait le parfait homme, 4560
Amour commence & fait la ſomme,
Sans Amour ſi n'eſt pas fait l'homme
Amour les enſerrés deſſerre,
Amour ſi n'a cure de guerre,
Vraye Amour qui ne ceſſe point, 4565
A Dieu les baille, à Dieu les joint,
Loyal Amour fait à Dieu force;
Car Amour de l'amer s'efforce.
Quant Amour parfaictement pleure,
Luy vient très-grant doulceur à lheure, 4570
Et vraye Amour d'amer eſt yvre;
Car grant doulceur Amour enyvre.
Lors la convient dormir à force,
Quant en dormant d'amer s'efforce;
Car Amour ne peut eſtre oyſive, 4575
Tant qu'elle ſoit ſaine ou vive,
Lors dort en méditacion,
Puis monte en contemplacion.
Illec repoſe, puis s'eſveille,
Illec voit mainte grant merveille. 4580
Là voit tout bien, là voit tout voir,
Là treuve tout ſon bon ſçavoir,

## DE LA ROSE.

Là voit l'en tout ce qu'on peut veoir,
Là sent tout tant qu'on peut avoir,
Là aprent ce qu'on peut aprendre. 4585
Là prent du bien tant qu'en peut prendre;
Mais tant plus prent & plus aprent,
Et plus son desirer l'aprent,
Tousiours lui croist son appetit,
Et tient son assez à petit, 4590
En Amour n'a point de clamour,
Chascun peut aymer par Amour.
Quant d'Amour ne te peuz clamer,
Par Amour te convient amer,
De tout ton cueur, de toute t'ame 4595
Je vueil que aymes la doulce Dame;
Car à l'amer elle t'esmeut,
Et par Amours amer te veult.
Ayme donc la Vierge Marie,
Par Amour à el' te marie; 4600
T'ame ne veult autre mary,
Par ainsi à elle te mary,
Après Jesu-Christ son espoux,
A luy te donne, à luy t'espoux,
A luy si te donne & ottroy, 4605
Sans desottroyer t'y ottroy.
 De l'autre Amour diray la cure
Selon la divine Escripture,
Et mesmement en ceste guerre,
Où nul ne sçait le moyen querre; 4610
Mais je sçay bien pas ne devin,
Continuer l'estre divin,
A son vouloir & povoir deust,

H 5

Quiconques avecques femme geust,
Soy bien garder de son semblable,  4615
Pour ce que tout est corrompable.
Si que jà par succession
Ne faulsist generation ;
Car puis que pere & mere faillent,
Nature veult que les filz saillent,  4620
Pour recontinuer ceste œuvre,
Si que par l'ung l'autre requeuvre :
Pource y mist nature délit,
Qu'elle veult que l'on si délit,
Et que ses œuvriers ne fuissent,  4625
Et que ceste œuvre ne hayssent ;
Car moins n'y trairoyent jà trait,
N'estoit délit qui les y trait ;
Ainsi nature y soubtiva.
Saichiez que nul à droit n'y va,  4630
Ne n'a pas intention droicte,
Qui sans plus délit y convoite ;
Car cil qui va délit querant,
Sçez-tu, qu'il se fait, il se rent
Comme cerf & chétif & nices,  4635
Au Prince de trestous les vices ;
Car c'est de tout mal la racine,
Comme Tulles les détermine,
Au livre qu'il fist de vieillesse,
Qu'il loe plus qu'il ne fait jeunesse ;  4640
Car jeunesse boute homme & femme,
En tout péril de corps & d'ame.
C'est trop forte chose à passer,
Sans mort, ou sans membre casser,

Ou sans faire honte ou dommage, 4645
Soit à soy ou à son lignage.
par jeunesse s'en va l'y homs,
A toutes dissolutions,
Et suit les males compaignies
Et les desordonnées vies, 4650
Et muë son propos souvent,
Ou se rent en aulcun Couvent,
Et ne sçet garder la Franchise,
Que nature avoit en luy mise,
Et cuide ou ciel prendre la gruë, 4655
Quand il se met leans en muë;
Et remaint tant qu'il soit Profais;
Et puis s'il sent trop grief le fais,
Il s'en repent, & puis s'en yst
Ou sa vie ainsi y finist, 4660
Qu'il ne s'en ose revenir,
Pour Honte qui le fait tenir,
Et contre son gré y demeure,
La vit à grant misere, & pleure
La Franchise qu'il a perduë, 4665
Qui ne lui peult estre renduë.
Se n'est que Dieu grace luy face,
Qui sa mesaise luy efface,
Et le tienne en obédience,
Par la vertu de patience. 4670
Jeunesse met homme ès folies,
Es bourdes & ès ribauldies,
Es luxures & ès oultraiges,
Es mutations de couraiges,
Et fait commencer telz meslées, 4675

Qui puis font envys démeſlées ;
En tel péril les met jeuneſſe,
Qui leurs cueurs à délit adreſſe ;
Ainſi délit enlace & maine
Les cueurs & la penſée humaine, 4680
Par jeuneſſe ſa chamberiere,
Qui de mal faire eſt coutumiere,
Et des gens à délit atraire,
Jà ne querroit aultre œuvre faire.
  Mais Vieilleſſe les en rechaſſe, 4685
Qui ne le ſçet ſi le pourchaſſe,
Et le demande aux anciens
Que jeuneſſe eut en ſes liens ;
Et leur remembre encore aſſez
Des grans périlz qu'ils ont paſſez, 4690
Et des folies qu'ilz ont faictes,
Dont leurs forces leurs font ſouſtraictes,
Avec les foles voulentés,
Dont ils ſeulent eſtre tentés.
Vieilleſſe qui les accompaigne, 4695
Qui moult leur eſt bonne compaigne,
Et les ramaine à droicte voye,
Et juſqu'à la fin les convoye ;
Mais mal employe ſon ſerviſe,
Que nul ne l'ayme, ne la priſe, 4700
Au moins juſqu'à ce tant en ſoy,
Qu'il la voulſiſt avoir ſoy ;
Car nul ne veult vieil devenir,
Ne jeune ſa vie finir ;
Mais nature ne peult ſouffrir, 4705
Que nul vive ſans envieillir.

Si s'esbahissent & merveillent,
Quant en leur remembrance veillent,
Et des folies leur souvient,
Comme souvenir leur convient, 4710
Comment ilz firent tel besoingne,
Sans recevoir Honte ou vergoingne;
Et se Honte & dommage y eurent,
Comment encor eschaper peurent,
De tel peril sans perte avoir, 4715
Ou d'ame, ou de corps, ou d'avoir;
Et scez-tu ou jeunesse maintz,
Que tant prisent maintes & maintz.
Délit la tient en sa maison,
Tant comme il est en sa saison, 4720
Et veult que jeunesse le serve,
Pour néant fust-elle sa serve,
Et elle le fait voulentiers,
Et le cherche par tous sentiers,
Et son corps habandon luy livre, 4725
Ne point ne vouldroit sans luy vivre.
  Et Vieillesse, scez où demeure
Dire le te vueil sans demeure;
Car là te conviendra aller,
Se mort ne te fait devaller 4730
Au temps de jeunesse en sa cave,
Qui moult est tenebreuse & have.
  Travail & douleur la hebergent;
Mais ils la lient & la chargent,
Et tant la batent & tormentent, 4735
Que mort prochaine luy presentent,
Et talent de soy repentir,

Tant luy font de fleaux sentir.
Adonc luy vient en remembrance,
En ceste tardifve presence, 4740
Quant el se voit foible & chenuë,
Et que malement l'a déceuë
Jeunesse, qui tout a getté
Son préterit en vanité ;
Et qu'elle a son ame perduë, 4745
Se du futur n'est secouruë,
Qui la soustient en pénitence,
Des péchiez que fist en enfance :
Et par bien faire en ceste paine,
Au souverain bien la remaine, 4750
Dont jeunesse la décevoit,
Qui de vanités l'abruvoit,
Et le present si peu luy dure,
Qu'il n'y a compte ne mesure ;
Mais comment que la besongne aille, 4755
Qui d'Amours veult joyr sans faille,
Fruict y doit querre cil ou celle,
Qu'elle que soit Dame ou pucelle,
Jà soit ce que du déliter
Ne doivent pas leur part quitter ; 4760
Mais je sçay bien qu'ils en sont maintes,
Qui ne veulent pas estre ensaintes ;
Et s'ils le sont, il leur en poise ;
Si n'en font-ils ne plait, ne noyse,
Se n'est aulcune fole ou nyce, 4765
Où Honte n'a point de justice.
Briefment tous à délitz s'acordent
Ceulx qui à ceste œuvre s'amordent,

## DE LA ROSE. 163

Se ne sont gens qui riens ne vaillent,
Qui pour deniers ainsi se baillent,　　4770
Qui ne sont pas de loy liées,
Par leurs ordes vies souillées.
Mais certes jà n'est femme bonne,
Qui par dons prendre s'abandonne.
Nul homs ne se dévroit jà prendre　　4775
A femme qui sa chair veult vendre.
Pense-il que femme ait son corps chier,
Qui tout vif le veult escorchier.
Bien est chétif & défoulé
Hom qui si vilement est boulé,　　4780
S'il cuide que tel femme l'ame,
Pour ce que son amy le clame,
Qu'elle luy rit & luy fait feste.
Certainement nulle tel beste
Ne doit estre amye clamée,　　4785
Ne n'est pas digne d'estre amée.
On ne doit riens priser moullier,
Qui l'homme tend à despoullier.
Je ne dis pas que bien ne porte,
Et par soulas en sa main forte　　4790
Ung agnelet se ses amis
Le luy ait donné ou promis ;
Mais qu'elle pas ne le demant,
Que le prendroit lors laidement :
Et des siens aussi luy redonne,　　4795
Se le peult faire sans vergongne ;
Ainsi leurs cueurs joignent ensemble,
L'ung de l'autre l'Amour assemble.
Ne cuidez pas que les départe ;

Mais s'entrament par grant desserte, 4800
Et facent ce qu'ils doivent faire,
Comme courtois & debonnaire;
Mais de la fole Amour se gardent,
Dont les cueurs esprennent & ardent;
Et soit l'Amour sans Couvoitise, 4805
Qui les faulx cueurs de prendre atise.
Bonne Amour doit de fin cueur naistre,
Dont ne doivent pas estre maistre,
Dès qu'ilz font corporel soulas;
Mais l'Amour qui te tient en las, 4810
Charnel desir te represente,
Si que tu n'as ailleurs entente :
Pour ce veulx-tu la Rose avoir,
Tu n'y songe nul autre avoir;
Mais tu n'en es pas à deulx doys, 4815
C'est ce qui la peau t'amegroys,
Et qui de toutes vertus t'oste,
Moult as receu douloureux hoste.
Quant oncques Amours hostellas,
Maulvais hoste en ton hostelas; 4820
Pource te dy que hors le boutes,
Il te toult les pensées toutes,
Qui te doyvent à preu tourner,
Ne l'y laisse plus séjourner.
Trop sont à grant meschief livrez, 4825
Cueurs qui d'Amours sont enivrez,
En la fin encor le sçauras.
Quant ton temps perdu y auras,
Et degastée ta jeunesse,
En ceste dolente lyesse; 4830

Se tu peuz encores tant vivre,
Que d'Amours te voyes délivre,
Le temps qu'auras perdu plourras,
Mais recouvrer ne le pourras,
Encor se par tant en eschappes ;    4835
Car en l'Amour où tu t'enchappes,
Mains y perdent bien dire l'oz,
Sens, temps, chastel, corps, ame & loz.

### L'Amant.

Ainsi Raison si me preschoit ;
Mais Amours trestout m'empeschoit,    4840
Que riens à œuvre n'en mettoye,
Jà soit ce que bien entendoye,
Mot à mot toute la matire ;
Mais Amours si formant m'atire,
Que parmy tous mes pensers passe,    4845
Com cil qui par tout à sa chasse ;
Et tousjours tient mon cueur soubz celle,
Hors de ma teste à une pelle,
Quant au sermon sceant m'aguette,
Par l'une des oreilles gette    4850
Quanque Raison en l'autre boute,
Si qu'elle pert sa paine toute,
Et m'emple de couroux & d'ire ;
Lors tout iré lui prins à dire.
Dame bien me voulez trahir,    4855
Dois-je doncques les gens hair.
Donc hairoye toutes personnes,
Puis qu'Amours ne me sont pas bonnes ;
Jamais n'aymeray d'Amours fines,

Ains vivray tousjours en haynes, 4860
Et lors seray mortel pecherres,
Voire pardieu pire qu'un lierres.
A ce ne puis-je pas faillir,
Par l'ung me convient-il saillir,
Ou je aymeray, ou je hairray; 4865
Mais j'espoir que je comperray,
Plus assez la hayne au dernier,
Tout ne vaille Amours ung denier.
Bon conseil m'avez cy donné,
Qui tousjours m'avez sermonné, 4870
Que je doye d'Amours recroyre,
Si est fol qui ne vous veult croire.
Aussi m'avez-vous ramentuë,
Une autre Amour que n'ay congneuë;
Que point ne vous ouy blasmer, 4875
Dont gens se peuvent entramer;
Se la me voulez diffinir,
Pour fol me pourroye tenir,
Se voulentiers ne l'escoutoye,
Pour sçavoir au moins se pourroye, 4880
Les natures d'Amours aprendre,
S'il vous y plaisoit à entendre.

### Raison.

Certes beaulx Amys fol es-tu;
Car tu ne prises ung festu,
Ce que pour ton bien te sermon, 4885
Je vueil faire encore ung sermon;
Car de tout mon povoir suis preste
D'acomplir ta bonne requeste;

## DE LA ROSE. 167

Mais ne sçay s'il te vauldra guieres,
Amours sont de plusieurs manieres,  4890
Sans celle qui t'a si mué,
Et de ton droit sens remué,
De malle heure fuz son acointe,
Pardieu gard que plus tu ne l'acointe.
Amytié est dénommée l'une,  4895
C'est bonne voulenté commune,
De gens entre eulx sans discordance,
Selon la dieu benivolence,
Et soit en eulx communité,
De tous leurs biens en charité ;  4900
Si que par nulle entention,
Ne puisse avoir exception,
Ne soit l'ung d'aider, l'autre lent,
Comme homme fort & moult vaillant,
Et loyaulx ; car riens n'y vauldroit  4905
Le sens ou loyaulté fauldroit,
Que quant qu'il ose penser
Puisse à son amy récenser,
Comme à soy seul tout seurement,
Sans soufpeçon d'accusement.  4910
Tels meurs avoir doyvent & seulent,
Ceulx qui loyaulment aymer veulent,
Et ne peult estre homme amiable,
S'il n'est si ferme & si estable,
Que pour fortune ne se meuve ;  4915
Et qu'en ung point tousjours se treuve
Ou riche ou povre ses amys,
Qui tout en luy a son cueur mis,
Et s'à povreté le voit tendre,

Il ne doit mie tant attendre, 4910
Que cil son aide luy requiere;
Car bonté faite par priere.
N'est pas Courtoysie qui vaille,
Pour quoy Amours de cueur y faille;
Ains est malement chier venduë 4925
A cueurs qui sont de grant valuë.

*Cy est le Souffreteux devant*
*Son vray Amys en requerant,*
*Qu'il luy ayde à son besoing,*
*Et son avoir luy met au poing.* 4930

Moult à vaillant hom grant vergongne,
Quant don requerir s'embesongne;
Moult y pense, moult se soucye,
Moult à mesaise avant qu'il prie,
Grant honte a de dire son dit, 4935
Et si redoubte l'escondit;
Mais quant ung tel en a trouvé,
Qui l'a bien ainçois esprouvé,
Qu'il est bien certain de s'amour,
Faire lui va plainte & clamour 4940
De tous les cas que penser ose
Sans honte avoir de nulle chose:
Car comment en auroit-il honte,
Se l'autre est tel comme je conte,
Quant son secret dit lui aura 4945
Jamais le tiers ne le sçaura,
Ne de reprouche n'a-t-il garde,
Car saige homme sa langue garde;

Ce ne sçauroit mie ung fol faire,
Nul fol ne sçet sa langue taire. 4950
Plus fera, il le secourra
Du tout, en tant comme il pourra,
Plus prest du faire, à dire voir
Que n'est l'autre de recevoir :
Et s'il ne lui fait sa requeste 4955
Il n'en n'a pas moins de moleste,
Que cil qui la lui a requise,
Tant est d'amour grant la maistrise :
Et de son dueil la moitié porte,
De tant qu'il peult le reconforte, 4960
Et de la joye a sa partie,
Se l'amour est à droit partie.

 Par la loy de ceste amytié,
Dit Tulles dans un sien ditié,
Que bien devons faire requeste 4965
A nos amis qui soit honneste,
Et leur requeste refaison
S'elle contient droit & raison ;
Ne doit pas estre autrement faicte,
Fors en deux cas qu'il en excepte, 4970
S'on les vouloit à mort livrer,
Penser fault de les délivrer ;
Se l'en assault leur renommée,
Gardons que ne soit diffamée.
En ces deux cas leur loist deffendre, 4975
Sans jamais la raison entendre ;
Tant comme amour peult excuser,
Ce ne doit nul homs reffuser.
Ceste amour que cy te propos

N'est pas contraire à mon propos ; 4980
Ceste-cy veuil bien que tu suives
Et veuil que l'autre amour eschives ;
Ceste à toute vertu s'amort,
Mais l'autre met les gens à mort.
D'une autre amour te veuil retraire, 4985
Qui est à bonne amour contraire,
Et forment refait à blasmer,
C'est fainte voulenté d'amer
En cueur malade du meshaing,
De grant convoitise & de gaing. 4990
Ceste amour est en tel balance,
Si-tost comme pert l'esperance
Du prouffit qu'elle veult attaindre,
Faillir lui convient & estaindre ;
Car ne pourroit estre amoureux 4995
Cueur qui n'ayme les gens pour eux
Ains se faint & les va flatant
Pour le prouffit qu'il en attent.
Ceste amour si vient de fortune,
Qui s'esclipse comme la lune, 5000
Que la terre obnuble & enombre
Quant la clarté chiet en son umbre,
S'a tant de sa clarté perduë
Quant du soleil el' pert la veuë ;
Et quant elle a l'ombre passée, 5005
Si revient toute enluminée
Des rays que le soleil luy monstre,
Qui d'autre part reluit encontre.
Ceste amour est de telle nature,
Car or est clere, or est obscure, 5010

Si-tost que povreté l'affuble
Et son hydeux mantel obnuble;
Qu'il ne vois plus richesse luire,
Obscurir la convient & fuire;
Et quant richesses lui reluysent,　　　　5015
Toute clere la reconduysent;
Elle fuit quant richesses faillent,
Et sault aussi quant elles saillent.

De l'amour que cy je te nomme,
Est bien aymé chascun riche homme,　　5020
Et specialement l'aver
Qui ne veult pas son cueur laver
De la grant ardeur & du vice
A la convoitise avarice.
Plus est cornu que cerf ramé :　　　　　5025
Chiche homme qui cuide estre amé:
N'est-ce mye grant cornardie ?
Il est certain qu'il n'ayme mye.
Et comment cuide-t-il donc qu'on l'ame
S'il en ce pour fol ne se clame ?　　　　5030
En ce cas n'est-il mye sage,
Ne que l'est ung grant cerf ramage ?
Pardieu cil doit estre amiables
Qui desire amys veritables;
Qu'il n'ayme pas, prouver le puis　　　5035
Quant à ses richesses, & puis
Ses povres amys il regarde,
Et devant eulx les tient & garde,
Et tousjours garder les propose,
Tant que la bouche lui soit close,　　　5040
Et que malle mort l'accravant;

Car il se laisseroit avant
Le corps des membres despartir
Qu'il les souffrist de soy partir ;
Si que point ne leur en départ,  5045
Donc n'a cy amour point de part.
Et comment seroit amitié,
En cueur qui n'a point de pitié ?
Certain en est quant il ce fait,
Car chascun scet son propre fait :  5050
Certes moult doit estre blasmé
Homme qui n'ayme & n'est amé.

 Et puis qu'à fortune venons,
Et de s'amour sermon tenons,
Dire t'en vueil grande merveille,  5055
Onques ce croy n'ost la pareille ;
Ne scet se tu le pourras croire,
Et toutesfois est chose voire ;
Et si l'a treuve l'en escripte :
Que trop mieulx vault & plus proffite,  5060
Fortune perverse & contraire,
Que la molle & la debonnaire ;
Et se ce te semble doubtable,
C'est bien par argument prouvable,
Que la debonnaire & la molle,  5065
Leur ment & les blesse & affolle,
Et les alecte comme mere,
Qui ne semble pas estre amere.
Semblant leur fait d'estre loyaux,
Quant leur départ de ses joyaux,  5070
Comme d'avoirs & de richesses,
De dignités & de haultesses,

       Et

Et leur promet estableté,
En l'estat d'amiableté,
Et tous les paist de gloire vaine, 5075
En la beneureté mondaine.
Quant sur la roë les fait estre,
Lors cuident estre si grant maistre,
Et leur hault estat si fort veoir,
Qu'ils ne cuident jamais de cheoir; 5080
Et quant en tel point les a mis,
Croire leur fait qu'ils ont d'amis,
Tant qu'ilz ne les sçavent nombrer,
Ne ilz ne s'en peuvent descombrer,
Qu'ilz n'aillent entour eulx & viennent, 5085
Et que pour Seigneur ne les tiennent,
Et leurs promettent leurs servises,
Jusqu'à despendre leurs chemises.
Voire jusques au sang espandre,
Pour eulx garantir & deffendre, 5090
Prestz d'obéir & d'eulx ensuivre,
A tous les jours qu'ils ont à vivre;
Et ceulx qui telz paroles oyent,
S'en glorifient & les croyent,
Comme se ce fust Evangile; 5095
Et tout est flaterie & guille,
Comme bien après le sçauroient
Se tous leurs biens perduz avoient,
Et qu'ilz n'eussent où recouvrer,
Adonc verroient amys ouvrer; 5100
Car de cent amys apparens,
Soient compaignons ou parens,
S'ung leur en povoit demourer,

Tome I.

Dieu en deveroient adorer.
Ceste Fortune que j'ay dicte, 5105
Quant avec les hommes habite,
Elle trouble leur congnoissance
& les nourrist en ignorance;
Mais la contraire & la perverse,
Quant de leur grant estat les verse 5110
Et les tumbe au tour de sa roë,
Dont les met envers en la boë,
Et leur assiet comme marastre
Au cueur ung douloureux emplastre,
Destrampé non pas en vinaigre, 5115
Mais de povreté lasse & maigre:
Ceste monstre que bien est vraye,
Et que nul fier ne se doye
En beneureté de fortune,
Car n'y a seureté nesune. 5120
Ceste fait congnoistre & sçavoir,
Dès qu'ilz ont perdu leur avoir,
De qu'elle Amour ceulx les amoyent,
Qui leurs amys devant estoient.
Ceulx à qui beneureté donne, 5125
Maleureté si les estonne,
Et deviennent tous ennemy,
Ne n'en demeure ung ne demy;
Ains s'enfuyent & les renoyent,
Si tost comme povres les voyent. 5130
N'encor pas à tant ne s'en tiennent;
Mais par tout les lieux où ils viennent,
Blasmant les vont & diffamant,
Et faulx maleureux vont clamant.

Ceulx-mêmes à qui plus bien firent, 5135
Quant en leurs grans estats les virent,
Vont tesmoignant à voix jolie,
Que bien leur pert de leur folie,
Ne treuvent nul qui les sequeure;
Mais le vray amy si demeure, 5140
Qui n'ayme pas pour les richesses,
Tant a le cueur plain de noblesses,
Ne pour nul preu qu'il en attent,
Tel les sequeurt & les deffent;
Car Fortune en tel rien n'a mis, 5145
Tousjours ayme qui est amis.
Qui sur amy trairoit espée,
N'auroit-il pas l'Amour coupée ?
Fors en ce cas que je vueil dire,
L'en le peult par orgueil, par yre, 5150
Par reprouche & par reveler
Les secrets qui sont à celer;
Et par la playe douloureuse,
De détraction venimeuse.
Amys en ce pas s'enfuiroyent, 5155
Nuls autres choses n'y nuyroient;
Mais tels amis moult bien se preuvent,
S'ils entre mil ung seul en treuvent;
Tant est l'Amour du monde vaine,
D'ingratitude toute plaine, 5160
Et pour ce que nulle richesse,
A valeur d'amy ne s'adresse;
Qu'il ne pouroit si hault attaindre,
Que valeur d'amy ne soit graindre,
Tousjours vault mieulx amis en voye, 5165

Que ne font deniers en courroye ;
Et Fortune la mescheante,
Quant sur les hommes est cheante,
Elle les fait par son mescheoir,
Trestous si très-clerement veoir, 5170
Que leur fait tels amys trouver,
Et par experiment prouver,
Qu'ilz vallent mieulx que nul avoir,
Qu'ilz puissent en ce monde avoir,
Dont leur prouffite adversité, 5175
Plus que ne fait prosperité ;
Car par ceste ont-ilz ignorance,
Et par adversité science.
 Et le povre qui par tel preuve,
Les faulx amys des fins espreuve, 5180
Et les congnoist & les devise,
Quant il estoit riche à devise.
Que voulsist-il achapter lores,
S'il sceust adonc ce qu'il scet ores ?
Certes trop moins fut-il deceu, 5185
S'il s'en fust deslors apparceu,
Dont luy fait plus grant avantaige,
Puis que d'ung fol a fait ung saige.
La mescheance qu'il reçoit,
Que richesse qui le déçoit ; 5190
Car Richesse ne fait pas riche
Celluy qui en tresor la fiche ;
Mais souffisance seulement
Fait homme vivre richement.
Car tel n'a vaillant une miche, 5195
Qui est plus aisé & plus riche,

## DE LA ROSE.

Que tel a cent muys de froment ;
Si te puis bien dire comment,
Car je croy qu'il en est marchant,
Et son cueur en est si meschant, 5200
Qu'il en fust Souffreteux assez
Ains que l'avoir sust amassez :
Ne ne cesse de soucier
D'acroistre & de multiplier,
Ne jamais assez n'en aura, 5205
Jà tant acquerir n'en sçaura :
Mais l'autre qui point ne s'y fie,
Ne mais qu'il ait au jour la vie,
Et luy suffit de ce qu'il gaigne,
Quant il peult vivre de sa gaigne, 5210
Ne ne cuide que riens luy faille,
Tant n'ait-il vaillant une maille ;
Mais bien espoir qu'il gaignera,
Pour mangier quant mestier sera.
Aussi pour recouvrer chaussure, 5215
Et puis convenable vesture ;
Ou s'il advient qu'il soit malade,
Et trouve la viande sade,
Si se pourpense-t-il toutesvoyes,
De soy gecter de males voyes ; 5220
Et pour yssir hors de dangier,
Qu'il n'aura mestier de mangier ;
Que de bien petite vitaille,
Se passera comment qu'il aille :
Ou s'à l'Ostel-Dieu est porté, 5225
Lors sera bien réconforté,
Ou je croy qu'il ne pense point

Qu'il puiſt là venir en tel point ;
Ou s'il croit que ce luy advienne,
Penſe-il ains que le mal le tienne,　　5230
Que tout à temps eſpargnera,
Pour ſoy chevir quant temps ſera ;
Ou d'eſpargnier il ne luy chault,
Mais laiſſe venir froit & chault,
Ou la fin qui mourir le face.　　5235
Penſe-il, ce croy-je & ſi ſoulace,
Que quand plus toſt deffinera,
Plus toſt en Paradis yra,
Qu'il croit que Dieu le luy preſente,
Quant laiſſera l'exil preſent.　　5240
　Pytagoras te dit & livre,
Se tu as jamais veu ſon Livre,
Qu'on appelle les Vers dorez,
Pour les ditz du Livre honnorez.
Quant tu du corps départiras,　　5245
Tout droit au Ciel tu t'en yras,
Et laiſſeras l'humanité,
Vivant en pure Déité :
Moult eſt chétif & fol neys,
Qui croit que cy ſoit ſon Païs.　　5250
Noſtre Pere n'eſt pas en terre,
Ce peult-on bien des Clercz en querre,
Qui de Boece de confort liſent,
Et les Sentences qui là giſent,
Dont grant bien aux gens lays feront　　5255
Qui bien le leur tranſlateront.
　Et s'il eſt tel qu'il ſçache vivre
De ce que ſa rente luy livre,

Ne ne desire autre charté,
Ains cuide estre sans povreté; 5260
Car ainsi que dit le bon maistre,
Nul n'est chetif s'il ne cuide estre,
Soit Roy, Chevalier ou Ribaux :
Mais Ribaux ont les cueurs si baux,
Portans sacz de charbon en Greve, 5265
Que la peine point ne leur greve ;
Ceux en patience travaillent,
Autres balent, tripent & saillent,
Et vont à saint Marcel aux tripes,
Ne ne prisent tresor deux pipes ; 5270
Ainçois despendent en taverne
Toute leur gaigne & leur espargne ;
Et puis vont les fardeaulx porter,
Par plaisir pour eulx déporter,
Et loyalement leur vie gaignent ; 5275
Car embler, ne tollir ne daignent ;
Puis revont au tonnel & boivent,
Et vivent comme vivre doivent.
Celluy est riche en habondance
Qui bien cuide avoir suffisance : 5280
Plus, ce sçait Dieu le droicturier,
Que s'il étoit fort usurier ;
Car usurier bien le t'affiche
Ne pourroit en riens estre riche,
Mais tousjours povre & souffreteux, 5285
Tant est avers & convoiteux :
Aussi est vray, qui qu'en desplaise,
Nul Marchant ne vit pas en aise ;
Car son cueur a mys en tel guerre,

Qu'il art tousjours pour plus conquerre ; 5290
Ne ja n'aura assez acquis
Si craint perdre l'avoir acquis,
Et queurre après le remenant,
Dont jà ne se verra tenant;
Car de riens desir il n'a tel 5295
Que d'acquerir aultruy chastel
Emprise à merveilleuse paine,
Il cherche à boire toute saine,
Dont jà tant boire n'en sçaura,
Que tousjours plus en demoura : 5300
C'est la destresse, c'est l'ardure,
C'est l'angoisse qui tousjours dures
C'est la douleur, c'est la bataille,
Qui lui détranche la couraille,
Et le destraint en tel deffault, 5305
Que plus acquiert plus luy default.
   Advocatz & Phisiciens
Sont tous liez de telz liens;
Ceulx pour deniers science vendent,
Trestous à ceste hart se pendent, 5310
Tant ont le gaing & doulx & sade
Que cil vouldroit pour ung malade,
Qu'il a qu'il en fust bien cinquante,
Et cil pour une cause trente,
Voire deux cens, voire deux mille, 5315
Tant les art, convoitise & guille.
Si sont devins qui vont par terre,
Quant ils preschent, pour loz acquerre,
Honneurs, ou graces, ou richesses;
Ils ont les cueurs en grans détresses, 5320

Ceulx ne vivent pas loyaulment;
Mais sur tous especiaument,
Ceulx qui pour vaine gloire trassent,
La mort de leurs ames pourchassent;
Il est moult de telz déceveurs,                5325
Et si saichez que telz Prescheurs,
Combien qu'aux autres il proffit,
A eulx ne font-ilz nul proffit;
Car bonne Prédication
Vient bien de male intention,                  5330
Qui n'a riens à celluy valu,
Tant face-il aux autres salu;
Car ilz y prennent bonne exemple,
Et de vaine gloire s'en emple.
Mais or laissons de telz Prescheurs            5335
Et parlons de ces entasseurs.
Certes Dieu n'ayment ne ne doubtent
Quant tous deniers en tresor boutent,
Et plus qu'il n'est besoing les gardent :
Quant les povres dehors regardent              5340
De froit trembler, de faim périr,
Dieu si leur sçaura bien merir.
Trois grands mescheances adviennent
A ceulx qui telz vies maintiennent,
Par grant travail quierent richesses,          5345
Paour les tient en grant destresses,
Et tousjours du garder ne cessent,
En la fin à douleur les laissent;
A tel torment vivront & vivent
Ceulx qui les grans richesses suyvent;         5350
Ne ce n'est fors pas le dessault

D'amours, qui par le monde fault;
Car ceulx qui richesses amassent
S'on les aymast & ils aymassent,
Et bonne amour par tout regnast,  5355
Que maulvaistié ne les cernast;
Mais plus donnast cil qui plus eust
A ceulx que besongneux il sceust,
Ou prestast non pas à usure,
Mais par charité nette & pure,  5360
Par quoy ceulx à bien entendissent,
Et d'Oyseuse se deffendisse,
En ce monde nul povre n'eust,
Ne nul avoir il n'y en peust:
Mais tant est le monde endables,  5365
Qu'amours y sont faictes vendables,
Nul n'ayme fors pour son preu faire,
Pour dons ou pour service attraire,
Mesmes femmes se veullent vendre,
Mau chief peut telle vente prendre.  5370
 Ainsi Barat a tout honny,
Par qui le bien jadis uny,
Estoit aux gens appropriés,
Tant sont d'avarice lyés,
Qu'ilz ont leur naturel Franchise  5375
A vile servitude mise;
Car tous sont serfz à leurs deniers,
Qu'ils tiennent clos en leurs greniers:
Tiennent, mais certes sont tenus,
Quant à tel meschief sont venus,  5380
De leur avoir ont fait leur maistre,
Le chétif Botterel terrestre.

## DE LA ROSE. 183

L'avoir n'est fait que pour despendre,
Ce ne sçaivent-ilz pas entendre;
Mais veulent tous à ce respondre, 5385
Que l'avoir n'est que pour rescondre.
N'est pas vray, mais cacher le seulent,
N'en despendre, ne donner veullent;
Mais s'on les avoit tous pendus,
Leurs avoirs seroient despendus; 5390
Car à la fin quant mors seront,
A qui que soit le laisseront,
Qui lyéement le despendra,
Ne jà nul preu ne leur rendra,
Et si ne sont pas seurs encores, 5395
Si le garderont jusques ores;
Car tel y pourroit mettre main,
Qui tout emporteroit demain.
 Aux Richesses font grans laidures,
Quant ilz leur ostent leurs natures, 5400
Leur nature est qu'ilz doyvent courre,
Pour les gens aider & secourre,
Sans estre à usures prestées,
A ce les a Dieu aprestées,
Si les ont en prison repostes; 5405
Mais les richesses de telz hostes,
Qui mieulx selon leurs destinées
Deussent estre après eulx trainées,
S'en vengent honnorablement;
Car après eulx honteusement 5410
Les trainent, deboutent & hercent,
De trois glaives les cueurs leur percent.
Le premier est travail d'acquerre,

Le second qui le cueur leur serre ;
Si est qu'aucun, si ne leur emble, 5415
Quant ilz les ont mises ensemble,
Dont s'esbahyssent sans cesser,
Le tiers est douleur du laisser,
Comme je t'ay dit cy-devant,
Malement s'en vont decevant, 5420
 Ainsi Pecune se revanche,
Comme Dame très-noble & franche
Des serfz qui la tiennent enclose,
En paix se tient & se repose,
Et fait les malheureux veiller, 5425
Et soucier & travailler ;
Soubz pied si court les tient & dompte,
Quelle a honneur, & eulx la honte
Et le tourment & le dommaige
Qui en angoissent leur couraige, 5430
Preu n'est pas de faire tel garde,
Au moins à celluy qui la garde ;
Mais sans faille elle demourra,
A qui que soit quant il mourra,
Qui ne l'osoit pas assaillir, 5435
Ne faire courre ne saillir.
 Mais les vaillans hommes l'assaillent,
Et la chevauchent & poursaillent,
Et tant à esperons la batent,
Qu'ilz s'en déduysent & esbatent 5440
Par le cueur qu'ils ont large & ample.
A Dedalus prennent exemple,
Qui fist esles à Ycarus,
Quant par art & non pas par us.

Tindrent par mer voye commune ; 5445
Tout ainsi font ceulx à Pecune,
Qui luy sont esles pour voler.
Avant se lairroient affoler
Qu'ilz n'en eussent & loz & pris ;
Ne veullent pas estre repris 5450
De la grant ardeur & du vice
A la convoitise avarice ;
Ains en font les grans courtoisies,
Dont leurs prouesses sont prisies
Et celebrées par le monde, 5455
Et leur vertu en surhabonde,
Que Dieu a pour mieulx aggreable
Pour leur cueur large & honnorable ;
Car toute avarice si put
Au Dieu qui de ses biens reput, 5460
Le monde quant il eut forgé,
Ce ne t'a nul apris fors-je,
Tant luy est largesse puissant,
La Courtoise la bien faisant ;
Dieu hait avers les villenastres 5465
Et les tient tous pour ydolastres :
Les chetifz folz desmesurez
Paoureux, couars & malheurez,
Si cuident & pour tout vray dient,
Qu'ilz aux Richesses ne se lient, 5470
Fors que pour estre en grant seurté,
Aussi pour vivre en bieneurté.
Ha doulces Richesses mortelles
Dictes, dont saillites vous telles,
Que vous faciés bieneurées, 5475

Les gens qui vous ont emmurées;
Car tant plus vous assembleront,
Et plus de grant paour trembleront;
Et comment seroit en bonheur
Homme qui n'est en estat seur; 5480
Bieneureté donc luy fauldroit,
Puis que seurté luy deffauldroit.

 Mais aucun qui ce m'orroit dire,
Pour mon dit du tout contredire,
Des trois me pourroit opposer, 5485
Qui pour leur noblesse aloser,
Comme le menu peuple cude,
Fierement mettent leur estude,
A faire entour eulx armer gens,
Cinq cens ou cinq mille Sergens : 5490
Et dit l'en tout communéement,
Qu'il leur vient de grant hardement;
Mais Dieu sçait bien tout le contraire,
Car c'est Paour qui leur fait faire,
Qui tousjours les tormente & griefve : 5495
Mieulx pourroit ung Ribault de Greve,
Seulet & seur par tout aller,
Et devant les Larrons baller,
Sans doubter eulx & leur affaire,
Que le Roy a sa penne vaire, 5500
Et portast avec luy grant masse
Du tresor que si grand amasse,
D'or & de précieuses pierres,
Sa part en prendroit chascun lierres,
Ce qu'il porteroit luy touldroient, 5505
Et encor tuer le vouldroient.

## DE LA ROSE. 187

Si seroit-il ce croy tué,
Ains que d'illec fust remué ;
Car les Larrons si doubteroient,
Se vif eschapper le laissoient, 5510
Qu'il ne les fist ou que soit prendre,
Et par force les mener pendre ;
Par sa force, mais par ses hommes ;
Car sa force ne vault deux pommes,
Contre la force d'ung Ribault, 5515
Qui s'en yroit au cueur si bault :
Par ses hommes, par foy je ment,
Ou je ne dis pas proprement.
Vrayement siens ne sont-ilz mye ?
Tant ait-il sur eulx Seigneurie ; 5520
Seigneurie non, mais servise
Qui les doit garder en Franchise ;
Ains est leur, car quant ilz vouldroient,
Leurs aides au Roy si fauldroient,
Et le Roy tout seul demourroit 5525
Si tost que le peuple vouldroit ;
Car leur bonté ne leur proesse
Leur corps, leur force, leur sagesse
Ne sont pas siennes, riens n'y a ;
Nature bien les luy nya : 5530
Ne fortune ne peut pas faire,
Tant soit aux hommes debonnaire,
Que nulles des choses leurs soyent,
Comment que conquises les ayent,
Dont nature les fait estranges. 5535

#### L'Amant.

Ha! Dame, pour le Roy des Anges,
Aprenez-moy donc toutesvoyes
Quels choses peuvent estre moyes ;
Et se du mien puis propre avoir,
Cecy vueil bien de vous sçavoir. 5540

#### Raison.

Oüy, se respondit Raison ;
Mais n'entens-pas champ, ne maison ;
Ne robes, ne tels garnemens,
Ne nulz terriens tenemens,
Ne meuble de quelque maniere. 5545
Trop as meilleur chose & plus chiere,
Tous les biens que dedans toy sens,
Dont tu es certain congnoissans,
Qui te demeurent sans cesser ;
Si que ne te puissent laisser, 5550
Pour faire à autre itel servise ;
Ces biens sont tiens en droicte guyse,
Aux autres biens qui sont Forains,
N'as-tu pas vaillant deux Lorains.
Ne toy, ne nul homme qui vive, 5555
N'y avez vaillant une cive ;
Car sçachiés que toutes vos choses
Sont dedans vous-mêmes encloses,
Tous autres biens sont de fortune,
Qui les esparpille & adune, 5560
Et toult & donne à son vouloir,
Dont les folz font rire & douloir ;

Mais riens que Fortune feroit,
Nul fage homme ne priferoit,
Ne feroit joyeux, ne doulent, 5565
Le tour de fa roë volent;
Car tous fes faitz font trop doubtables,
Pource qu'ilz ne font pas eftables,
Pource n'eft bonne l'Amour d'elle,
N'onc à Preud'homme ne fut belle. 5570
Nul n'eft pas droit qu'elle embelliffe,
Quant pour fi pou chiet en eclipfe;
Et pour ce vueil que tu le faiches,
Pour que ton cueur point n'y ataiche,
Si n'en es-tu pas entachié; 5575
Mais ce te feroit grant pechié,
Se ça avant t'en entachoyes,
Et fe vers les gens tant pechoyes,
Que pour leur amy te clamaffes,
Et leur avoir fans plus aimaffes, 5580
Ou le bien qui d'eulx te viendroit,
Nul preud'homs à bien ne tiendroit
Cefte amour que je t'ay cy dicte:
Fuy-là comme vile & defpite,
Et d'aymer par amours recroy, 5585
Et foyes fages & me croy;
Mais d'une chofe te voy nice
Quant tu m'as mis en ta malice,
Pource que hayne te commant,
Or dy quant, en quel lieu, comment. 5590

## L'Amant.

Vous ne finaftes huy de dire

Que je doy mon Seigneur defdire,
Pour ne fçay quelle amour faulvage
Que chercheroit jufque en Cartage,
Et d'Orient en Occidens, 5595
Et vefquift tant que tous fes dens
Luy fuffent tumbées par vieilleffe,
Et couruft toufiours fans pareffe
Les poings noez à fa ceinture
Tant que ceftuy monde cy dure, 5600
Faifant fa vifitation
Par Midy, par Septentrion,
Tant qu'il euft tout bien à plain veu
N'auroit-il mye bien congneu
L'Amour dont cy parlé avez, 5605
Bien en fut le monde lavez,
Dès-lors que les Dieux s'enfouyrent
Quant les Geans les affaillirent,
Et droitz, & chaftetez & foys
S'enfuyrent à cefte foys. 5610
Celle Amour fut fi efperduë,
Qu'elle s'enfuyt, fi eft perduë,
Et Juftice la plus pefante,
Et fut la derniere fuyante :
Si laifferent eulx tous les terres, 5615
Car ne peurent fouffrir les guerres;
Au Ciel firent leur habitacle,
N'onc puis, fe ne fuft par miracle,
N'oferent ça jus devaler :
Barat les en fift tous aller, 5620
Qui tient en terre l'heritage
Par fa force & par fon oultrage.

## DE LA ROSE.

Mesmes Tulles, qui mist grant cure
A chercher secret d'escripture,
Ne peut tant son engin debatre,    5625
Qu'en plus de trois paires ou de quatre
De tous les siecles trespassez,
Puis que monde fut compassez,
Que fines amours ne trouvast :
Je croy que mains en esprouvast    5630
De ceulx qui en son temps vivoient,
Qui ses amys de bouche estoient,
N'encores n'ay-je en nul lieu leu
Qu'il en aye nulles tel eu ;
Et fusses plus sage que Tulles,    5635
Bien seroye fol & entules
Se telles amours vouloye querre,
Puisqu'on en a nulles en terre :
Telle amour donc ou la querroye,
Quant cy bas ne la trouveroye ?    5640
Puis-je voler avec les gruës,
Voire saillir dessus les nuës
Comme le sage Socratés,
N'en quier ouyr parler jamais :
Ne suis pas de si fol espoir,      5645
Les Dieux cuideroient espoir
Que j'assaillisse Paradis,
Com firent les Geans jadis ;
Bien pourroye estre fouldryez,
Ne sçay pas se le vouldriez,       5650
Si n'en dois-je pas estre en doubte.

### Raison.

Beaulx amys, pour Dieu, or escoute:
Se ceste amour ne peuz attaindre,
Aussi-bien peut tout ce remaindre,
Par ton deffault que par l'autruy, 5655
Je t'enseigneray bien d'autre huy,
D'autres & non pas de ce mesmes,
Dont chascun peut bien estre à mesmes;
Mais qu'il prenne l'entendement
D'amours ung pou plus largement, 5660
Qu'il ayme en generalité
Et laisse specialité,
Ne face ja communion,
De grant participacion.
Tu peuz aimer generalment 5665
Tous ceulx du monde loyaulment;
Ayme-les tous autant comme ung,
Au moins de l'Amour du commun;
Garde que tel envers tous soyes
Com tous envers toy les vouldroyes; 5670
Ne fay à nul, ni ne pourchasse,
Fors ce que tu veulx qu'on te face;
Et se ainsi vouloyes aymer,
On te devroit quitte clamer;
Ceste Amour es tenu à suyvre, 5675
Sans ceste-cy ne doit nul vivre.

Et pource que ceste Amour laissent
Ceulx qui de mal faire s'engressent,
Sont en terre establis les Juges,
Pour estre deffenses & refuges, 5680

A ceulx que monde forfait,
Pour faire amender le meffait,
Et ceulx punyr & chaftier,
Qui pour ceft Amour regnyer.
Les gens meurtriffent & affolent, 5685
Et leurs biens raviffent & tolent,
Ou blafment par deftraction,
Ou par faulfe accufation,
Ou par autres mefadvantures,
Soient appertes ou obfcures, 5690
Si convient que l'en les juftice.

### L'Amant.

Ha! Dame, pour Dieu de juftice,
Dont jadis fut fi grant renom,
Tandis que parole en tenon,
Et d'enfeigner moy vous penez, 5695
S'il vous plaift ung mot m'aprenez.

### Raifon.

Dy quel?

### L'Amant.

     Voulentiers, je demant
Que me faciés ung Jugement
D'amour & de juftice enfemble,
Lequel vault mieulx comme vous femble. 5700

### Raifon.

De quelle Amour dis-tu?

### L'Amant.

De ceste
Où vous voulez que je me mette;
Car celle qui c'est en moy mise,
Ne bée-je pas à mettre en mise.

### Raison.

Certes fol bien le fais à croire; 5705
Mais se tu quiers Sentence voire,
La bonne Amour vault mieulx.

### L'Amant.

Prouvez.

### Raison.

Très-voulentiers, quant vous trouvez
Deux choses qui sont convenables,
Necessaires & prouffitables, 5710
Celle qui plus est necessaire
Vault mieulx.

### L'Amant.

Dame, c'est chose voyre.

### Raison.

Or te prens bien cy doncques garde,
La nature des Dieux regarde;
Ces deux choses où qu'ilz habitent, 5715
Sont necessaires & prouffitent.

### L'Amant.

Vray est.

### Raison.

Doncques accorde à tant,
Que mieulx vault la plus prouffitant.

### L'Amant.

Dame, bien m'y puis accorder,

### Raison.

Ne t'en vueil donc plus recorder; 5720
Mais plus tient grant nécessité,
Amours qui vient de charité,
Que justice ne fait d'assez,

### L'Amant.

Prouvez Dame ains qu'oultre passez.

### Raison.

Voulentiers bien te dy sans faindre, 5725
Que plus est nécessaire à craindre
Le bien qui par soy peut suffire ;
Par quoy fait trop mieulx à eslire,
Que cil qui a besoing d'aye,
Ce ne contrediras-tu mye. 5730

### L'Amant.

Dame faictes-le moy entendre,
Sçavoir s'il y a que reprendre ;
Ung exemple ouyr en vouldroye,

Sçavoir s'accorder m'y pourroye.

### Raison.

Certes quant d'exemple me charges, 5735
Et de prouver, ce font grans charges,
Toutesfois exemple en auras,
Puifque par ce mieulx le fçauras :
S'aucun peut bien une nef traire
Sans avoir d'autre aide affaire, 5740
Qui ja par toy bien ne trairoyes,
Trait-il mieulx que tu ne feroyes.

### L'Amant.

Certes, ouy Dame, au moins au chable.

### Raison.

Or prens donc icy ton femblable,
Se Juftice eft toufiours gyfant, 5745
Si feroit amours fuffifant
A mener belle vie & bonne
Sans jufticier nulle perfonne;
Mais fans amours juftice, non.

### L'Amant.

Prouvez-moy donc cefte raifon ? 5750

### Raison.

Je le feray moult voulentiers,
Or te tays donc endementiers :
Juftice qui jadis regnoit,
Et Saturne regne tenoit,

Qui

Qui Jupiter couppa les couilles 5755
Son filz, com se fussent endouilles;
Moult eut le cueur dur & amer,
Puis les jetta dedans la mer,
Dont Venus la Déesse issy,
Car le Livre le dit ainsi; 5760
Se sur terre estoit revenuë,
Et fut aussi très-bien tenuë.
Aujourd'huy comme elle fut lors,
Si seroit-il mestier encors,
Aux gens entre eulx qu'ils s'entramassent, 5765
Combien que justice gardassent;
Car puis qu'Amours s'en vouldroit fuire,
Justice en vouldroit trop destruire;
Mais se tres-tous bien s'entramoient,
Jamais ne s'entremesseroient; 5770
Et puis que m'effait s'en yroit,
Justice de quoy serviroit.

### L'Amant.

Dame, je ne sçay pas de quoy.

### Raison.

Bien t'en croy; se paisible & coy
Tous ceulx de ce monde vivoient, 5775
Jamais Roy ne Prince n'auroient,
Ne seroit Bailly, ne Prevost,
Tant vivroit le Peuple Dévost.
Jamais Juge n'orroit clamour:
Dont, dis-je, que mieulx vault Amour, 5780
Simplement que ne fait justice,

Tant aille-elle contre malice,
Qui fut mere des Seigneuries,
Dont les Franchises sont péries ;
Car se ne fust mal & péchié,  5785
Dont tout le monde est entechié,
On n'eust oncques aucun Roy veu,
Ne nul Juge en terre congneu.
Si mesprennent-ilz malement ;
Car ilz deussent premierement,  5790
En eulx-mesmes justicier,
Puisque on se veult en eulx fier,
Et loyaulx estre & diligens,
Non pas lasches & négligens,
Ne couvoiteux, faulx & faintiz  5795
Pour faire droicture aux plaintiz ;
Mais or vendent les Jugemens,
Et bestournent les erremens.
Ilz taillent & coupent & rayent,
Et les povres gens tres-tous payent ;  5800
Tous s'efforcent de l'autruy prendre,
Ce Juge fait les Larrons pendre,
Qui de droit deust estre pendu ;
Se Jugement luy fut rendu,
Des rapines & des tors fais,  5805
Qu'il a par son povoir forfais.
Et Dieu en qui tout bien habonde,
Sçait que mains y a en ce monde,
Qui ont bien desservy la mort,
Du Gybet qui ne leur fait tort.  5810

## DE LA ROSE.

*Comment Virginius plaida*
*Devant Apius qui jugea*
*Que sa fille à tout bien taillée,*
*Fut tost à Claudius baillée.*

NE fist bien Apius apprendre, 5815
  Qui fist à son Sergent emprendre,
Qui Claudius estoit nommé,
Et de mal faire renommé,
Par faulx resmoings, faulse querelle,
Contre Virgine la Pucelle, 5820
Qui fut fille Virginius ;
Tout ce dit Titus Livius,
Qui bien sçait leur cas racompter,
Pource qu'il ne povoit dompter
La Pucelle qui n'avoit cure, 5825
Ne de luy, ne de sa luxure ;
Le Ribault dist en Audience,
Sire Juge, donnez Sentence
Pour moy, car la Pucelle est moye,
Pour ma serve la prouveroye, 5830
Contre tous ceulx qui sont en vie ;
Car ou qu'elle ait esté nourrye,
De mon Hostel me fut emblée,
Par rap dès-lors qu'elle fut née,
Et baillée à Virginius ; 5835
Si vous requiers, Sire Apius,
Que vous me délivrez ma serve ;
Car il est droit qu'elle me serve,
Non pas celle qui l'a nourrye,

Et se Virginius le nye ; 5840
Tout ce suis-je prest de prouver,
Car bons tesmoings en puis trouver.
 Ainsi parloit le mal traistre,
Qui du faulx Juge estoit Ministre,
Comme le plait ainsi allast, 5845
Ains que Virginius parlast,
Qui estoit tout prest de respondre
Pour ses adversaires confondre,
Jugea par hastive Sentence,
Apius que sans difference, 5850
Fust la Pucelle au Serf renduë ;
Et quant la chose a entenduë,
Le bon Preud'homs devant nommé
Bon Chevalier bien renommé ;
C'est assavoir Virginius, 5855
Qui bien voit que vers Apius,
Ne peut pas sa fille deffendre ;
Ains la convient par force rendre,
Et son corps livrer à hontage ;
Si changea Honte pour dommage, 5860
Par merveilleux apensement,
Se Titus-Livius ne ment.

*Comment après le Jugement*
*Virginius hastivement,*
*A sa fille le chief couppa,* 5865
*Dont de la mort point n'escheppa;*
*Et mieulx ainsi le voulut faire*
*Que la livrer à pute affaire,*
*Puis le Chief presenta au Juge,*
*Qui en encheut en grant déluge.* 5870

CAr par amour & sans haïne,
A sa belle fille Virgine,
Tantost a la teste coupée,
Et puis au Juge presentée,
Devant tous en plain Consistoire, 5875
Et le Juge selon l'hystoire,
Le commanda tantost à prendre,
Pour le mener noyer ou pendre ;
Mais ne l'occist ne ne pendit,
Car le Peuple le deffendit. 5880
Qui fut de moult grant pitié meu,
Si tost comme le fait fut sceu,
Puis fut pour ceste mesprison,
Apius mis en la Prison,
Et s'occist là hastivement, 5885
Ains le jour de son Jugement ;
Et Claudius traistre & faulx,
En souffrist mort par ses deffaulx,
Se de ce ne l'eust repité
Virginius par sa pitié, 5890
Qui tant voult le Peuple prier,
Qu'en exil le fist envoyer,

K 3

Et tous ceulx condemnez moururent,
Qui tesmoingz de la Cause furent.
Briefment Juges font trop d'oultrages, 5895
Lucan ce dit, qui fut moult sages,
Qu'oncques vertu & grant povoir,
Ne peult unis ensemble veoir;
Et sachent que s'ilz ne s'amendent,
Et ce qu'ils ont mal prins ne rendent. 5900
Le puissant Juge pardurable,
En Enfer avecques le Diable,
Leur en mettra ès colz les latz ;
Je n'en mets hors Roys, ne Prélatz,
Ne Juge ne quelconque guise, 5905
Soit Séculier, ou soit d'Eglise ;
Car les honneurs n'ont pour ce faire,
Sans loyer doivent à chief traire
Les querelles qu'on leur aporte,
Et aux plaintifz ouvrir la porte, 5910
Et oyr en propres personnes
Les querelles faulses ou bonnes.
Ils n'ont pas honneurs pour néant,
Ne s'en aillent jà gorgoyant ;
Car tous sont serfz au menu peuple, 5915
Qui le Pays accroist & peuple,
Et luy font sermens & luy jurent
De faire droit tant comme ilz durent,
Par eulx doivent-ils en paix vivre,
Et tous les malfaicteurs poursuivre, 5920
Et de leurs mains les Larrons pendre,
S'il n'estoit qui voulsist emprendre,
Pour telz personnes tel Office,

Puisqu'ilz doivent faire Justice ;
Là doivent mettre leurs ententes, 5925
Pour ce leur baille l'en les rentes ;
Ainsi au peuple le promidrent,
Ceulx qui premiers les honneurs prindrent.
Or t'ay si bien l'as entendu,
Ce que tu m'as requis rendu, 5930
Et les raisons as-tu veuës,
Qui bien me semblent à ce meuës.
### L'Amant.
Dame certes bien me contente
De vostre Sentence apparente,
Comme cil qui vous en mercy ; 5935
Mais nommer vous ay oy icy,
Comme me semble une parole
Si très-meschante & si très-fole ;
Que qui vouldroit ce croy muser,
A vous emprendre à excuser, 5940
On n'y pourroit trouver deffenses.
### Raison.
Je congnois bien à quoy tu penses,
Une autrefois quant tu vouldras,
Disputation en orras,
S'il te plaist à ramentevoir. 5945
### L'Amant.
Dont le ramentevray-je voir,
Comme bien remembranr & vistes,
Par tel mot comme vous le dictes,
Si m'a mon maistre deffendu ;
Car je l'ay moult bien entendu, 5950

Que jà mot n'yſſe de ma bouche,
Qui de ribauldie s'aprouche ;
Mais puiſque je n'en ſuis faiſeur,
J'en puis bien eſtre reciteur :
Si nommeray le mot tout oultre,　　5955
Bien fait qui ſa folie monſtre
A celluy qu'on voit foloier,
De tant vous puis or chaſtoier ;
Si apparcevrez voſtre oultraige,
Qui vous faignés eſtre ſi ſaige.　　5960

### Raiſon.

Ce vueil-je bien, diſt-elle, entendre ;
Mais auſſi me convient deffendre.
Quant tu de hayne cy m'oppoſes,
Merveilles eſt que dire l'oſes ;
Sçez-tu pas qu'il ne s'enſuit mye,　　5965
Se laiſſer veulz une folie,
Que faire d'oye autelle ou graindre,
Ne pour ce ſe je vueil eſtaindre,
La fole amour que tu bées,
Ne commande-je que tu hées.　　5970
Ne te ſouvient-il pas d'Oraces,
Qui tant eut d'amour & de graces ?
Oraces dit, qui ne fut nices,
Quant les folz eſchivent les vices ;
Ilz ſe tournent à leur contraire,　　5975
Si n'en vault pas mieulx leur affaire.
Amour ne vueil-je pas deffendre
Que l'en n'y puiſſe bien entendre,
Fors que celle qui les gens bleſſe,

Pour tant se je deffens yvresse ;　　5980
Ne vueil-je deffendre de boire :
Ce ne vauldroit pas une poire,
La fole largesse devée
Me tiendroit bien pour enragée,
Se je commandoye avarice ;　　5985
Car l'une & l'autre si est vice :
Je ne fais pas tels argumens.

### L'Amant.

Si faictes voir.

### Raison.

Certes tu mens,
Ja ne te quier de ce flater ;
Tu n'as pas bien pour moy mater,　　5990
Cerchés les Livres anciens,
Tu n'es pas bon Logiciens.
Je ne lis pas d'Amours ainsi,
Oncques de ma bouche n'issy,
Que nulle riens d'oyons hayr,　　5995
On y peult bien moyen choisir :
C'est l'amour que j'ay chiere & prise,
Que je t'ay pour aymer aprise.
　Autre Amour naturelle y a,
Que nature ès Bestes créa,　　6000
Parquoy de leurs faons chevissent,
Et les alaictent & nourrissent,
De l'Amour dont je tiens cy compte ;
Se tu veulx que te racompte,
Quel est le deffinissement,　　6005
C'est naturel inclinement,

De vouloir garder son semblable,
Par intencion convenable,
Soit par la voye d'engendrure,
Ou par cure de nourriture.                        6010
A ceste amour sont prestz & prestes,
Ainsi les hommes que les bestes.
Ceste amour combien que proffite,
N'aloz, ne blasme, ne merite ;
Ne sont à blasmer ne loer,                        6015
Nature les y fait voer,
Force leur fait c'est chose voire,
Ne n'a sur eulx vice victoire ;
Mais se ainsi ne le faisoient,
Blasme recevoir en devroient :                    6020
Ainsi quant un homme menguë,
Quelle louenge lui est deuë ?
Mais, il fournissoit le mangier,
L'en le devroit bien le dangier.
Je sçay bien que tu n'entens pas                  6025
A ceste amour par nul compas,
Moult as empris plus fole emprise,
De l'amour que tu as emprise ;
Si l'a te vaulsist mieulx laisser,
Qu'en elle ton bien abaisser.                     6030
 Nonobstant si ne vueil-je mie,
Que tu demeures sans amye ;
Et s'il te plaist à moy entendre,
Ne suis-je belle Dame & tendre,
Digne de servir ung Preud'homme,                  6035
Et fust-il Empereur de Romme ;
Si vueil t'amye devenir,

## DE LA ROSE.

Et se te veulx à moy tenir,
Scez-tu que m'amour te vauldra,
Tant que jamais ne te fauldra, 6040
Nulle chose qui te convienne,
Pour mescheance qu'il t'avienne;
Lors deviendras si grant Seigneur,
Onc n'ois parler de greigneur.
Je feray ce que tu vouldras, 6045
Jà si hault vouloir ne pourras;
Mais que sans plus faces mes œuvres,
Jà ne convient qu'autrement œuvres,
Et auras aussi davantage,
Amye de si hault parage, 6050
Qu'il n'est nulle qui s'y compere.
Fille de Dieu souverain pere,
Qu'il telle me fist & forma,
Regarde quel forme cy a,
Et te mire en mon cler visaige, 6055
N'oncques pucelle de paraige
N'eust d'aymer, tel abandon que j'ay;
Car j'ay de mon pere congeay,
De faire amy & d'estre amée,
Jà n'en seray de luy blasmée, 6060
Ne de blasme n'auras-tu garde;
Ains t'aura mon pere en sa garde,
Et nourrira nous deux ensemble,
Dis-je bien, respons, que te semble?
Le Dieu qui te fait foloyer, 6065
Sçet-il ses gens si bien payer?
Leur appareille-il si bon gaiges
Aux solz dont il prent les hommaiges?

K 6

Pour Dieu gard que ne me refuses, 
Trop sont dolentes & confuses,                 6070
Pucelles qui sont refusées,
Quant de prier ne sont usées ;
Si comme toy-mesmes l'epreuves,
Par Echo sans querre autre preuves.

### L'Amant.

Or me dictes doncques ainçois,                 6075
Non en Latin, mais en François,
De quoy voulez que je vous serve.

### Raison.

Seuffre que je soye ta serve,
Et toy le mien loyal amys,
Le Dieu l'airas qu'ainsi t'a mis,              6080
Et ne priseras une prune,
Toute la roë de fortune.
A Socrates seras semblable,
Qui tant fut ferme & estable ;
Joye n'eust en prosperitez,                    6085
Ne tristesse en adversitez ;
Tout mettoit en une balance,
Bonne advanture & meschaance
Et les faisoit égal peser,
Sans esjouyr & sans peser ;                    6090
Car de chose quelle quel fust,
N'avoit joye ne s'en douluft.
Celluy fut bien le dit Solin,
Qui par le respons Apolin,
Fut jugé de tous le plus saige ;               6095

Ce fut cil à qui le visaige,
De tout ce qui luy advenoit,
Tousjours en ung point se tenoit.
N'onc eulx mué ne le trouverent,
Qui par essoigne le tuerent, 6100
Pour ce que plusieurs Dieux nyoit,
Et en ung seul Dieu se fioit ;
Et si preschoit qu'ils se gardassent,
Que par plusieurs Dieux ne jurassent.
 Eraclitus, Dyogenes 6105
Furent de purs cueurs & si nés,
Que pour povreté ne destresse,
Ne furent oncques en tristesse :
Fermes en ung propos se tindrent
Tous les meschiefz qui leur advindrent, 6110
Soustindrent très-paciemment,
Sans eulx couroucer nullement ;
Ainsi feras-tu seulement,
Ne me sers jamais autrement.
Gard que fortune ne t'abbate, 6115
Combien que te tormente & bate ;
Celluy n'est bon luiteur ne fort,
Quant fortune fait son effort,
Et le veult desconfire ou batre,
Qui ne sçet à elle combatre ; 6120
L'en ne s'y doit pas laisser prendre,
Mais vigoreusement deffendre.
Si sçet-elle peu de la luitte ;
Car chascun qui contre elle luitte,
Soit en paillier, soit en fumier, 6125
La peult abatre au tour premier.

N'est pas hardy qui riens la doubte ;
Car qui sçauroit sa force toute,
Et qui se congnoistroit sans doubte,
Nul qui de gré jus ne se boute, 6130
Ne peut à son jambet cheoir,
Si est-il grande honte à veoir.
Homme qui bien se peult deffendre,
Quant il se laisse mener pendre :
Tort auroit que l'en orroit plaindre, 6135
Qu'il n'est nulle prouesse graindre.
Garde donc que jà riens ne prise,
Ne ses honneurs, ne son emprise.

*Comment Rayson monstre à l'Amant*
*Fortune la roë tournant,* 6140
*Et luy dit que tout son pouvoir*
*S'il veult ne le fera douloir.*

Laisse-lui sa roë tourner,
Qui tourne sans point séjourner,
Et siet au millieu comme aveugle, 6145
Les ungz de grant richesse aveugle,
Et d'honneurs & de dignitez,
Aux autres donne povretez ;
Et quant luy plaist tout en reporte,
Moult fol est qui s'en desconforte, 6150
Et qui de riens joyeulx en soit,
Puis que deffense y apperçoit,
Car il la peult certainement ;
Mais qu'il le vueille seulement.
D'autre part est-ce chose expresse, 6155

## DE LA ROSE.

Vous faictes Fortune Déesse,
Et jusques au Ciel la levez,
Ce que pas faire ne devez ;
Qu'il n'est mye droit ne raison
Qu'elle ait en Paradis maison, 6160
Elle n'est pas si bien eureuse,
Ains a maison trop périlleuse.

Une roche est en mer seans,
Bien parfonde au millieu de leans,
Qui sur la mer en hault se lance, 6165
Contre qui la mer grouce & tence.
Les flotz la heurtent & debatent,
Qui tousjours à luy se combatent,
Et mainteffois tant y cotissent,
Que toute en mer l'enseveliffent. 6170
Aucuneffois se redespoüille
De l'eaue qui toute la moüille,
Comme le flot arriere se tire,
Dont sault en l'air & si respire ;
Mais elle ne tient nulle forme, 6175
Ainçois se transmuë & difforme,
Et se desguyse & se rechange ;
Tousjours se vest de forme estrange ;
Car quant ainsi appert par air,
Les florettes fait apparoir, 6180
Et comme estoilles flamboyer,
Et les herbettes verdoyer.
Zephirus quant sur mer chevauche ;
Et quant bise ressouffle il fauche,
Les fleurettes & la verdure, 6185
Avec l'espée de froidure ;

Si que la fleur y pert son estre,
Si-tost qu'elle commence à croistre.
La roche porte ung boys doubtable,
Dont les arbres sont merveillable, 6190
L'une est brehaigne & riens ne porte,
Et l'autre en fruyt s'y se déporte,
L'autre de reverdir ne fine,
L'autre est de fueilles orpheline ;
Et quant l'une en sa verdeur dure, 6195
Les plusieurs y sont sans verdure ;
Et quant se prent l'une à florir,
Et plusieurs vont les fleurs morir ;
L'une se haulce & ses voisines
Se tiennent à la terre enclines ; 6200
Et quant bourjons à l'une viennent,
Les autres flaitries se tiennent.
Là sont les genestz grans geans,
Et pins & cedres bien seans ;
Chascun arbre ainsi se difforme, 6205
Et prend l'ung de l'autre l'a forme ;
Là tient la fueille toute flaitre
Le lorier, que vert devroit estre ;
Et seiche redevient l'olive,
Qui deust estre empreignant & vive ; 6210
Les saulx qui brehains estre doyvent,
Y fleurissent & fruyt reçoyvent,
Contre la vigne estrive l'orme,
Et luy toult du raisin la forme.
Le rossignol à tard y chante ; 6215
Mais moult y brait & se guermente,
Le chahuen a sa grant hure,

# DE LA ROSE.

Prophete de male advanture,
Hydeux meſſager de douleur,
En ſa voix, en forme & couleur.  6220
Par-là ſoit Eſté, ſoit yvers,
S'encourent deux fleuves divers,
Sourdans de diverſes fontaines,
Qui viennent de diverſes vaines;
L'ung rend eaues ſi doulcereuſes,  6225
Si ſavoureuſes, ſi myelleuſes,
Qu'il n'eſt nul qui de cil ne boyve,
Voire beaucoup plus qu'il ne doyve,
Qui ſa ſoif en peuſt eſtanchier,
Tant eſt ce boire doulx & chier;  6230
Car ceulx qui plus en vont beuvant,
Ardent plus de ſoif que devant.
Ne nul n'en boit qui ne ſoit yvre;
Mais nul de ſoif ne s'y délivre;
Car la doulceur ſi fort le boulle,  6235
Qu'il n'eſt nul qui tant en engoulle,
Qu'il n'en vueille plus engouller,
Tant les ſçait la doulceur bouller;
Car lécherie ſi les picque,
Qu'ilz en ſont treſtous ydropique.  6240

  Le fleuve court ſi jolyement,
Et maine tel groudelement,
Qu'il réſonne, taboure & tymbre,
Plus ſouef que tabour ne tymbre.
Nil n'eſt nul qui celle part voiſe,  6245
Que tout le cueur ne luy renvoiſe;
Maintz ſont qui d'entrer ens ſe haſtent,
Qui tous à l'entrée s'arreſtent.

N'ilz n'ont povoir d'aller avant,
A peine y vont leurs piedz lavant, 6250
Envys les doulces eaues touchent,
Combien que du fleuve s'approuchent.
Ung bien petit sans plus en boyvent,
Et quant la doulceur apparçoivent;
Voulentiers si parfond yroient, 6255
Que tous dedans se plungeroient.
Les autres passent si avant,
Qu'ilz se vont en plain jour lavant;
Et de l'aise qu'ilz ont se loënt,
Quant ainsi se baignent & noënt; 6260
Puis vient une undette legiere
Qui les jette à la rive arriere,
Et les remet à terre seiche,
Dont tout le cueur leur art & seiche.
 Si te diray de l'autre fleuve, 6265
De quelle maniere on le treuve;
Les eaues en sont ensouffrées,
Tenebreuses, mal savourées,
Comme cheminées fumans,
Toutes de puëur escumans; 6270
Nil ne court mye doulcement,
Ains descend si hydeusement,
Qu'il tempeste l'air en son erre,
Plus que nul horrible tonnerre.
Sur ce fleuve que je ne mente, 6275
Zephirus nulle fois ne vente,
Ne ne luy recrespit ses undes,
Qui moult sont laides & parfondes;
Mais le douloureux vent de bise,

A contre luy bataille emprise ; 6280
Qu'il le contraint ce eſt tout voir,
Toutes ſes undes eſmouvoir,
Et luy fait ſes flotz & ſes plaignes,
Saillir en guiſe de montaignes,
Et les fait entre eulx batailler, 6285
Tant veult le fleuve travailler.
Pluſieurs à la rive demeurent
Qui tant y ſouſpirent & pleurent,
Sans mettre en leurs pleurs fins ne termes,
Qui tous ſe plungent en leurs larmes, 6290
Et ne ſe ceſſent d'eſmayer,
Que leans ne les faille nayer.
Or maint homme en ceſtuy fleuve entre,
Non pas ſeulement juſqu'au ventre;
Ains y ſont tous enſevely, 6295
Tant ſe plungent ès flotz de luy.
Là ſont preſſez & deboutez
Du hydeux fleuve redoubtez;
Maint aſſorbiſt l'eaue & affonde,
Maints ſont hors reboutés par l'onde ; 6300
Et ſes flotz maints en aſſorbiſſent,
Et ſi très-parfond les flatiſſent,
Qu'ils ne ſçavent trace tenir,
Par où s'en puiſſent revenir;
Ains les y convient ſejourner, 6305
Sans jamais amont retourner.
 Le fleuve va tant tournoyant,
Par tant de deſtours deſvoyant,
A tout ſon venin douloureux,
Qu'il chiet au fleuve doulcereux, 6310

Et luy transmuë sa nature,
Par sa pueür & grant froidure,
Et luy départ sa pestilence,
Plaine de male mescheance,
Et le fait estre amer & trouble, 6315
Tant l'envenime & tant le trouble ;
Et luy toult sa trempée valeur,
Par sa desattrempée chaleur ;
Sa bonne oudeur toute luy oste,
Tant rend de pueür à son hoste. 6320
En hault au chief de la montaigne,
Ou pendant non pas en la plaigne,
Menaces sont & tresbuchantes,
Prestes de recevoir meschantes.
Descend la maison de Fortune ; 6325
Si n'est rage devant nesune,
Ne torment que nul puisse offrir,
Qui ne luy conviengne souffrir :
Là reçoit de toutes tempestes,
Et les assaulx & les molestes ; 6330
Zephirus le doulx vent sans per,
Y vient à tard pour attremper,
Des durs vens les assaulx horribles
Par ses souffles doulx & paisibles.
  L'une partie de sa sale, 6335
Va contre mont & l'autre avale ;
Si semble qu'elle doye cheoir,
Tant le peut-on en pendant veoir ?
N'onc si desguisée maison,
Ne veit ce croy oncques-mais hom. 6340
Plus reluyt d'une part que argent,

## DE LA ROSE.

Les murs y font d'or & d'argent,
Si est toute la couverture,
De celle semblance & facture,
Ardant de pierres précieuses, 6345
Moult cleres & moult vertueuses,
Chascun à merveilles la loë.
D'autre part sont les murs de boë,
Qui n'ont pas d'espés plaine paulme,
D'autre part couverte est de chaulme; 6350
D'ung costé se tient Orgueilleuse,
Pour sa grant beaulté merveilleuse ;
D'autre tremble toute effrayée,
Tant se sent & foible & crevée,
Et pourfenduë de crevaces, 6355
En plus de cinq cens mille places;
Puis est chose qui n'est estable,
Comme foloyant & muable,
Ne certaine habitacion,
Fortune a là sa mancion. 6360
  Quant elle veult estre honorée,
Si se trait en la part dorée
De sa maison, & là séjourne;
Lors pare son corps & atourne,
Et lors se vest comme une Royne, 6365
D'une grant robe qui luy traine,
De toutes diverses couleurs,
Dont sent fort souef les oudeurs,
Qui sont ès soyes ou ès laines,
Selon les herbes & les graines, 6370
Et selon autres choses maintes,
Dont les draperies sont taintes,

Dont toutes riches gens se vestent,
Qui pour honneur avoir s'aprestent.
Ainsi Fortune se déguise ; 6375
Mais je dy moy qu'elle ne prise
Trestous ceulx du monde ung festu,
Quant voit son corps ainsi vestu ;
Ains est tant orgueilleuse & fiere,
Qu'il n'est orgueil qui s'y affiere. 6380
Car quant el voit ses grans richesses,
Ses grans honneurs & ses noblesses,
De si grande folie habonde,
Qu'el ne croit pas qu'il soit au monde,
Homme, ne femme qui la vaille, 6385
Comment que la chose après aille.

   Puis va tant roant par sa salle,
Qu'elle entre en la partie male
De sa maison, & là séjourne,
En l'orde partie & se tourne, 6390
Foible décrevée & croulant,
A toute sa roë volant.
Là va tastant & ens se boute ;
Ainsi comme s'el ne veist goute,
Et quant illec se voit cheuë, 6395
Sa chiere & son habit remuë ;
Et tant se desnuë & desrobe,
Qu'elle est orpheline de robe ;
Et semble que riens n'ait vaillant,
Tant luy vont tous biens défaillant. 6400
Et quant el voit la mescheance,
Si quiert honteuse chevissance,
Et s'en va au bordel courir,

Plaine de dueil & de soupir.
Là pleure à larmes espanduës, 6405
Les grans honneurs qu'elle a perduës,
Et les délitz où elle estoit,
Quant des grans robes se vestoit :
Et pource qu'elle est si perverse,
Que les bons en la boë enverse, 6410
Et les deshonore & les griefve,
Et les maulvais en hault eslyeve,
Et leur donne en grant habondance,
Dignité, honneur & puissance ;
Et puis quant lui plaist tout leur emble : 6415
Ne ne sçait qu'elle veult ce semble,
Pource les yeulx bandez luy furent,
Des anciens qui la congneurent.

*Comment le maulvais Empereur*
*Neron par sa grande fureur,* 6420
*Fist devant luy ouvrir sa mere,*
*Et la livrer à mort amere,*
*Pource que veoir lors il vouloit,*
*Le lieu où conceu el l'avoit.*

ET que Fortune ainsi le face, 6425
Que les bons avale & efface,
Et les maulvais en honneur tienne ;
Car je vueil bien qu'il t'en souviegne :
Jaçoit ce que devant dit t'aye,
De Socrates que tant aymoye, 6430
Et le vaillant homs tant m'amoit,
Qu'en tous ses faitz me reclamoit.

Maints exemples en puis trouver,
Et le peut l'en tantost prouver,
Et par Senecque & par Neron,  6435
Dont la parole tost lairron,
Pour la longueur de la matire ;
Car je mettroye trop à dire
Les faitz Neron le cruel homme,
Comment il mist le feu à Romme,  6440
Et fist les Senateurs occire.
Cil eut cueur plus amer que mire,
Quant il fit occire son frere ;
Et si fist démembrer sa mere,
Afin que par luy fust tost veu,  6445
Le lieu auquel il fut conceu.
Et puis qu'il l'a veit démembrée,
Selon l'hystoire remembrée,
La beaulté des membres jugea.
Ha Dieu ! que cy fol jugé a,  6450
N'oncques de l'œil larme n'issy ;
Car l'hystoire le dit ainsi.
Mais ainsi qu'il jugeoit des membres,
Commanda-il que de ses chambres,
Luy fist l'en le vin apporter,  6455
Et beut pour son corps conforter ;
Mais il eut au devant congneuë
Sa propre seur qu'il avoit euë ;
Puis la bailla à ung autre homme,
Ce desloyal que je cy nomme.  6460
 Senecque mist-il à martire
Son bon maistre, & luy fist eslire
De quelle mort mourir vouldroit ;

Cil veit qu'eschapper n'en pourroit,
Tant estoit puissant le mauffez.  6465
Doncques, dist-il, un baing chauffez,
Puis dedans me faictes baigner,
Et après me faictes seigner,
Tant que je meure en l'eaue chaude ;
Et que m'ame joyeuse & baulde,  6470
A Dieu qui la forma je rende,
Qui d'autres tormens la deffende.

*Comment Seneque le preud'homme,*
*Maistre de l'Empereur de Romme,*
*Fut mis en ung baing pour mourir,*  6475
*Neron le fist ainsi périr.*

APrès ce mot sans arrester,
Fist Neron ung baing apprester,
Et fist ens le preud'homme mettre,
Et puis seigner, ce dit la lectre ;  6480
Et tant luy fist de sang espandre,
Qu'il luy convint son ame rendre ;
Ne nulle Achoison n'y sçavoit,
Fors tant que de coustume avoit.
Neron que tousjours dès s'enfance,  6485
Luy souloit porter révérence,
Si comme disciple à son maistre ;
Mais ce ne devoit-il pas estre ?
Ne n'est pas droit en nulle place,
Que révérence à homme face,  6490
Nul depuis qu'il est emperere,
Tant soit son maistre, ne son pere,

*Tome I.*  L

Et pour ce que trop luy grevoit,
Quant encontre luy se levoit,
Et son maistre vèoit venir,                     6495
N'il ne s'en povoit pas tenir,
Qu'il ne luy portast révérence,
Par la force d'acoustumance ;
Ainsi fist mourir le Preud'homme.
Si tint-il l'Empire de Romme                    6500
Ce desloyal que je te dy,
Et d'Orient & de Midy,
D'Occident, de Septentrion,
Tint-il la Jurisdicion ?
  Et se tu me sçes bien entendre,         6505
Par ces paroles peuz aprendre,
Que richesses & révérences,
Dignitez, honneurs & puissances,
Ne nulle grace de Fortune ;
Car je n'en excepte nesune,                     6510
De si grant force pas ne sont,
Qu'ilz facent bon ceulx qui les ont,
Ne dignes d'avoir les richesses,
Ne les honneurs, ne les haultesses,
Mais s'ils ont en eulx les griestez,            6515
Orgueil ou quelques maulvaistiez ;
Le grant estat où ils s'encloent,
Plus tost le monstrent & descloent,
Que se bien petit estat eussent,
Parquoy ainsi nuyre ne peussent ;               6520
Car quant de leur puissance usent,
Le fait les voulentés accusent,
Qui démonstrances font & signes,

Qu'ilz ne font pas ne bons, ne dignes,
Des richeſſes, des dignitez,                6525
Des honneurs & des poëſtez.
Et ſe diſt l'en une parole,
Communément qui eſt moult fole,
Et la tiennent aucuns pour vraye,
Par leur fol ſens qui les deſvoye,          6530
Que les honneurs les meurs remuent :
Mais ceulx maulvaiſement arguent ;
Car honneurs ne ſont pas muance,
Ains ſont ſignes & démonſtrance,
Quelz meurs en eulx devant avoient,         6535
Quant ès petiz eſtas eſtoyent,
Et qu'ilz ont les chemins tenuz,
Par quoy ſont ès honneurs venuz ;
Car ceulx ſont folz & orgueilleux,
Deſpiteux & mal ſemilleux ;                 6540
Puis qu'ilz vont honneurs recevant,
Saichiez telz furent-ilz devant,
Comme tu les peulx après veoir,
S'ilz en euſſent eu le povoir.
Si n'apelle-je pas puiſſance,               6545
Povoir mal, ne deſordonnance ;
Car l'Eſcripture ſi dit bien,
Que toute puiſſance eſt de bien,
Où nul à bien faire ne fault,
Fors par foybleſſe ou par deffault,         6550
Et qui ſeroit bien clervoyant,
Il verroit que mal eſt néant,
Car ainſi le dit l'Eſcripture ;
Et ſe d'auctorité n'as cure ;

Car tu ne veulx pas très-bien croyre    6555
Que toute auctorité soit voyre,
Preste suis que Rayson en ysse ;
Car il n'est riens que Dieu ne puisse.
Mais qui le vray en veult retraire,
Dieu n'a puissance de mal faire ;    6560
Et se tu és bien congnoissant,
Et voys que Dieu est tout puissant,
Ou de mal faire n'a povoir.
Donc peulx-tu très-clerement veoir,
Que qui l'estre des choses nombre,    6565
Mal ne met nulle chose en nombre ;
Mais si comme l'ombre en pose
En l'air obscur n'a nulle chose,
Fors deffaillance de lumiere,
Trestout en autre tel maniere,    6570
En créature ou bien deffault,
Mal n'y met riens fors par deffault
De bonté, car plus n'y peult mectre,
Et dit encores plus la lectre,
Qui des maulvais comprent les sommes,    6575
Que les maulvais ne sont pas hommes,
Et vive rayson y amayne ;
Mais ne vueil pas or mectre paine,
A tout ce que je dy prouver,
Quant en escript le peulx trouver ;    6580
Mais nonobstant s'il ne te griefve,
Bien t'en puis par parole briefve,
Des raysons amener aucune,
C'est qu'ilz laissent la fin commune ;
A quoy tendent & tendre doyvent    6585

Les choses qui estre reçoyvent.
C'est de tous biens le souverain,
Qu'ilz appellent le Primerain :
Autre rayson y a beau mestre,
Pourquoy les maulvais n'ont pas estre, 6590
Qui bien entent la conséquence,
Qu'ilz ne sont pas en Ordonnance,
En quoy tout leur estre mis ont,
Trestoutes les choses qu'ilz sont,
Dont il s'ensuit à cler veant, 6595
Que les maulvais sont pour neant.

 Or vois comme Fortune sert,
C,a jus en ce monde desert ;
Et comme elle fait à despire,
Qui des maulvais eslit le pire, 6700
Et sur tous hommes le fist estre,
De ce monde Seigneur & maistre ;
Et fist Seneque ainsi destruire,
Doncques fait bien sa grace à fuire.
Quant nul tant soit de bien bon eur, 6705
Ne la peult point tenir asseur ;
Pource vueil que tu la desprises,
Et que sa trace riens ne prises.
Claudius mesmes s'en souloit
Merveillier & blasmer vouloit 6710
Les Dieux de ce qu'ilz consentoyent,
Que les maulvais ainsi montoient,
Es grans honneurs & grans haultesses,
Es grans povoirs & ès richesses ;
Mais luy-mesmes à ce respond, 6715
Et la cause nous en espond,

L 3

Comme cil qui de raison use,
Et les Dieux absoult & excuse,
Et dit que pour ce le consentent,
Que plus après les entormentent, 6720
Pour estre plus forment grevés;
Car pour ce sont en hault levés,
Que l'en les puissent après veoir
De plus hault tresbucher & cheoir.

 Et se tu me fais ce servise 6725
Que je te tesmoingne & devise,
Jamais nul jour ne trouveras
Plus riche homme que tu seras,
Ne jamais ne seras iré,
Tant soit ton estat empiré 6730
De corps, ne d'ame, ne d'avoir;
Mais vouldras pacience avoir,
Et tantost avoir le pourras
Quant mon amy estre vouldras;
Et en tristesse ne demeures, 6735
Je vois mainteffois que tu pleures
Comme alambic sur aludel,
L'on te devroit en ung putel
Touiller comme ung grant vieil panufle;
Certes je tiendroye à grant trufle 6740
Qui dirois que tu fusses hom;
Car oncq homme en nulle saison,
Pour qu'il usast d'entendement,
N'aima deuil ne marrissement;
Le vif diable & le mauffé 6745
A ton cueur si fort eschauffé,
Qu'il t'en convient tant larmoyer,

Qui de nulle riens esmayer,
Qui t'avenist, tu ne te deusses
Se point d'entendement tu eusses. 6750
Ce fait le Dieu qui cy t'a mis,
Tes bons maistres & tes amis :
C'est amour qui souffle & atise
La breze qu'il t'a au cueur mise,
Qui fait aux yeulx les larmes rendre, 6755
Chier te veuil sa cointance vendre ;
Mais ce n'appartient pas à homme
Qui sens & proesse renomme ;
Certes malement t'en diffames,
Laisse plourer enfans & femmes, 6760
Bestes foibles & variables,
Et tu soyes fort & estables,
Quant Fortune verras venir,
Veulz-tu sa Rose retenir,
Qui ne peult estre retenuë, 6765
Ne par grant gent, ne par menuë :
Le grant Emperere meïsmes
Neron dont l'exemple prenismes,
Qui fut de tout le monde Sire,
Tant s'estendoit loing son Empire, 6770
Ne la peult oncques arrester,
Tant peust-il honneurs conquester ;
Car il se l'ystoire ne ment,
Receupt puis mort moult laidement,
De tout son peuple fut hays, 6775
Dont il doubtoit estre envays :
Si manda ses privés amis ;
Mais onc les Messagiers transmis

L 4

Ne trouverent pas quoi qu'ils diſſent  
Nulz d'eulx qui les huys leurs ouvriſſent.   6780  
Adonc y vint privéement  
Neron moult paoureuſement,  
Et heurta de ſes propres mains ;  
Mais n'en firent ne plus ne mains ;  
Car quant plus chaſcun appella,   6785  
Chaſcun plus s'encloſt & cela,  
Ne nul ne luy voult mot reſpondre,  
Lors le convint s'aller aſcondre.  

*Comment l'emperiere Neron*  
*Se tua devant deux garçons*   6790  
*En ung jardin, où ſe bouta,*  
*Pour ce que ſon peuple doubta.*  

SI ſe miſt pour ſoy hebergier  
O deux ſiens ſerfz en ung vergier,  
Car jà par tout pluſieurs alloient,   6795  
Qui pour occire le queroient,  
Et crioyent : Neron, Neron,  
Qui le veyt, où le trouveron ?  
Si que luy-meſmes les oyoit ;  
Mais conſeil meſtre n'y pouvoit,   6800  
Et fut ſi forment eſbahy,  
Que luy-meſmes s'en eſt hay,  
Et quant il ſe vit en ce point,  
Qu'il n'euſt mais d'eſperance point,  
Aux ſerfz pria qu'ilz le tuaſſent,   6805  
Ou qu'à ſoy tuer luy aidaſſent :  
Si s'occiſt ; mais ains fiſt requeſte

Que jà nul ne trouva sa teste,
Pour ce que point ne fust congneu,
Se son corps fust en après veu,　　6810
Et pria que son corps ardissent
Si-tost comme ardoir ils le puissent.
Et ce dit le Livre anciens,
Dit des douze Cesariens;
Où sa mort trouvons en escript,　　6815
Comme Suetones l'escript,
Qui la Loy chrestienne appelle
Fausse Religion nouvelle
Et mal-faisant, ainsi la nomme,
C'est ung mot de desloyal homme;　　6820
Car en Neron fut deffinée
Des Cesariens la lignée.
Cil par ses faitz tant pourchassa,
Que tout son lignage effassa.
Nonobstant fut-il coustumiers　　6825
De bien faire ès cinq ans premiers;
N'onc si-bien ne gouverna terre,
Nul Prince qu'on sceust aller querre,
Tant sembloit loyal & piteux
Le desloyal, le despiteux,　　6830
Et dist en Audience à Romme,
Quant il, pour condamner ung homme,
Fut requis de la mort escrire;
Ne n'eust pas honte de ce dire,
Qu'il voulsist mieulx non sçavoir lectre　　6835
Que sa main pour escrire mectre:
Si tint, ce veult le Livre dire,
Encore dix-sept ans l'Empire,

Et trente-deux dura sa vie ;
Mais son orgueil, sa fellonnie 6840
Si forment l'eurent envay,
Que de si hault si bas chey,
Comme tu m'as ouy compter :
Tant le fist Fortune monter,
Quant elle fist aprés descendre, 6845
Comme tu as si peu entendre.

 Onc ne la peut tenir Cresus,
Que ne le trouva jus & sus,
Qui estoit Roy de toute Lyde,
Puis luy mist-on au col la bride, 6850
Et fut pour ardre au feu livré,
Quant par pluye fut délivré,
Qui le grand feu fist tost estaindre,
N'oncques nul n'osa là remaindre :
Tous s'enfouyrent pour la pluye ; 6855
Cresus se mist tantost en fuye,
Quant il se veyt seul en la place
Sans encombrement & sans chasse ;
Puis fut-il Seigneur de sa terre,
Et puis revint nouvelle guerre ; 6860
Puis fut-il prins, & puis pendu,
Quant le songe luy fut rendu
De deux Dieux qui luy apparoyent.
Qui sur l'arbre hault le servoyent.
Jupiter ce dit le lavoit 6865
Et Phebus la touaille avoit,
Qui se penoit de l'essuyer ;
Mal se voult au songe appuyer,
Dont si grant fiance accueilly,

Que comme fol s'enorgueilly : 6870
Bien, luy dit Phanye sa fille,
Qui tant estoit saige & subtille,
Qui bien sçavoit songes espondre,
Et sans flater luy voult respondre.

*Comment Phanye dist au Roy* 6875
*Son pere, que par son desroy*
*Il seroit au gibet pendu,*
*Et là par son songe entendu.*

BEau-pere, dist la Damoiselle,
Cy a douloureuse nouvelle ; 6880
Vostre orgueil ne vault une coque,
Sçachiez que Fortune vous mocque,
Par ce songe povez entendre
Qu'ils vous veulent au gibet pendre ;
Et quant serez pendu au vent, 6885
Sans couverture & sans auvent,
Sur vous plouvera, Sire Roys,
Et le bel soleil de ses roys
Vous essuyera corps & face.
Fortune à ceste fin vous chasse, 6890
Qui toult & donne les honneurs,
Et fait souvent des Grans mineurs,
Et des mineurs refait greigneurs,
Et seigneurir sur les Seigneurs.
Que vous en iroye-je flatant ? 6895
Fortune au gibet vous attend,
Et quant au gibet vous tiendra
La hart au col ; si reprendra

L 6

La belle couronne dorée,
Dont voſtre teſte eſt couronnée ; 6900
Ung autre en ſera couronnez,
De qui garde ne vous prenez :
Et affin que je vous eſpoigne
Plus appertement la beſoigne ;
Jupiter qui l'eaue vous donne, 6905
C'eſt l'air qui pleut & vente & tonne ;
Et Phebus qui tient la touaille,
C'eſt le ſoleil ſans nulle faille.
L'Arbre pour le Gibet vous gloſe,
Je n'y puis entendre autre choſe, 6910
Paſſer vous convient ceſte planche ;
Fortune ainſi le peuple vanche
Du Boban que vous demenez,
Comme orguilleux & forcenez.
Si deſtruiſt-elle maint Preud'homme ; 6915
Car elle ne priſe une pomme.
Tricherie, ne loyaulté,
Ne vil eſtat, ne Royaulté ;
Ainçoys s'en jouë à la pelote,
Comme pucelle nice & ſotte ; 6920
Et gette à grans deſordonnances,
Richeſſes, honneurs & chevances ;
Dignitez & puiſſances donne,
Ne ne prent garde à quel perſonne ;
Car ſes graces ſi les deſpent, 6925
Qu'en deſpendant toutes eſpent,
Et les gette en lieu de poutie,
Par puteaux & par fraterie,
Ne ne priſe tout une bille,

Fors que gentillesse sa fille, 9930
Cousine à prouchaine cheance,
Tant la tient Fortune en balance ;
Mais de celle est-il vray sans faille,
Que Fortune à nul ne la baille,
Comment qu'il voit du retollir ; 6935
S'il ne sçet si son cueur pollir,
Qu'il soit courtoys, preux & vaillant ;
Car nul n'est si bien bataillant,
Se de Villenie s'apresse,
Que Gentillesse ne le laisse. 6940
 Gentillesse est noble & si lain
Qu'el n'entre pas en cueur villain ;
Pource vous pry mon très-chiere pere,
Que Villenie en vous n'apere.
Ne soyés orgueilleux, ne chiches, 6945
Ayés pour enseigner les riches,
Large cueur & courtoys & gent,
Et piteux à la povre gent ;
Ainsi le doit chascun Roy faire :
Large, courtoys & debonnayre, 6950
Ait le cueur & plain de pitié,
Querant du peuple l'amitié,
Sans qui Roy en nulle saison,
Ne peult plus ne qu'un bien simple hom ;
Ainsi le chastioit phanye ; 6955
Mais fol ne voit en sa folye,
Fors que sens & raison ensemble,
Si comme en son fol cueur luy semble ;
Cresus qui point ne s'humilie,
Tout plain d'orgueil & de folie, 6960

En tous ses faitz se cuide saiges,
Combien qu'il sist de grands oultraiges.

### Cresus respond à sa fille.

Fille, dist-il, de Courtoysie,
Ne de sens ne m'aprenez mye,
Plus en sçay que vous ne sçavez, 6965
Qui si chastié m'en avez;
Et quant par vostre fol respons,
M'avez ainsi mon songe expons.
Servy m'avez de grand mensonge,
Car sçachiez que ce noble songe, 6970
Ou faulse glose voulez mettre,
Doit estre entendu à la lettre;
Et moy-mesmes ainsi l'entens,
Comme vous le verrez en temps.
Oncques si noble vision 6975
N'eut si vile exposition,
Les Dieux après, à moy viendront,
Et le service me rendront,
Qu'ilz m'ont par ce songe promis,
Tant est chascun d'eux mes amis; 6980
Car bien l'ay pieça desservy.

### Raison.

Voy com Fortune le servy,
Qui ne se peult oncques deffendre,
Qu'el ne le fist au Gibet pendre?
N'est-ce bien donc chose prouvable 6985
Que sa roë n'est pas tenable,
Que nul ne la peult retenir,

## DE LA ROSE.

Tant puist à grant estat venir ;
Et se tu sces riens de Logique,
Qui bien est science autentique ;  6990
Puis que si grans Seigneurs y faillent,
Les petits en vain se travaillent.
Et se les preuves riens ne prises,
Des anciennes histoires prises,
Tu les as de ton temps nouvelles,  6995
De Batailles fresches & belles :
De tel beaulté ce dois sçavoir,
Comme il peult en bataille avoir,
C'est de Mainfroy Roy de Secille,
Qui par force tint & par guise,  7000
Long-temps en Paix toute la terre,
Quant le bon Charles luy meut guerre.
Comte d'Anjou & de Provance,
Qui par divine porveance,
Est ores de Secille Roy ;  7005
Ainsi que le veult Dieu le Roy,
Qui tousjours s'est tenu o luy.
Ce bon Roy Charles l'en tolly :
Non pas sans plus la Seigneurie,
Ains luy tollit du corps la vie.  7010
Quant à l'espée qui bien taille
Dedans la premiere Bataille,
L'assaillit pour le desconfire,
Eschiec & mat luy alla dire,
Dessus son destrier aufferant,  7015
Du trayt d'un bon Pennet errant
Au millieu de son Eschiquier.
Du Corradin parler ne quier,

Son nepveu, dont l'exemple est preste,
Dont le Roy Charles print la teste  7020
Maulgré les Princes d'Alemaigne;
Henry frere du Roy d'Espaigne,
Plain d'orgueil & de trahyson,
Fist-il mourir en sa prison?
Ces deux com folz garçonnetz,  7025
Et rocz & folz & pionnetz,
Et Chevaliers au jeu perdirent,
Et hors de l'Eschiquier saillirent;
Telle paour eurent d'estre prins
Au jeu qu'ilz eurent entreprins:  7030
Mais qui la vérité regarde,
D'estre mat n'avoyent-ilz garde,
Puisque sans Roy se combatoyent,
Eschec & mat riens ne doubtoient;
Ne cil avoir ne le povoit,  7035
Qui contre eulx aux eschecs joüoit,
Fust à pied, fust sur les arçons;
Car on ne have pas garçons,
Folz, Chevaliers, Sergens ne rocz,
Car se vérité compter oz,  7040
Si n'en quier-je nully flater,
Ainsi comme il va du mater;
Puisque des eschecs me souvient,
Se tu riens en scez il convient;
Que cil soit Roy, que l'on dit haves  7045
Quant tous ses hommes sont esclaves
Et qu'il se voit seul en la place,
Ne ny voit chose qui luy place;
Ains s'enfuit par ses ennemis

## DE LA ROSE.

Qui l'ont en tel povreté mis,      7050
L'en ne peult autrement haver,
Ce sçavent bien large & aver.
Car ainsi le dit Attalus,
Qui du jeu d'eschec trouva l'us,
Quant il traictoit d'arismetique,      7055
Et verras en Policratique,
Qu'il voult traictier de la matiere,
Des nombres par science entiere,
Qui se beau jeu joly trouva
Et par demonstrance prouva.      7060
    Pour ce mirent-ils en fuye
Par la prinse qui leur ennuye;
Qu'ay-je dit, pour prinse eschever,
Mais pour la mort qui plus grever
Les povoit, & qui pis voulloit;      7065
Car le jeu malement alloit,
Au-moins pardevers leur partie,
Qui de Dieu estoit despartie,
Et la bataille avoit emprise
Contre la foy de saincte Eglise,      7070
Et qui ung eschec dit leur eust,
N'est qui bien secourir les peust;
Car la fierté fut toute prinse
Au jeu de la premiere emprinse,
Où le Roy perdit comme folz,      7075
Roys, Chevaliers, pions & folz,
Si n'est-elle pas là presente;
Mais la chetive, la dolente,
Ne peult fouyr ne soy deffendre,
Puisqu'elle luy eut fait entendre      7080

Que mat & mort gisoit Mainfrois,
Par piedz, par chief & par mains froys,
Et puis que ce bon Roy oüy,
Qu'ilz s'en furent ainsi fouy.
Les print-il fuyant ambedeux, 4085
Et puis fist sa voulenté d'eulx,
Et de maints autres Prisonniers,
De leurs folies parsonniers?
Le vaillant Roy dont je te compte,
Que l'on souloit appeller Conte, 7090
Que nuys & jours & mains & soirs,
S'arme le corps & tous ses hoirs,
Gard Dieu & deffende & conseille.
Cil dompta l'orgueil de Marseille,
Et print des plus grans de la Ville, 7095
Les testes ainsi que de Sicille,
Luy fust le Royaulme donné,
Dont il est huy Roy couronné,
Et Vicaire de tout l'Empire.
Mais je ne vueil de luy plus dire ; 7100
Car qui ses faitz vouldroit retraire,
Ung grant Livre en conviendroit faire,
Voy cy gens qui grans honneurs tindrent :
Or sçez à quel chief ils en vindrent.
N'est doncques bien fortune seure, 7105
N'est bien cil fol qui s'y asseure ?
Car cil qu'el sçet par devant oindre,
Sçet aussi par derriere poindre ;
Et toy qui la Rose baisas,
Pourquoy de dueil si grant fais as, 7110
Que tu ne t'en peulz apaiser,

Cuidois-tu tousjours la baiser :
Tousjours estre en aise & délices,
Par mon chief tu és fol & nices.
Fay que ce dueil plus ne te tienne, 7115
De Mainfroy vueil qu'il te souvienne
De Henry & de Corrardin,
Qui firent pis que Sarrasin,
De commencer Bataille amere
Contre Sainte Eglise leur mere, 7120
Et du fait des Marseilliens,
Et des grans hommes anciens,
Comme Neron, comme Cresus,
Dont je t'ay compté ci-dessus,
Qui fortune tenir ne peurent, 7125
A tout la puissance qu'ilz eurent.
Par quoy franc homs qui tant se prise,
Qui s'orguillist pert sa Franchise.
Il ne sçet pas bien en quel aage
Cresus le Roy vint en servage ; 7130
Ne d'Hecuba à mon essiant,
Qui fut femme du Roy Priant,
Ne tient-il pas en sa mémoire ?
Ne de Sisigambis l'hystoire,
Mere de Daire Roy de Perse, 7135
Qui fortune fut si perverse,
Qui Franchise & Royaulme tindrent,
Et serves en la fin devindrent.

   D'autre part je tiens à grant honte ;
Puis que tu sçes que lettre monte, 7140
Et qu'estudier il convient,
Comment d'aymer il te souvient ;

Puisque tu as estudié;
Mais tu l'as ce semble oublié,
Et n'est que paine vaine & vuide, 7145
Tu metz en livres ton estuide,
Et tout par négligence oublye.
Que vault doncques ton estudye,
Quant le sens au besoing te fault,
Et seulement par ton deffault ? 7150
Certes tousjours en remembrance
Tu deusses avoir la Sentence;
Si devroit bien tout homme saige,
Et s'y ficher en son couraige,
Que jamais ne luy eschappast, 7155
Tant que la mort si l'atrappast.
Car qui la Sentence sçauroit,
Et tousjours en son cueur l'auroit,
Et la sçeust très-bien soufpeser.
Jamais ne luy pourroit peser, 7160
De chose qui luy advenist,
Que tousjours fort ne se tenist
Encontre toutes advantures,
Bonnes, malles, molles & dures;
Si est-elle voir si commune, 7165
Selon les œuvres de fortune,
Que ung chascun chascun jour si la voit
Se bon entendement avoit.
Merveille est que tu ne l'entens,
Qui ta cure as mise grant temps; 7170
Mais tu l'as autre part tornée,
Par ceste amour desordonnée ;
Si la te vueil ramentevoir,

## DE LA ROSE.

Pour toy mieulx faire apparcevoir.
Jupiter en toute saison, 7175
A sur sueil de sa maison,
Ce dit Omer, deux plains tonneaux,
Si n'est vieulx homs, ne garçonneaux,
N'il n'est Dame, ne Damoiselle,
Soit vieille, jeune, laide ou belle, 7180
Qui vie en ce monde reçoyve,
Qui de ces deux tonneaux ne boive,
C'est une taverne planiere,
Dont Fortune est la Taverniere,
Et en trait en potz & en couppes 7185
Pour faire à tout le monde souppes;
Tous en abreuve de ses mains,
Mais les ungs plus, les autres moins;
N'est nul qui chascun jour ne pinte
De ces tonneaux, ou quarte ou pinte, 7190
Ou muy, ou sestier, ou choppine,
Si comme il plaist à la meschine,
Ou plaine paulme ou quelque goute
Que Fortune au bec luy agoute,
Et bien & mal à chascun verse, 7195
Si comme elle est doulce & perverse,
Ja nul si joyeux ne sera,
Quant bien pourpenser se sçaura,
Qu'il ne treuve en sa plus grant aise
Quelque chose qui luy desplaise; 7200
Ne jà tant de meschief n'aura,
Quant bien pourpenser se sçaura,
Qu'il ne trouve en son desconfort
Quelque chose qui le confort,

Soit chose faicte ou chose à faire, 7205
S'il pensoit bien à son affaire,
S'il ne chiet en desesperance,
Qui tous les pecheurs desavance,
Ne nulluy n'y peut conseil mettre,
Tant ait leu parfond en la lettre. 7210
Que te vault donc le courroucer,
Le larmoyer & le groucer ?
Mais prens bon cueur & si t'avance,
De recevoir en pacience
Tout ce que Fortune te donne, 7215
Soit belle ou laide, ou male ou bonne.
   De Fortune la semilleuse,
Et de sa roë perilleuse,
Tous les tours compter ne pourroye,
C'est le jeu de bourse en courroye, 7220
Que Fortune sçait si partir,
Que nul devant au départir,
Ne peut avoir science aperte,
S'il y prendra ou gaing ou perte;
Mais à tant d'elle me tairay, 7225
Fors qu'encore me retrairay
Ung petit, & pour mes requestes,
Dont je t'ay fait trois moult honnestes;
Car voulentiers recorde bouche,
Chose qui près du cueur luy touche: 7230
Et se tu le veulx refuser,
N'est riens qui t'en puisse excuser,
Que trop ne faces à blasmer;
C'est que tu ne veuilles amer,
Et que le Dieu d'amours desprises, 7235

Et que Fortune riens ne prises,
Et se tu trop foibles te fais
A soubstenir ce double fais,
Je suis preste de l'alegier
Pour le porter plus de legier.  7240
Prens la premiere seulement,
Et se tu m'entendz sainement,
Tu seras des autres délivre;
Car se tu n'es ou fol ou yvre,
Sçavoir dois & bien le recorde,  7245
Que cil qui a raison s'acorde,
Jamais par amours n'aymera,
Ne fortune ne prisera,
Pour ce fut Socratès iteux,
Qui fut mon ami vertueux :  7250
Le Dieu d'amours onc ne cremut,
Ne pour fortune ne se mut ;
Pour ce veuil que tu luy resembles,
Et que ton cueur au mien assembles;
Car se tu l'as au mien planté,  7255
Il me suffist à grant planté.
Or voy com la chose s'appreste,
Je ne te fais mye requeste ;
Prens la premiere que j'ay dicte ;
Et je te tien des autres quicte ;  7260
Si ne tiens plus la bouche close,
Respons, fera-tu ceste chose ?

### Cy respond l'Amant à Raison.

Dame, dys-je, ne puis autre estre,
Il me convient servir mon maistre,

Qui moult plus riche me fera, 7265
Certain temps quant il luy plaira;
Car la Rose me doit bailler,
Se je me sçay bien travailler;
Et se par luy la puis avoir,
Je n'auray besoing d'autre avoir, 7270
Ne ne priseroye deux miches,
Socratès combien qu'il fut riches,
Ne plus n'en quier ouyr parler,
A mon maistre m'en vueil aller :
Tenir luy vueil mon convenant, 7275
Car il est droit & advenant,
S'en Enfer me devoit mener,
N'en puis-je mon cueur refrener;
Mon cueur jà n'est-il plus à moy.
Onc encores ne l'entamay, 7280
Ne n'entendz-pas à entamer
Mon testament pour autre amer :
A Bel-acueil tout le laissay;
Car très-bien par cueur mon lais sçay,
Et oy par grant impacience, 7285
Confession sans repentance :
Si ne vouldroye pas la Rose
Changier à vous pour nulle chose.
Là convient que mon penser voise,
Si ne vous tiens-je pas courtoise, 7290
Quant si m'avez couilles nommées,
Qui ne sont pas bien renommées,
En bouche à courtoise pucelle,
Vous qui tant estes saige & belle;
Ne sçay comment nommer l'osastes, 7295
*u moins*

Aumoins quant le mot ne glosastes,
Par quelque courtoise parole,
Comme preude femme parole,
Souvent je voy que ces nourrices,
Dont maintes sont bauldes & nices ; 7300
Quant leur enfant tiennent & baignent,
Et les manyent & applaignent ;
Si les nomment-ilz autrement,
Vous sçavez bien or se je ment ;
Lors se print Raison à soubzrire, 7305
Et soubzriant se print à dire.

## Raison.

Beaulx Amys je puis bien nommer,
Sans moy faire mal renommer,
Appertement par propre nom,
Chose qui n'est si bonne non. 7310
Voire & du mal très-seurement,
Puis-je bien parler proprement ;
Car de nulle riens je n'ay honte,
Se n'est celle qu'à pechié monte,
Mais or chose ou pechié se mist, 7315
N'est riens qui faire le me fist.
N'onc en ma vie n'ay pechié,
N'encor ne fais-je pas pechié ;
Se je nomme les nobles choses,
Par plain texte sans mettre gloses, 7320
Que mon pere de Paradis,
Fist de ses propres mains jadis,
Et tous les autres instrumens,
Qui sont piliers & fondemens,

*Tome I.* M

A soubstenir nature humaine, 7325
Qui sans eulx fust & casse & vaine;
Car voulentiers non pas envys,
Mist Dieu en couilles & envis
Force de generacion,
Par merveilleuse entencion, 7330
Pour l'espece avoir tousjours vive,
De renouvellence nayve.
C'est par naissance recheable,
Et par cheance reversable,
Par quoy Dieu les fait tant durer, 7335
Qu'el ne peut la mort endurer;
Ainsi fait-il aux bestes muës,
Qui par cecy sont soubstenuës;
Car quant les unes bestes meurent,
Les formes aux autres demeurent. 7340

### L'Amant.

Or vault assez pis que devant;
Car je suis bien apparcevant,
Par la vostre parole baulde,
Que vous estes fole ribaulde;
Car tant ait Dieu les choses faictes, 7345
Que cy-devant m'avez retraictes,
Les noms aumoins ne fist-il mye,
Qui sont tous plains de vilenye.

### Raison.

Beaulx Amys, dist Raison la sage,
Folie n'est pas vasselage, 7350
N'onc ne fut, ne jà ne sera,

## DE LA ROSE.

Tu diras ce qu'il te plaira ;
Car bien en as temps & espace ;
Ne moy que t'amour & ta grace
Vueil avoir, n'en dois pas doubter ; 7355
Car je suis preste d'escouter,
Et souffrir tout & de moy taire ;
Mais que te garde de pis faire,
Combien qu'à ledangier m'accueilles.
Si semble-il par fois que tu vueilles 7360
Que je te responde folie ;
Mais ce ne te feray-je mye,
Je qui pour ton bien te chastoy,
Ne suis mye de tant à toy,
Que tel Vilenye encommence, 7365
Que je mesdye ne ne tence ;
Car il est vrai, ne te desplaise,
Tousjours est vengeance maulvaise,
Et si dois sçavoir que mesdire,
Est encores vengeance pire. 7370
Moult autrement me vengeroye,
Se vengeance avoir en vouloye ;
Car se tu meffais ou mesditz,
Qui par tes faitz ou par tes ditz,
Seurement t'en puis-je reprendre, 7375
Pour toy chastoier & aprendre,
Sans blasme & sans diffamement,
Ou vengier mesmes autrement :
Se tu ne me vouloye croyre,
De ma parole bonne & voire, 7380
Par plaindre, quant temps en seroit,
A Juge, qui droit m'en feroit,

M 2

Ou par quelque fait raisonnable,
Prendre autre vengeance honnorable.
Je ne vueil pas aux gens tencer,  7385
Ne par mon dit desavancer,
Ne diffamer nulle personne,
Quelle quel soit, maulvaise ou bonne.
Ait chascun endroit soy son fais,
S'il veult si s'en face confés ;  7390
Je ne lui en feray jà presse,
S'il ne veult si ne s'en confesse.
Je n'ay talent de folie faire,
Pourtant que m'en puisse retraire ;
Ne par moy n'est laidure dicte ;  7395
Si est taire vertu petite ;
Mais dire les choses à taire,
C'est trop grant dyablerie à faire.
  Langue doit estre refrenée ;
Car nous lysons de Prolomée  7400
Une parole moult honneste,
Au commencer de l'Almageste,
Que sages est cil qui met paine
A ce que sa langue refrene,
Fors sans plus quant de Dieu parole,  7405
Là n'a l'en pas trop de parole ;
Car nul ne peut trop Dieu louer,
Ne trop pour Seigneur advouer,
Trop aymer, ne trop obéir,
Trop craindre, ne trop beneyr,  7410
Crier mercy, ne graces rendre
A ce ne peut nul trop entendre ;
Car tousjours reclamer le doyvent,

Tous ceulx qui biens de lui reçoyvent.
Caton mesme à ce s'y accorde, 7415
S'il est que son Livre recorde ;
Là peuz en escript trouver tu,
Que la primeraine vertu,
C'est de mettre en sa langue frain.
Dompte-donc la tienne & refrain, 7420
De folies, d'ire & d'oultrages ;
Si feras que preux & que sages.
Qu'il fait bon croire les Payens,
Quant de leurs ditz avons grans biens.

 Mais une chose te puis dire, 7425
Sans point de rancune, ne d'yre,
Sans aulcun blasme & sans ataine ;
Car trop est fol qui gens ataine,
Que saulve ta grace & t'apais,
Tu vers moy, qui ayme ta paix. 7430
Trop mesprens quant si tu reveles,
Qui fole ribaulde m'appelles,
Et sans dessertes me ledenges ;
Quant mon pere le Roy des Anges,
Dieu le beneist sans Vilenye, 7435
De qui vient toute Courtoisie,
Et m'a nourrie & enseignée,
Dont ne me tiens pas engygnée ;
Ainçois m'aprist ceste maniere,
Par son gré suis-je coustumiere, 7440
De parler proprement des choses,
Quant il me plaist sans mettre gloses.
Et quant tu me veulx opposer,
Tu qui me requiers de gloser,

Et veulx dire comme proposes,                    7445
Que Dieu a faictes toutes choses;
Aumoins ne fist-il pas le nom,
Je te respondz, je croy que non?
Aumoins celluy qu'elles ont ors,
Si les peust-il bien nommer lors ?               7450
Quant il premierement créa
Tout le monde, & tant qu'il y a;
Mais il voult que lors m'y trouvasse
A mon plaisir, & les nommasse
Proprement & communéement,                       7455
Pour croistre nostre entendement :
Et la parole me donna,
Ou moult très-précieux don a;
Et ce que t'ay c'y recité,
Peuz trouver en auctorité;                       7460
Car Platon lisoit en l'escole,
Que donnée nous fut parole,
Pour faire noz vouloirs entendre,
Pour enseigner & pour aprendre.
 Ceste Sentence cy rymée,                   7465
Trouveras escripte en Timée
De Platon, qui ne fut pas nices;
Et quant tu d'autre part obices,
Que lait & villain est le mot:
Je te dy devant Dieu qui m'ot,                   7470
Se je quant mis les noms aux choses,
Qui c'y reprendre & blasmer oses;
Couilles reliques appellasse,
Et reliques couilles clamasse.
Tu qui c'y me mors & repliques,                  7475

Tu me redreſſes de reliques,
Que ce fuſt lait, mot & villain,
Couilles eſt beau nom & ſi lain;
Si ſont auſſi couilles & vit,
Que nul homs plus bel nom ne veit:  7480
Je fiz les noms & ſuis certaine,
Qu'oncques ne fiz choſe villaine;
Et quant pour reliques m'oiſſes
Couilles nommer, & les noms preiſſes
Pour ſi beaulx, & tant les priſaſſes,  7485
Que par tout couilles aouraſſes,
Et les baiſaſſes aux Egliſes,
En or & en argent aſſiſes;
Mais Dieu qui eſt & Pere & Fils,
Tient a bien fait ce que j'en fiz.  7490
Comment par le corps Saint Omer,
N'oſeroye-je mye nommer
Proprement les œuvres mon pere?
Convient-il que je le compere?
Noms convenoit-il bien qu'ils euſſent  7495
Ou gens nommer ſi ne les ſçeuſſent,
Et pource telz noms en eulx-miſmes,
Que l'on les nomma par ce meiſmes;
Se femmes n'en nomment en France,
Ce n'eſt fors par accouſtumance;  7500
Car le propre nom bien leur pleuſt,
Qui accouſtumé bien leur euſt;
Se proprement les noms nommaſſent,
Ja certes de riens ne pechaſſent;
Accouſtumance eſt trop puiſſant:  7505
Et ſe bien en ſuis congnoiſſant,

Mainte chose desplaist nouvelle,
Qui par accoustumance est belle,
Chascune qui les va nommant,
Les appelle ne sçay comment: 7510
Bourses, harnois, piches & pines,
Ainsi com se fussent espines ;
Mais quant les sentent bien joygnans,
Ne le tiennent pas à poignans.
Or les nomment si comme ilz seulent, 7515
Quant proprement nommer ne veulent.
Je ne leur en feray jà force ;
Car à riens nulle ne m'efforce,
Quant riens vueil dire appertement,
Tant comme à parler proprement. 7520
  Si, dit-on, bien à nos escoles,
Maintes choses par paraboles,
Qui moult sont belles à entendre,
Si ne doit-on mie tout prendre
A la lectre ce que l'en ot. 7525
En ma parole autre sens n'ot,
Dont briefvement parler vouloye,
Aumoins quant des couilles parloie ;
Et qui bien entendroit la lectre,
On n'y pourroit autre nom mectre, 7530
Le sens verroit en l'escripture,
Qui esclaircist la Fable obscure ;
La vérité dedans enclose,
Seroit clere & toute desclose,
Bien l'entendras se tu répetes, 7535
Les Jugemens des grans Poëtes,
Là verras une grant partie

Des secrets de Philosophie,
Où moult te vouldras déliter;
Et si pourras moult prouffiter, 7540
En délitant prouffiteras.
En prouffitant déliteras;
Car en leurs ditz & en leurs fables,
Gisent délitz moult prouffitables,
Soubz qui leurs pensées couvrirent, 7545
Quant le vray des fables ouvrirent;
Si te conviendroit à ce tendre,
Si la parole veulx entendre.
Je t'ay cy tels deux motz renduz,
Se tu les as bien entenduz, 7550
Et prins doivent estre à la lectre,
Tout proprement sans glose mectre.

### L'Amant.

Dame, bien les y peut l'en prendre;
Car moult sont legiers à comprendre,
Et n'est aucun qui Françoys sçeust, 7555
Qui bien prendre ne les y deust,
N'ont besoing d'autres déclarences;
Mais des Poëtes les Sentences,
Les Fables ne les Métaphores,
Ne tiens-je pas à gloser ores; 7560
Mais se je puis estre gary,
Et le service m'est mery,
Dont si grant guerdon en attens,
Je les gloseray tout à temps,
Aumoins ce qui m'en affierra, 7565
Si que chascun cler y verra,

Si vous tiens pour bien excusée
De la parole ainsi usée,
Et des deux mots dessus nommez,
Quant si proprement les nommez, 7570.
Qu'il ne m'y convient plus muser,
Ne mon temps sur la glose user.
Mais je vous cry pour Dieu mercy,
Ne me blasmez plus d'aymer cy,
Se je suis fol, c'est mon dommaige ; 7575
Mais aumoins fis-je moult que saige,
De ce cuide-je estre bien feis,
Quant hommaige à mon maistre feis ;
Et se je suis fol ne vous chaille ;
Je vueil aymer comment qu'il aille 7580
La Rose où je me suis voüé :
Jà ne seray d'autre doüé ;
Et se m'amour vous prometoye,
La promesse ne vous tiendroye.
Adoncques déceveur seroye 7585
Vers vous & mon Dieu roberoye,
Se je ne vous tenoye convent ;
Car je vous ay bien dit souvent,
Que je ne vueil ailleurs penser,
Qu'à la Rose où est mon penser. 7590
Et quant ailleurs penser me faictes,
Par vos paroles cy retraictes,
Que je suis jà tout las d'ouyr,
Tost me verrez d'icy fouyr,
Se ne vous en taisez à tant, 7595
Puis que mon cœur ailleurs s'attent,
Car tres-tous les beaulx Parlemens,

Qui pourroyent estre ès élémens,
Et ce qu'on pourroit sermonner,
Pas ne me pourroit destourner, 7600
Que je n'aime la doulce Rose
De tout mon cueur, plus qu'aultre chose.

*Comment Raison laisse l'Amant*
*Mélancolieux & dolant,*
*Puis s'est tourné devers Amys,* 7605
*Qui à son cas confort amys.*

QUant Raison m'oit, si s'en retourne,
Et me laissa pensant & morne:
Adonc d'Amys me ressouvint,
Esvertuer lors me convint, 7610
Aller y vueil à quelque paine,
Si vint Amys que Dieu amaine;
Et quant il me vit en tel point,
Que tel douleur au cueur me point.

### Amys.

Qu'esse, dit-il, beau doulx Amys, 7615
Qui vous a en tel torment mys,
Puisque je vous voy si descheu,
Je congnois qu'il vous est mescheu;
Mais or me dictes des nouvelles,

### L'Amant.

Ce m'aid Dieu, ne bonnes, ne belles. 7620

### Amys.

Dictes-moi tout.

M 6

## L'Amant.

>Et je luy compte
Ainsi qu'avez ouy le compte,
Jà plus ne le recorderay.

## Amys.

Dea, dit Amys, comment feray,
Vous aviés Dangier appaisé,  7625
Et aussi le bouton baisé,
De néant estes entreprins ?
Se Bel-acueil a esté prins,
Puisque tant s'est abandonné,
Que le baiser vous fut donné,  7630
Jamais Prison ne le tiendra ;
Mais sans faille il vous conviendra,
Plus sagement vous maintenir,
S'a bon chief en voulez venir.
Confortez-vous, car bien sachiez  7635
Qu'il est de la Prison sachiez,
Où il a esté pour vous mis,

## L'Amant.

Ha ! trop y ay fors ennemis,
S'il n'y avoit que Mal-bouche.
C'est cil qui plus au cueur me touche ;  7640
Car il a les autres esmeuz,
Je n'y eusse jà esté sçeuz ;
Se le glout toujours ne jenglast,
Paour & Honte me celast
Moult voulentiers, mesmes Dangier  7645

M'avoit laissé à Ledangier ;
Tous trois s'estoient coys tenuz,
Quant les Dyables y sont venuz,
Que le glout y fit assembler,
Qui veist lors Bel-acueil trembler, 7650
Quant Jalousie l'escria ;
Car la Vieille trop mal cria,
Moult grant pitié luy en peust prendre,
Je m'en fouy sans plus attendre.
Lors fut le chastel maçonné, 7655
Où le Doulx est emprisonné.
Pource Amys à vous me conseil,
Mort suis se n'y mettés conseil.
Lors, dit Amys très-bien apris,
Qui d'amours eust assez apris, 7660

### Amys.

Compaings ne vous desconfortés,
En bien aymer vous déportés,
Le Dieu d'amours & nuyt & jour,
Servez loyaulment sans séjour :
Portez-luy tousiours loyaulté, 7665
Trop seroit grant desloyaulté,
S'il vous trouvoit en riens recreu ;
Car trop s'en tiendroit à déceu,
De ce qu'à homme vous receut :
Oncques loyal cueur ne déceut. 7670
Faictes ce qu'il vous enchargea,
Tous ses commans gardez ; car jà
A son propos, combien qu'il tarde,
Ne fauldra cil qui bien les garde ;

S'il ne luy meschiet d'autre part, 7675
Comme Fortune se départ.
Du Dieu d'amours servir pensez,
En luy soient tous vos pensez.
C'est doulce pensée jolye,
Pource seroit trop grand folie, 7680
Du laisser puisqu'il ne vous laisse,
Mais pourtant vous tient en léesse,
Si vous convient vers luy plessier,
Quant vous ne le povez laissier.
Or vous diray que vous ferez 7685
Une grant piece vous tiendrez
Du fort chastel aller pour veoir :
N'y allez ne joüer, ne seoir,
Onc oüy, ne soyés ne veu,
Tant que par tout son vent soit cheu, 7690
Aumoins tant comme vous soulliez.
Jà soit ce que aller y vouliez,
Près des murs ou devant la porte,
Et s'advanture là vous porte,
Faictes semblant comment qu'il aille, 7695
Que de Bel-acueil ne vous chaille.
Mais se de loing le voyés estre,
Ou à carnel, ou à fenestre,
Regardez-le piteusement ;
Mais que ce soit couvertement, 7700
S'il vous voit, joyeux en sera,
Jà Paour garder ne l'en sçaura,
Mais n'en fera chiere ne fin,
Ce n'est, ce croy-je, en larrecin ;
Ou sa fenestre alors clorra, 7705

## DE LA ROSE.

Quant aux gens parler vous orra ;
Si guettera par la fendace,
Tant que vous serez en la place,
Jusques vous en soyés tourné,
Se par autre n'est destourné. 7710
 Mais prenez garde toutevoye :
Que Male-bouche ne vous voye,
S'il vous voit, si le saluez ;
Et gardez que ne vous muez,
Et ne faictes chiere nesune, 7715
Soit de hayne, ne de rancune ;
Et se vous ailleurs l'encontrez,
Nul maltalent ne luy monstrez,
Sage homme son maltalent cœuvre ;
Et sachiez que ceulx font bon œuvre, 7720
Qui les déceveurs si déçoivent.
Sachiez qu'ainsi faire le doyvent
Tous les amans, au moins les sages.
Male-bouche & tous ses lignages,
S'ilz vous devoient devourer, 7725
Pour les servir & honnourer,
Offrez-leur tout par grant Franchise ;
Cueur & corps, avoir & servise,
L'en seult dire & voir est ce cuid,
Encontre vezie recuit. 7730
De ceulx bouler n'est pas pechiés,
Qui de bouler sont entachiés :
Male-bouche si est boulierres,
Oste bou si demourra lierres.
Lierres est-il sachiés de voir, 7735
Bien le povez apparcevoir,

N'il ne doit avoir autre nom,
Qui emble aux gens leur bon renom,
N'il n'a jamais povoir de rendre ;
L'en le deveroit pluftoft pendre, 7740
Que tous ces autres larronceaulx,
Qui deniers emblent à monceaulx ;
S'ung larroncel emble deniers,
Robe en perche, ou bled en greniers,
Pour batre tant en fera quictes, 7745
Selon les Loix qui font efcriptes,
Et foit prins en prefent forfait ;
Mais male-bouche trop meffait,
Par fon orde langue defpite,
Qui ne peut, dès ce qu'elle a dicte, 7750
Reftaurer bonne renommée,
De fa male gueule nommée,
Ne rappeller parole fangle,
S'elle l'a dicte par fa jangle.

 Bon fait Male-bouche appaifer ; 7755
Aucunesfois ou feult baifer
La main qu'on vouldroit qui fuft arfe,
Que fuft ores le glout à Tarfe,
Si janglaft là tant qu'il voulfift ;
Mais qu'aux amans riens ne tolift, 7760
Bon fait eftouper Male-bouche,
Qu'il ne dye blafme ou reprouche ;
Car luy, aufli tous fes parens,
A qui jà Dieu ne foit garans,
Par barat convient barater, 7765
Servir, lourer, blandir, flater,
Par hourt, par adulacion,

Par faulse simulacion,
Et encliner & saluer :
Car il fait bon le chien huer, 7770
Tant qu'on ait la voye passée ;
Bien seroit sa jangle quassée,
S'il luy povoit sans plus sembler,
Plus que n'eussiez talent d'embler
Le bouton qu'il vous a mis sus, 7775
Par ce pourrez estre au dessus.

 La Vieille qui Bel-acueil garde
Servez aussi, que Mal-feu larde ;
Ainsi faictes à Jalousie,
Que nostre Seigneur l'a mauldie, 7780
La douloureuse, la sauvage,
Qui tousjours d'autruy joye enrage ;
Et est si crueuse & si gloute,
Que tel chose veult avoir toute ;
Mais s'elle en laissoit à tous prendre, 7785
Jamais ne la trouveroit mendre.
Moult est fol qui tel chose esparne,
C'est la chandelle en la lanterne,
Qui mil y en alumeroit,
Ja moins de feu n'y trouveroit. 7790
Chascun sçait la similitude,
Se moult n'a l'entendement rude ;
Se cestes ont de vous mestier,
Servez-les de vostre mestier,
Faire leur devez Courtoisie, 7795
C'est une chose moult prisie ;
Mais qu'ilz ne puissent parcevoir,
Que tendiés à les décevoir.

Ainſi vous convient démener,
Les bras au col deuſt-on mener, 7800
Son ennemy pendre ou noyer,
par flater, par applanoyer,
S'autrement n'en peut-on chevir.
Mais bien puis jurer & pleuvir,
Qu'il n'y a autre cheviſſance, 7805
Car ilz ſont de telle puiſſance,
Qui en appert les aſſauldroit,
A ſon propos ce croy fauldroit;
Après auſſi vous contendrez
Quant aux autres portiers viendrez, 7810
Se vous advenir y povez,
Tels dons que cy dire m'oyez,
Chappeaulx de fleurs en eſcliſſettes,
Auſmonieres ou eſplinguettes,
Ou autres jouelctz petis, 7815
Gentilz & beaulx & bien faitis,
Se vous en avez l'aiſement,
Sans vous mettre à deſtruyſement,
Pour appaiſer, leur preſentez;
Et puis des maux leur guermentez, 7820
Et du travail & de la paine
Qu'amours vous fait, qui là vous maine,
Et ſe vous ne pouvez donner,
Par promeſſes fault ſermonner:
Promettez fort ſans délayer, 7825
Comment qu'il aille du payer;
Jurez fort & la foy bailliez,
Ains que confus vous en ailliez:
Si leur priez qu'il vous ſequeurent,

Et se devant eulx vos yeulx pleurent, 7830
Ce vous sera grant avantaige;
Pleurez donc, vous ferés que saige,
Devant eulx vous agenouillez,
Joinctes mains & voz yeulx mouillez
De chaudes larmes en la place 7835
Qui vous couleront par la face,
Si qu'ilz vous les voyent bien cheoir,
Car c'est moult grant pitié à veoir;
Larmes ne sont pas desdaigneuses,
Mais esmeuvent les gens piteuses. 7840
 Et se vous ne sçavez plourer,
Couvertement sans demourer
De vostre salive prenez,
Et jus d'oignons & l'espreignez,
Ou d'aulx, ou d'autre chose maintes 7845
Dont voz paupieres soyent oingtes:
S'ainsi le faictes, ploureres
Toutes les foys que vous vouldrez;
Ainsi l'ont fait mains laboureux,
Qui puis furent fins amoureux; 7850
Et les Dames se souloyent prendre
Aux latz qu'ilz leur vouloyent tendre,
Tant que par leur misericorde
Leur ostassent du col la corde.
Et maintz par tel barat plorerent, 7855
Qui oncques par amour n'amerent;
Ains decevoient les pucelles
Par leurs pleurs & par leurs flavelles:
Larmes les cueurs des Dames sachent,
Mais que sans plus barat n'y saichent; 7860

Mais se voſtre barat ſçavoyent,
Jamais de vous mercy n'auroyent;
Crier mercy feroit neans,
Jamais vous n'entreriez leans,
Et s'a eulx ne povez aller,                      7865
Faictes-y par aulcun parler,
Qui ſoit meſſagier convenable
Par voix, ou par lectre, ou par table,
Mais jà n'y mectés voſtre nom,
Jà cil n'y ſoit, ne celle non,                   7870
Celle ſoit raiſon appellée,
La choſe en ſera mieulx celée.
Cil ſoit Dame, celuy ſoit Sires,
Ainſi eſcriviez vos martires;
Car pluſieurs amans ont déceu,                   7875
Mains Barons, qui ont l'eſcript leu.
Les amans en ſont accuſez,
Et du deſduit d'amours ruſez :
Jà en enfans ne vous fiez,
Trop vous en ſeriez conchiez;                    7880
Ils ne ſont pas bons meſſagiers :
Tousjours ſont enfans enragiers
De jengler & monſtrer qu'ilz portent
Aux traitres qui cy les enhortent,
Ou font nicement leurs meſſages,                 7885
Pour ce qu'ilz ne ſont mye ſages;
Tout ſeroit tantoſt publié,
Se moult n'eſtoient adviſé.

 Les Portiers, ſi eſt choſe ſeure,
Sont de ſi piteuſe nature ;                      7890
Se vos dons daignent recevoir,

## DE LA ROSE.

Ilz ne vous vouldront décevoir,
Et fachiés que receuz ferez,
Après les dons que vous ferez.
Puifqu'ils prennent, c'eft chofe faicte ; 7895
Car comme les loirres affaicte,
A venir au foir & au main,
Le gentil efprevier à main ;
Ainfi font affaictez par dons,
A donner graces & pardons. 7900
Les Portiers aux fins amoureux
Tous fe rendent vaincuz par eulx ;
Et s'il advient que les trouvez
Si orgueilleux, que ne povez
Les flechir par dons & prieres, 7905
Par pleurs, ne par autres manieres ;
Mais vous regettent tout arriere,
Par refuz, par parole fiere,
En vous ledengeant durement,
Portez ce dueil courtoifement, 7910
Et les délaiffez en ce foing ;
Car oncques fromage de gaing,
Ne fe cuit mieulx qu'ilz fe cuiront :
Par voftre fuite fe duiront
Maintesfois à vous enchaffer : 7915
Ce vous pourra moult avancer.
Villains cueurs font de telle fierté,
Ceulx qui plus les ont en chierté,
Plus les prient & moins les prifent,
Plus les fervent, plus les defprifent ; 7920
Mais quant ilz font des gens laiffez,
Toft eft leur orgueil abaiffez ;

Ceulx qui les desprisoient, leur plaisent;
Lors se domptent & se rapaisent,
Qui ne leur est pas bel; mais lait, 7925
Moult durement quant on les lait.
 Le Marinier qui par mer nage,
Cerche mainte terre saulvage;
Tant regarde-il à une estoille,
Et ne va pas toujours d'un voille, 7930
Ains le treschange moult souvent
Pour eschiver tempeste & vent;
Aussi homs qui d'aymer ne cesse,
Ne court pas tousjours d'une laisse.
Or doit chasser, or doit fouir, 7935
Qui veult de bonne amour jouyr;
Et d'autre part c'est plaine chose,
Je ne vous y mettray jà glose,
Ou texte vous povez fier,
Bon fait ces troys Portiers prier; 7940
Car nulle riens cil n'y peult perdre,
Qui se veult au prier adherdre;
Combien qu'ilz soient bobancier;
Et si se peult bien avancier,
Prier les peult bien seurement; 7945
Car il sera certainement,
Ou refusé, ou bien receu,
Ne peult gaires estre déceu.
Riens n'y perdent les reffusez,
Fors de tant comme ils ont musez; 7950
Ne jà ceulx mal gré n'en sçauront,
A ceulx qui priez les auront,
Combien qu'il les ayent deboutez,

Si sont en leurs bon grés boutez;
Car il n'est tant fel qui les oye, 7955
Qui n'en ayt en son cueur grant joye;
Et se pensent en eulx taisans,
Que lors sont-ils preux & plaisans,
Et qu'ilz ont toutes taches bonnes,
Quant aymez sont de telz personnes. 7960
Comment qu'il aille du nyer,
Ou refuser, ou octroyer;
Et s'ilz sont receuz, bien le soyent,
Doncques ont-ilz ce qu'ilz queroyent;
Et se tant leur meschiet qu'ilz faillent, 7965
Et que francs & quittes s'en aillent,
C'est le faillir envys passibles,
Tant sont nouveaulx délits possibles.
 Mais ne soyez pas coustumiers
De dire aux Portiers les premiers 7970
Que tu te vueil d'eux acointer,
Pour la fleur du rosier oster;
Mais par amour loyalle & fine
De necte pensée enterine,
Sachiez qu'ilz sont trestous doubtables, 7975
Pas ne sont paroles douptables,
Pour ce qui que bien les requierre,
Ja n'en est nul bouté arriere,
Nulz n'y doit estre refusez;
Mais se de mon conseil usez, 7980
Ja d'eulx prier ne vous penez,
Se la chose à fin ne menez.
Car je croy se vaincus n'estoient,
Du priément se vanteroient.

Mais jà puis ne se vanteront, 7985
Quant du fait parsonniers seront;
Et si sont tous de tel maniere,
Combien qu'ils facent laide chiere,
Que se requis avant n'estoient,
Certainement ils requerroyent, 7990
Et se donneroient pour néant,
Qui ne les vroit dépriant.
Mais les sols chétifz sermonneurs,
Prodigues, trop larges donneurs
Tellement les enorgueillissent, 7995
Que les Roses vous encherissent,
Si se cuident faire avantaige,
Mais ilz font leur cruel dommaige;
Car tous pour néant les eussent,
Se jà requeste fait n'en eussent: 8000
Par quoy se chascun ainsi fist,
Et que nul avant n'en requist;
Mais qu'ilz se voulsissent loyer,
Ilz en eussent moult bon loyer:
Se tous ensemble se submissent, 8005
Et telles convenances feissent,
Que jamais nul ne sermonnast,
Ne pour néant ne se donnast,
Ains laissast pour eulx mieulx mastir,
Aux Portiers les Roses flêtrir; 8010
Mais pour riens hom ne me plairoit,
Qui de son corps marchié feroit.
N'il ne me devroit mie plaire,
Aumoins pour telle chose faire;
Mais pour cela point n'atendez, 8015
Re-

Requerés-les & leur tendez
Les latz pour voſtre proye prendre;
Car vous pourriez bien tant attendre,
Que toſt ſe pourroient embattre
A ung ou deux, ou trois ou quatre;  8020
Voyre cinquante-deux douzaines,
Dedans cinquante & deux ſepmaines:
Toſt ſeroient ailleurs tourné,
Se vous aviez trop ſéjourné.
Mais envis à temps y vendriez,  8025
Pour ce que trop y demourriez,
Ne loë que nulz tant attende,
Que femme s'amour luy demande :
Car trop en ſa beaulté ſe fie,
Qui attent que femme le prye;  8030
Et quiconques veult commencer,
Pour toſt ſa beſoigne avancer,
N'aye jà paour qu'elle le fiere,
Tant ſoit orgueilleuſe ne fiere,
Et que la nef à port ne vienne;  8035
Mais que ſaigement ſe contienne.
Ainſi compaingz exploiterez,
Quant aux Portiérs venuz ſerez :
Mais quant courroucier les verrez,
Jà de ce ne les requerrez;  8040
Eſpiez-les en leurs lieſſes,
Ne le requerez en triſteſſes;
Se la triſteſſe n'eſtoit née,
De Jalouſie forcenée,
Qui pour vous les euſſent batuz,  8045
Dont courroux leur fuſt embatuz.

Et se povez à ce venir,
Qu'à privé les puissiés tenir,
Et le lieu soit si advenant,
Que n'y doubtrez nul survenant, 8050
Et Bel-acueil soit eschappé,
Qui pour vous est ore attrappé.
Quant Bel-acueil fait vous aura,
Si Beau-semblant comme il sçaura ;
Car moult bien scet gens acueillir : 8055
Lors devez la Rose cueillir ;
Et veissiez-vous-mêmes Dangier,
Qui vous commençast le dangier,
Ou que Honte & Paour en groucent ;
Mais que faintement s'en courroucent, 8060
Et que laschement se deffendent,
Qu'en deffendant vaincuz se rendent,
Comme lors vous pourra sembler,
Et veissiez-vous Paour trembler,
Honte rougir, Dangier fremir, 8065
Ou tous ces trois plaindre & gémir :
Ne les prisez tous une escorce,
Cueilliés la Rose tout à force,
Et monstrez que vous estes hom,
Quant sera temps, lieu & saison ; 8070
Car riens ne leur pourroit tant plaire
Comme force, qui leur scet faire.
Car maintes gens sont coustumieres,
D'avoir si diverses manieres,
Qu'ilz veullent par force donner, 8075
Ce qu'ilz n'osent abandonner,
Et faignent que leur soit tollu

Ce qu'ilz ont souffert & voulu.
Mais sachiez que doulans seroyent,
Se par tel deffense eschappoyent, 8080
Quelque liesse qu'ilz vous feissent,
Doubté qu'ilz ne vous en haissent;
Tant en seroient courroucez,
Combien qu'ilz vous eussent groucez.
 Mais se par paroles apertes, 8085
Les voyez courroucez acertes,
Et vigoureusement deffendre,
Vous n'y devés jà la main tendre;
Mais toutesfois près vous tendrez,
Mercy criant, & attendrez 8090
Jusques ces trois Portiers s'en aillent,
Qui si vous grevent & travaillent,
Et Bel-acueil tout seul remaigne,
Qui tout abandonner vous daigne.
Ainsi vers eulx vous contenez, 8095
Comme preux, vaillans & senez.
De Bel-acueil vous prenez garde,
Par quel semblant il vous regarde
Comment il est, & de quel chiere
Conformez-vous à sa maniere, 8100
S'elle est ancienne ou bien meure,
Si mettrez toute vostre cure,
En vous contenir meurement;
Et s'il se contient nicement,
Nicement vous recontenez, 8105
De luy ensuivre vous penez;
S'il est joyeulx, joyeulx soyez;
S'il a courroux, courroux ayez;

S'il rit, riez, pleurés s'il pleure;
Si vous contenez chascune heure; 8110
Ce qu'il aymera, si aymez,
Ce qu'il blasmera, si blasmez;
Et louez ce qu'il louera,
Moult plus en vous se fiera.
  Ne cuidez que Dame vaillant, 8115
Ayme ung Varlet fol & saillant,
Qui s'en yra par nuyt resver,
Ainsi comme s'il deust desver,
Et chantera dès la minuyt,
A qui qu'il plaise, ou qu'il ennuyt; 8120
Elle en craindroit estre blasmée,
Vi'le tenuë & diffamée.
Telles amours sont tantost sceuës,
Que l'en fleute parmy les ruës,
Ne leur chault gaires qui le sache, 8125
Fol est qui son cueur y atache.
Et se ung saige d'amours parole,
A une Damoiselle fole;
S'il luy fait semblant d'estre saige,
Jà vers luy n'aura son couraige, 8130
Ne pensez jà qu'il y advienne,
Tant que sagement se contienne.
Face ses meurs aux siens unys,
Ou autrement il est honnys,
Qu'el' cuyde qu'il soit ung lobierre, 8135
Ung regnard, ung enfauconniere;
Tantost la chetive le laisse,
Et prent ung autre où moult s'abaisse;
Le vaillant homme arriere boute

## DE LA ROSE.

Et prent le pire de la route : 8140
Là nourrit ses amours & couve
Tout ainsi comme fait la louve,
Que sa folie tant empire,
Qu'elle prent de tous loups le pire.
Se Bel-acueil povez trouver, 8145
Ou qu'il se puisse à vous joüer
Aux eschiecs, aux dez ou aux tables,
Ou à autres jeux délectables,
Du jeu tousjours le pis ayés,
Tousjours au-dessoubz en soyés : 8150
Aux jeux dont vous entremettez
Perdez quanque vous y mettez,
Preigne des jeux la Seigneurie,
De vostre perte gabe & rye :
Loüez toutes ses contenances 8155
Et ses atours & ses semblances ;
Servez-là de vostre povoir,
Mesmes quant el' se devra seoir,
Apportés-luy quarreau ou selle,
Mieulx en vauldra vostre querelle. 8160
Se poutye vous povez veoir
Sur elle de quelque part cheoir,
Ostez-luy tost celle poutye,
Mesmement s'el n'y estoit mye ;
Ou sa robe trop empouldrée, 8165
Soufflez-là luy de la pouldrée ;
Faictes-luy son vouloir & aise
Et toutes choses qu'il luy plaise ;
S'ainsi le faictes, n'en doubtés,
De luy ne serez déboutés, 8170

N 3

Ains viendrez à voſtre propos,
Tout ainſi que je le propos.

*Comment l'Amant monſtre à Amys*
*Devant luy ſes trois ennemys,*
*Et dit que toſt le temps viendra* 8175
*Que au Juge d'eulx ſe complaindra.*

Douix Amys qu'eſt-ce que vous dictes?
Nul homs, s'il n'eſt faulx ypocrites,
Ne feroit ceſte diablerie,
Onc n'oüy ſi grant tricherie; 8180
Vous voulez que je honnore & ſerve
Ceſte gent qui eſt faulſe & ſerve;
Sertz ſont-ils & faulx voirement,
Fors Bel-acueil tant ſeulement:
Voſtre conſeil eſt-il ytel, 8185
Je ſeroye traiſtre mortel
Se ſervoye pour decevoir:
Car bien puis dire de ce voir,
Quant je veuil les gens guerrier,
Je les ſeul devant deffier. 8190
Souffrez aumoins que je deffie
Male-bouche qui tant m'eſpye,
Ains qu'ainſi l'aille décevant,
Ou luy prie que de ce vent,
Qu'il m'a levé, ou qu'il l'abate, 8195
Ou il convient que je le bate;
Ou s'il lui plaiſt que je le mande,
Ou j'en prendray par moy l'amende;
Ou il convient que je me plaigne,

Au Juge qui vengeance en preigne. 8200

### Amys.

Compaings, compaings, ce doyvent querre
Ceulx qui sont en apperte guerre ;
Mais Male-bouche est trop couvert,
Pas n'est ennemy descouvert ;
Car quant il hayt ou homme ou femme, 8205
En derrier les blasme & diffame.
Bien traistres est, Dieu le honnisse,
Si est droit que l'en le trahysse ;
De l'homme traistre je dis fy,
Puis qu'il n'a foy, je ne m'y fy ; 8210
Il hait les gens au cueur dedans,
Et leur rit de bouche & de dens.
Oncques tel homs ne m'abelly,
De moy se gard, & je de luy.
Droit est qui à trahyr s'amort, 8215
Qu'il ait par trahyson sa mort ;
Se l'en ne s'en peut autrement
Vengier plus honnorablement ;
Et se de luy vous voulez plaindre,
Luy cuidez-vous sa langue astraindre ? 8220
Ne le pourriés je croy prouver,
Ne suffisans garans trouver :
Et se bien prouvés l'aviés ores,
Si ne s'en tiendroit-il encores :
Et plus parlez, plus janglera, 8225
Plus y perdrez qu'il ne fera,
De tant est la chose plus sceuë,
De tant est vostre honte creuë ;

Car tel cuide abaisser sa honte,
Qui de trop plus la croist & monte.               8230
Se priez que soit abatu
Et blasmé, ou qu'il soit batu,
J'à voir pource ne l'abatroit,
Non pas par Dieu qui le batroit,
D'attendre qu'il le vous amende,                  8235
Néant seroit se Dieu amende ;
Jamais amende ne rendroit,
Bien l'offrist, ainçois se pendroit ;
Et s'il y a desfiéement
Sur Saints vous jure que vrayment                 8240
Bel-acueil sera enferrés,
Si que jamais ne le verrés,
Ou sera rivé en aneaulx,
Ars en feu, ou noyés en eaux.
Lors aurez le cueur plus dolent,                  8245
Qu'oncques n'eust Charles, ne Rolant,
Quant en Roncevaulx mort receut,
Par Ganelon qui les déceut.

## L'Amant.

Icy ne voy-je pas querant ;
Voise au Diable je le commant ;                   8250
Je le vouldroye avoir pendu,
Quant si m'a mon poyvre espandu.

## Amys.

Compaings, ne vous chaille du pendre ;
Autre vengeance en convient prendre,
Ne vous affiert pas tel office,                   8255

Bien en convienne à la justice;
Mais par trahyson le boulez,
Se mon conseil croire voulez.

### L'Amant.

Compaings, à ce conseil m'accord,
Jamais n'ystray de vostre accord, 8260
Ne pourtant se bien vous sceussiés,
Aucun art dont vous me peussiés,
Enseigner par autre maniere,
Du chastel prendre plus legiere;
Se vous la me voulez aprendre, 8265
Je la vouldroye bien entendre,

### Amys.

Ouy, ung chemin & bel & gent;
Mais il n'est preux à povres gent,
Compaings, au chastel desconfire,
Peut-on plusieurs voyes eslire, 8270
Sans mon art & sans ma doctrine,
Et rompre jusque à la racine,
La forteresse devenuë,
Jan'y auroit porte tenuë;
Car tous se laisseroient prendre, 8275
N'est riens qui les en peust deffendre;
Nul n'y oseroit mot sonner.
Le chemin a nom trop donner,
Fole largesse le fonda,
Ou mains amans y affonda. 8280
Je connois très-bien le sentier,
Car j'en yssy dès avant hier,

Et Pelerin y ay efté,
Plus d'un Yver & d'ung Efté;
Se largeffe prenez à dextre, 8285
Sans vous tourner à main feneftre,
Vous avez jà plus d'une archée,
La fente batuë & marchée,
Sans point ufer voftre foller,
Que vous verrez les murs crofler, 8290
Et chanceler tours & tournelles,
Là tant ne feront fors ne belles,
Et tout par eulx ouvrir les portes,
Pour neant fuffent les gens mortes;
De celle part eft le chafteau, 8295
Si foible qu'ung roftis gafteau,
Eft plus fort à partir en quatre,
Que ne font les murs à abatre;
Par-là feroit-il prins tantoft,
Jà n'y conviendroit fi grant oft, 8300
Comme il fit au Roy Charlemaigne,
S'il voulfift conquerre Alemaigne.
 En ce ce chemin que je vous nomme,
N'y entre nulle fois povre homme;
Nul n'y peut povre homme mener, 8305
Nul par foy n'y peut affener;
Mais qui dedans mené l'auroit,
Maintenant le chemin fçauroit,
Auffi-bien comme je fçauroye,
Jà fi bien aprins ne l'auroye : 8310
Et s'il vous plaift vous le fçaurez,
Car affez-tôt aprins l'aurez,
Se fans plus povez grant avoir

Pour despens oultrageux avoir;
Mais je ne vous y menray pas, 8315
Povreté m'a nié le pas,
A l'yssir le me deffendy;
Tout mon avoir y despendy,
Et tout ce que d'autruy receuz,
Tous mes creanciers en déceuz, 8320
Si que je n'en peuz nul payer,
S'on me devoit pendre ou noyer:
N'y venez, dist-elle jamais,
Quant du despendre n'y a mais.
Vous y entrerez à grant paine, 8325
Se Richesse ne vous y maine;
Mais à tous ceulx qu'elle y conduyt,
A retour refuse conduyt,
A l'aller o vous se rendra;
Mais jà ne vous en ramenra, 8330
Et de tant vous tenez asseur,
Se vous y entrez par nul eur:
Jà n'en ystrés ne soir, ne main,
Se povreté n'y met la main,
Par qui en destresse demeure. 8335
Là fole largesse demeure;
Qui ne pense à riens fors à jeux,
Et à despens faire oultrageux,
Qui despent ainsi ses deniers,
Com se les puisast en greniers, 8340
Sans compter & sans mesurer
Combien que ce doye durer.

*Comment Povreté fait Requestes*
*A Richesse moult deshonnestes,*
*Qui riens ne prise tous ses ditz;* 8345
*Mais de tous l'a fait esconditz.*

Povreté siet à l'autre chief,
Plaine de honte & de meschief,
Qui trop seuffre au cueur grant molestes,
Trop fait de honteuses Requestes, 8350
Et trop est de dur esconditz,
Et n'a ne bons faitz, ne bons ditz,
Ne delectables, ne plaisans.
Jà ne sera si bien faisans,
Que chascun ses œuvres ne blasme, 8355
Chascun la ledenge & diffame;
Mais de povreté ne vous chaille,
Fors de penser comment qu'il aille,
Comment la pourrez eschever.
Riens ne peut tant homme grever, 8360
Comme de cheoir en povreté,
Ce congnoist bien l'homme endeté,
Qui tout le sien a despendu,
Mains ont été par luy perdu.
Bien le congnoissent ceulx & dient 8365
Qui contre leur vouloir mendient;
Moult leur convient souffrir douleur,
Ains que gens leur donnent du leur.
Aussi le peuvent ceulx sçavoir,
Qui d'amours veulent joye avoir; 8370
Car povre n'a dont amour paisse,

## DE LA ROSE.

Si comme Ovide le confesse.
 Povreté fait homme defpire,
Et hayr & vivre en martire,
Et toult à gens mêmes leur fens,    8375
A Povreté n'ayes confens;
Mais vous efforcez bien de croire
Ma parole efprouvée & voire;
Car fachiez j'ay ce efprouvé,
Et par experiment prouvé    8380
En ma finguliere perfonne,
Tout ce que je cy vous fermonne.
Si fçay mieulx que Povreté monte,
Par ma mefaife, & par ma Honte,
Doulx amy que vous ne fçavez;    8385
Car tant foufferte ne l'avez.
Si vous devez en moy fier,
Je le dy pour vous chaftier,
Moult a beneurée la vie,
Cil qui par autruy fe chaftie.    8390
Vaillant fouloye eftre clamé,
Et de tous compaignons aymé,
Et defpendoye lyéement
En tous lieux & bien largement,
Tant comme riche fuz tenu.    8395
Or fuis-je povre devenu,
Par defpens & fole largeffe,
Qui m'ont mis en telle deftreffe,
Que je n'ay fors qu'à grant dangier
Ne que boire, ne que mangier,    8400
Ne que chauffer, ne que veftir;
Tant me fait d'angoiffe fentir

Povreté qui tous amys toult.
Et sachiez compaings qui sitoust,
Que Fortune m'eust ainsi mys, 8405
Je perdy tres-tous mes amys,
Fors ung ce croy-je vrayement,
Qui m'est demouré seulement.
　Fortune ainsi les me toly,
Par Povreté qui vint loy 8410
Tolit, par foy non pas je ment;
Mais print ces choses proprement;
Car je sçay bien que se miens fussent,
Jà pour elle laissé ne m'eussent.
De riens vers moy donc ne mesprint, 8415
Quant ses mêmes choses reprint,
Siens, voire mais riens n'en sçavoye;
Car tant acheptez les avoye
De cueur & de corps & d'avoir,
Que les cuidoye tous avoir; 8420
Et puis quant ce vint au dernier,
Que je n'euz vaillant ung denier.
Tous ses amys si s'en fouyrent
De moy, & du tout me guerpirent:
Et me firent tres-tous la moë, 8425
Quant ilz me virent sous la roë
De Fortune envers abatu,
Ainsi ma povreté batu.
Si ne me dois-je mye plaindre,
Courtoisie m'a fait sans faindre, 8430
Qu'oncques vers luy ne desservy;
Car entour moy si tres-cler vy,
Tant m'oingt les yeulx d'ung fin colire,

## DE LA ROSE.

Qu'el m'eust fait lottir & confire,
Si-tost comme Povreté vint, 8435
Qui d'amys m'osta plus de vingt,
Voire par Dieu, que je ne mente,
Plus de quatre cens & cinquante.
Oncques linx qui ses yeulx y mist,
Ce que je vey lors point ne veist; 8440
Car Fortune tantost en place,
La grant amour à plaine brace,
De mon bon amy me monstra,
Par Povreté qui m'encontra,
Que je n'eusses jamais congneu, 8445
Se mon besoing n'estoit venu.
Mais quant le sceut il accourut,
Au mieulx qu'il peut me secourut,
Et m'offrit tout ce qu'il avoit,
Pource que mon besoing sçavoit. 8450

*Comment Amys recorde cy,*
*A l'Amant qu'un seul vray amy,*
*En sa Povreté il avoit,*
*Qui tout son avoir luy offroit.*

EN ce point me dist mon amy, 8455
 Quant il fut approuché de my,
Mon chier amy, vueilles sçavoir,
Voycy mon corps & mon avoir,
Où vous avez autant que j'ay,
Prenez-en sans avoir congié; 8460
Mais combien se vous ne sçavez,
Tout ce dont besoing vous avez;

Car amy ne prise une prune,
Contre amy les biens de Fortune,
Ne les biens naturelz aussi ;    8465
Puisque sommes venus ainsi,
Et que bien nous sommes aymez,
Congneuz & en amour fermez ;
Car ainsi nous entre-esprouvasmes,
Si que bons amys nous trouvasmes ;    8470
Car nul ne sçait sans esprouver,
S'il peult loyal amy trouver.
Tous mes biens vous sont obligez,
Tant sont puissans d'amours les gez,
Que moy pour vostre guérison,    8475
Povez, dist-il, mettre en Prison,
Pour plaigerie & pour hostage,
Et mes biens vendre & mettre en gage.
Ne s'en tint pas encor à tant,
Pource qu'il ne m'allast flatant,    8480
Ainçois m'en fist à force prendre ;
Car n'y osoye la main tendre,
Tant estoys mat & vergogneux,
A loi de povre besogneux,
A qui Honte à la bouche close,    8485
Que sa mesaise dire n'ose ;
Mais seuffre, s'encloft & se cache,
Que nul sa povreté ne saiche,
Et monstre le plus bel dehors ;
Ainsi je le faisoye alors.    8490

 Ce ne font pas, bien le recors,
Les mendians puissans de corps,
Qui se vont par tout embatant,

Par doulces paroles flatant,
Et le plus lait dehors démonstrent, 8495
A tres-tous ceulx qui les rencontrent;
Et le plus bel dedans réponnent,
Pour décevoir ceulx qui leur donnent.
Et vont disant que povres sont,
Et les grasses pitances ont, 8500
Et grans deniers ont en tresor;
Mais tant me tairay-je dès or;
Car j'en pourroye bien tant dire,
Qu'il m'en yroit de mal en pire;
Car tousjours hayent ypocrites; 8505
Vérités qui contre eulx sont dictes.
 Ainsi aux devant ditz amys,
Mon fol cueur son travail a mys,
Et suis par mon fol sens trahy,
Destruyt, diffamé & hay, 8510
Sans achoison d'autre desserte,
Que de la devantdicte perte,
De toutes gens communnéement,
Fors que de vous tant seulement.
Que vos amours pas ne perdez; 8515
Mais à mon cueur vous aherdez;
Et tousjours tant que je vivray,
De vous aymer ne retrairay.
Se Dieu plaist vous y aherdrez;
Mais pource que vous me perdrez, 8520
Quant à corporel compaignie,
En ceste terrienne vie,
Quant le derrenier jour viendra,
Que mort son droit du corps prendra;

Qu'à celluy jour bien le recors, 8525
Ne nous touldra fors que le corps,
Et toutes les appartenances,
De par les corporelz substances;
Car bien sçay que nous deux mourrons,
Plus-tost je croy que ne vouldrons; 8530
Car mort tous compagnons dessemble,
Mais ce n'est pas ce croy ensemble.
Si sçay-je bien certainement,
Que se loyal amour ne ment,
Se vous vivez & je mouroye, 8535
Tousjours en vostre cueur vivroye;
Et se devant moy vous mourez,
Tousjours en mon cueur revivez,
Après vostre mort par mémoire,
Comme vesquist, ce dit l'Hystoire, 8540
Pyrithous après sa mort,
Que Theseus ama tant fort :
Tant le queroit, tant le suyvoit,
Que cil dedans son cueur vivoit.
Tant l'eut aymé vivant sur terre, 8545
Que dedans Enfer l'alla querre.
Et povreté fait pis que mort :
Car ame & corps tormente & mort,
Tant que l'ung ou l'autre demeure;
Et non mye sans plus une heure, 8550
Et leur adjouste à damnement,
Larrecin & parjurement :
Avecques toute autre durté,
Dont le povre est souvent hurté.
Ce que mort ne peult mye faire, 8555

Ains les en fait du tout retraire,
Et si leur fait à son venir,
Tout temporel torment finir;
Car combien que leur soit griefve,
En une seule heure les griefve, 8560
Pour ce beau compaings vous semon,
Qu'il vous membre de Salomon,
Qui fut Roy de Hierusalem;
Car de luy moult de bien lyt l'en.
Il dit se bien y prenez garde, 8565
Beau filz de povreté te garde,
Tous les jours que tu as à vivre,
Et la cause rend en son Livre;
Car en cette vie terrestre,
Mieulx vault mourir que pauvres estre. 8570
Et ceulx qui povres apperront,
Leurs propres freres les hairront,
Et pour la povreté doubteuse;
Il parle de la souffreteuse,
Que nous appellons indigence, 8575
Qui ses hostes si desavance.
Onc ne fut si despites gens,
Que ceulx que l'en voit indigens:
Pour tesmoing mêmes le refusent,
Tous ceulx qui de droit escript usent, 8580
Pource qu'ilz sont és loys clamez,
Equipolens aux diffamez.

 Trop est povreté laide chose;
Mais toutesfois bien dire l'ose,
Que se vous aviés biens assez, 8585
Joyaulx ou deniers amassez,

Et tant donner en vouldriés,
Comme promettre en pourriés,
Lors cueilleriés boutons & Roses,
Tant fussent fermez & encloses ; 8590
Mais vous n'estes mye si riche,
Et si n'estes avers ne chiche.
Donnez donc amiablement,
Petits dons raisonnablement,
Que n'en chaiez en povreté, 8595
Indigence, ou mendicité :
Plusieurs de vous se mocqueroient,
Qui de riens ne vous aideroient.
Si affiert bien que l'en present,
Du fruyt nouvel ung beau present, 8600
En touailles, ou en paniers ;
De ce ne soyes jà laniers.
Donnez-leur des noix ou cerises,
Cormes, prunes, fraîsches merises,
Chataignes, figues, coings, noysettes, 8605
Pesches, raisins, ou alliettes,
Nesles entées, ou framboises,
Belloces, d'avesnes, jorroises,
Ou des meures franches ayés ;
Telz fruytz nouveaulx leur envoyés ; 8610
Et se les avyez achaptez,
Dictes qu'ils vous sont presentez,
D'ung vostre amy de loing venuz,
Les eussiez-vous par achapt euz.
Ou donnez Roses vermeillettes, 8615
Primerolles ou violettes,
Et boucquetz selon la saison,

## DE LA ROSE.

Telz dons sont de bonne raison.
Sachiés que dons les gens affolent,
Aux mesdisans les jangles tolent ;  8620
Car se mal és donneurs sçavoient,
Tout le bien du monde en diroient.
Beaulx dons soubstiennent maint Bailly,
Qui pieça fussent mal bailly ;
Beaulx dons de vins & de viandes,  8625
Ont fait donner maintes prébendes ;
Beaulx dons si font, n'en doubtez mye,
Porter tesmoings de bonne vie :
Moult tiennent par tout grans baudons,
Qui beau don donne il est preud'homs.  8630
Les dons donnent loz aux donneurs,
Et si empirent les preneurs,
Quant leur naturelle franchise,
Obligent en autruy servise ;
Que vous diroye en toute somme,  8635
Par don fut prins & Dieu & homme.
   Compaings entendez ceste note,
Que je vous admonneste & note ;
Sachiés se vous voulez ce faire,
Que vous m'avez ouy retraire,  8640
Le Dieu d'amours ja n'y fauldra,
Quant le fort chastel assauldra,
Qu'il ne vous rende sa promesse ;
Car lui & Venus la Déesse,
Tant aux portiers se combatront,  8645
Que la forteresse abatront.
Si pourrez lors cueillir la Rose,
Jà si fort ne sera enclose ;

Mais quant on a la chose acquise,
Si convient-il très-grant maistrise,           8650
En bien garder & sagement,
Qui jouyr en veult longuement.
Car la vertu n'est mye mendre,
De bien garder que de despendre,
Les choses quant ils sont acquises,            8655
Comment qu'il soit, n'en quelles guyses.
C'est bien droit que chétif se clame,
Celluy qui pert tout ce qu'il ame,
Bien que ce soit par sa deffaulte ;
Car moult est chose digne & haulte,            8660
De bien sçavoir garder s'amye ;
Si que l'en ne la perde mye,
Et mesmement quant Dieu la donne
Sage, courtoise, simple & bonne ;
Qui s'amour donne & pas ne vende.              8665
Car en nul temps amour marchande,
Ne fut par femme controuvée,
Fors par ribauldie prouvée ;
Si n'y a point d'amour sans faille,
En femme qui pour don se baille.               8670
Tel amour sainte Mal-feu larde,
Là ne doit-on pas prendre garde ?
    Si sont-ils certes presques toutes,
Convoiteuses de prendre & gloutes,
De ravir & de devourer :                        8675
Si qu'il n'y peut riens demourer,
A ceulx qui pour elles se pament,
Et qui plus loyaulment les ament ;
Car Juvenal si nous racompte,

## DE LA ROSE.

Qui de Imbernie tient son compte, 8680
Qui mieulx voulsist ung des yeulx perdre,
Que soy à ung seul homme aherdre ;
Car ung seul ne luy peut suffire,
Tant estoit de chaulde matire ;
Car jà femme n'est tant ardant, 8685
Ne ses amours si bien gardant,
Que de son chier amy ne vueille,
Tous ses deniers & sa despeuille.
Or vois que les autres feroient,
Qui par dons aux hommes s'ottroyent, 8690
Ne nulle n'en peut-on trouver,
Qui ne se vueille ainsi prouver ?
Tant l'ait homme en subjection,
Toutes ont ceste intention.
C'est cy la reigle qu'il en baille ; 8695
Mais il n'est reigle qui ne faille ;
Car des maulvaises entendit,
Quant cette Sentence rendit ;
Mais se telle est comme devis,
Loyal de cueur, simple de vis, 8700
Je vous diray bien que doit faire
Varlet courtois & debonnaire,
Qui veult à ce mettre sa cure ;
Garde que du tout ne s'asseure,
En sa beaulté, ne en sa forme : 8705
Droit est que son engin informe,
De meurs & d'ars & de science ;
Car qui les fruits & la prouvence
De beaulté sçauroit regarder ;
Beaulté se peut bien pou garder, 8710

Tantoſt a faicte ſa veſprée,
Com les fleurettes en la prée;
Car Beaulté eſt de tel matire,
Que tant plus vit & plus empire.
Mais le ſens qui le veult acquerre, 8715
Tant comme il peut durer ſur terre,
Fait à ſon maiſtre compaignie,
Et mieulx vault au chief de la vie,
Que ne fiſt au commencement,
Tousjours va par amendement: 8720
Jà n'eſt par nul amenuyſé,
Moult doit eſtre amé & priſé.
L'homme de noble entendement,
Quant il en uſe ſagement.
Moult doit eſtre femme liée, 8725
Quant ſon amour a employée,
En bel homme courtois & ſage,
Qui de ſens a grant teſmoignage.
Non pourtant s'il me demandoit
Conſeil, ſçavoir ſe bon ſeroit, 8730
Qu'il fiſt des rymes joliettes,
Motez, fabliaux, chançonnettes,
Qu'il vueille à ſamye envoyer,
Pour luy déduyre & appayer.
Hélas! de ce ne peut chaloir, 8735
Beau dit y peut petit valoir:
Le dit je croy loüé ſeroit,
D'autre preu petit y feroit.
Mais une grant bourſe peſans,
Bien garnye de bon beſans; 8740
Se la veoit ſaillir en place,

Toſt

## DE LA ROSE.

Tost y couroit à plaine brace;
Elles sont si tres-aoursées,
Qu'elles ne quierent que boursées;
Jadis souloit estre autrement;  8745
Or va par tout empirement.
Jadis au temps des premiers peres,
Et de noz primeraines meres,
Comme la lectre le tesmoigne,
Par qui nous sçavons la besoigne,  8750
Furent amours loyaulx & fines,
Sans couvoitises ne rapines,
Et le siecle moult précieux,
N'estoit pas si délicieux,
Ne de robes, ne de viandes;  8755
Mais cuilloient ès boys les glandes,
Pour pain, pour chairs & pour poissons,
Et cherchoient par ces buissons,
Par vaulx, par plains & par montaignes,
Pommes, poires, noix & chastaignes,  8760
Boutons & meures & prunelles,
Framboises, frezes & cenelles,
Feves & poiz & telz chosettes,
Comme fruitz, racines, herbettes,
Et des espis des blés frotoient,  8765
Les racines des champs mangeoient,
Sans mectre en pressouer, n'en esnes,
Et le miel découroit des chesnes,
Dont habondamment se vivoient,
Et de l'eaue simple buvoient,  8770
Sans querir pigment, ne claré,
N'oncques ne burent vin paré.

Tome I.  O

Lors ne fut point la terre arée ;
Mais comme Dieu l'avoit parée,
Et d'elle-mesmes apportoit, 8775
Ce dont chascun se confortoit :
Ne queroient saumons, ne luz,
Ains vestoient les cuirs veluz,
Et faisoient robes de laines,
Sans taindre en herbes, ni en graines ; 8780
Ainsi qu'ilz venoyent des bestes.
Couvertes étoient de genestes,
De feuillettes & de rainceaulx,
Leurs maisonnettes & hameaulx,
Et faisoient en terre fosses, 8785
Es roches & tiges très-grosses,
Es chesnes creux se reponnoient,
Quant les tempestes redoubtoient,
D'un horrible temps apparant,
Là s'en alloient à Garant, 9790
Pour celle tempeste éviter,
Et eux hors du péril getter.

*Comment les gens temps passé*
*N'avoient nul tresor amassé,*
*Fors tout commun par bonne foy,* 8795
*Et n'avoient ne Prince ne Roy.*

ET quant par nuyt dormir vouloyent,
En lieu de coites apportoyent,
En leurs places monceaulx de gerbes,
De fueilles, ou de mousse, ou d'herbes ; 8800
Et quant l'air estoit apaisé,

## DE LA ROSE.

Et le temps cler & arrasé,
Et le vent doulx & convenable,
Si comme en Printemps permanable,
Que les oyseaux en leur Latin, 8805
S'estudient chascun matin,
De l'aube du jour saluer,
Qui tout leur fait les cueurs muer:
Zephirus & Flora sa femme,
Qui des fleurs est maistresse & Dame; 8810
Ces deux font les florettes naistre,
Fleurs ne connoissent autre maistre;
Car par tout le monde ensement,
Les vont cil & celle sement,
Et les forment & les coulorent. 8815
Ces couleurs dont les fleurs honnorent
Pucelles & Varletz prisiez,
De beaulx chappeletz renvoysiez,
Pour l'amour des fins amoureux;
Car ilz ont moult plaisir en eulx. 8820
Ces fleurettes lors estendoient,
Les coutepointes qui rendoient
Leur resplandeur par ces herbages,
Par ces prez & par ces rivages;
Qu'il vous fust advis que la terre 8825
Voulsist emprendre estrif & guerre,
Au Ciel d'estre mieulx estellée,
Tant est par ces fleurs revellée.
Sur telz couches que vous devise,
Sans rapine & sans convoytise, 8830
S'entr'acoloient & baisoient
Ceulx qui le jeu d'amours plaisoient,

O 3

Soubz arbres vers pour ces gaudines,
Leurs Pavillons & leurs courtines
De rainceaulx d'arbres estendoient,  8835
Qui du Soleil les deffendoient.
Là démenoient leurs carolles,
Leurs jeux & leurs doulces parolles
Les simples gens bien asseurez,
De toutes malices curez,  8840
Fors demener jolivetez,
Par loyaulx amiabletez.
N'encor n'estoit ne Roy ne Prince,
Mal fait qui l'autruy tolt & prinse.
Tres-tous pareils estre souloient,  8845
Ne riens propre avoir ne vouloient.
Bien sçavoient celle parole,
Qui n'est mensongiere ne fole;
Qu'oncques Amour & Seigneurie,
Ne s'entrefirent compaignie,  8850
Ne ne demouroient ensemble,
Cil qui maistrise les dessemble.

*Icy commence le Jaloux,*
*A parler & dire oyans tous,*
*A sa femme qu'elle est trop baulde,*  8855
*Et l'appelle faulse Ribaulde.*

Pource voit-on des mariages,
 Quant le mary cuide estre sages,
Et chastie sa femme & bat,
Et la fait vivre en tel débat,  8860
Qui lui dit qu'elle est nice & fole,

Dont tant demeure à la carole,
Quant elle hante si souvent
Des jolis learletz Convent,
Que bonne amour n'y peut durer : 8365
Tant s'entrefont maulx endurer,
Quant il veut la maistrise avoir,
Du corps sa femme & de l'avoir.
Trop estes, dist-il, viloriere,
Et avez trop nice maniere ; 8370
Quant suis en mon labour alez,
Tantost espringuez & balez,
Et démenés tel ribauldie,
Que ce semble une dyablerie ;
Et chantez comme une seraine, 8375
Dieu vous mette en malle sepmaine ;
Et quant vois à Romme ou en Frise,
Porter de notre marchandise,
Vous devenez tantost si cointe,
Que je trouve bien qui m'acointe, 8380
Que par tout en va la parole ;
Et quant aulcun à vous parole,
Pour quoy si cointe vous tenez,
En tous les lieux où vous venez,
Vous respondez hary, hary, 8385
C'est pour l'amour de mon mary.
Pour moy las douloureux chétifz,
Qui scet se je forge ou je tiltz,
Ou se je suis ou mort ou vifz,
L'en me dévroit fraper au viz 8390
Une vecye de mouton :
Certes je ne vaulx ung bouton,

O 3

Quant autrement ne vous chastie,
Male grace m'avez bastie,
Qui de tel mal fait vous vantez. 8895
Chascun scet bien que vous mentez
Pour moy las douloureux, pour moy
Maulx gras en mes mains enformoy,
Et villainement me déceuz,
Quant oncques vostre foy receuz 8900
Le jour de nostre mariage,
Pour moy donner tel rigolage :
En démenant ung tel bobant,
Qui cuidez-vous aller lobant.
Certes je n'ay pas le povoir, 8905
De telle cointerie veoir,
Que ces Ribaulx saffres, frians,
Qui ces Putains vont espians,
Entour vous remirent & voyent,
Quant par ces ruës vous convoyent, 8910
A qui pelez-vous telz chastaignes,
Qui me peut plus faire d'engaignes ;
Vous faictes de moy chappe à pluye,
Quant de present près vous m'appuye,
Je voy que vous estes plus simple 8915
En ce surcot, en celle gymple,
Que tourterelles, ne coulons,
Ne vous chault s'il est court ou longs.
Quant suis tout seul lés vous presens,
Qui me donneroit cent besens, 8920
Combien que debonnaire soye ;
Se pour honte ne le laissoye,
Ne me tendroye de vous batre,

Pour voſtre orgueil du tout abatre;
Et ſachiez qu'il ne me plaiſt mie, 8925
Qu'il ſoit en vous telle cointie,
Soit de carolle, ſoit de dance,
Fors ſeulement en ma preſence.

*Comment le Jaloux ſi reprent*
*Sa femme, & dit que trop meſprent,* 8930
*De démener ou joye ou feſte,*
*Et que de ce trop le moleſte.*

D'Autre part ne puis plus celer,
Entre vous & ſe bacheler,
Robinchon qui a vert chapel, 8935
Qui ſi-toſt vient à voſtre Apel.
Avez-vous terres à partir,
Vous ne pouvez de luy partir?
Touſjours enſemble flajolez,
Ne ſçay que vous entrevoulez; 8940
Que vous pouvez-vous entredire,
Tout vif me faut enragier dire,
Pour voſtre fol contenement.
Par le Dieu, qui ne fault ne ment,
Se vous parlez jamais à luy, 8945
Vous en aurez le vis pally,
Voyre pardieu plus noyr que meure:
Car de coups, ſe Dieu me ſequeure,
Vous donray tant par ce viſaige,
De quoy vous tenez le muſaige, 8950
Qui tant eſt aux muſars plaiſans,
Que vous rendrez coye & taiſans,

Ne jamais hors sans moy n'yrez ;
Mais à l'hostel me servirez,
En bons aneaulx de fer rivée :  8955
Les dyables vous font si privée
De ces Ribaulx plains de losenges,
Dont vous deussiés bien estre estranges.
Ne vous prins-je pour me servir,
Cuidez-vous m'amour desservir,  8960
Pour acointer ces ors Ribaulx,
Pour ce qu'ilz ont les cueurs si baulx,
Et qu'ilz vous retrouvent si baulde ?
Vous estes maulvaise Ribaulde ;
Si ne me puis en vous fier,  8965
Diables m'y firent marier.

 Las se Theofrastus je creusse,
Jamais femme espousé je n'eusse ;
Il ne tient pas homme pour sage,
Qui femme prent par mariage,  8970
Soit belle, ou laide, ou povre, ou riche ;
Car il dit & pour vray la fiche,
En son noble Livre aureolle,
Qui bien fait à lire en escolle ;
Qu'il y a vie trop grevaine,  8975
Plaine de travail & de paine,
Et de comptens & de riottes,
Par les orgueilz des femmes sottes,
Et de dangiers & de reprouches,
Qu'ilz font & dient par leurs bouches,  8980
Et de requestes & de plaintes,
Qu'ilz trouvent par achoisons maintes ;
Si à grant paine à les garder,

## DE LA ROSE. 301

Pour leurs folz vouloirs retarder:
Et qui veult povre femme prendre, 8985
A nourrir la convient entendre,
Et à vestir & à chausser:
Et se tant se cuide avancer,
Qu'il la preigne riche gramment,
A souffrir aura grand torment; 8990
Tant la treuve orgueilleuse & fiere,
Et surcuidée & bobanciere,
Que son mary ne prisera
Riens, & par tout desprisera
Ses parens & tout son lignage, 8995
Par son oultrecuidé langage.
  S'elle est belle tous y acourent,
Tous la poursuyvent & l'honnourent,
Tous y heurtent, tous y travaillent,
Tous y luitent, tous y bataillent; 9000
Tous à la servir s'estudient,
Tous vont entour elle & la prient,
Tous y musent & la convoyent,
Si l'ont en la fin tant la proyent,
Qu'elle est de toutes pars assise, 9005
Envis eschappe d'estre prise;
Si laide est à chascun veult plaire.
Et comment pourroit nul ce faire,
De garder ce que tous guerroient,
Ou hair tous ceulx qui le voyent? 9010
S'il prent à tout le monde guerre,
Il n'a povoir de vivre en terre;
Nul ne les garde d'estre prises,
Quant bien seuffrent d'estre requises.
              O 5

Peneloppe mesmes prendroit, 9015
Qui bien à la prendre entendroit :
Si n'eust-il meilleure femme en Grece :
Si feroit-il par foy Lucrece ;
Jaçoit ce que se soit occise,
Puisque par force l'avoit prise 9020
Le fils au Roy Tarquinius ;
N'onc, ce dit Titus Livius,
Mary, ne pere, ne parens,
Ne l'en peurent estre garens,
Pour paine que nul d'eulx y mist, 9025
Que devant eulx elle ne s'occist.
Du dueil laisser moult la requirent,
Et de belles raisons luy dirent,
Son loyal mary mesmement,
La confortoit piteusement, 9030
Et de bon cueur luy pardonnoit
Tout le fait, & luy sermonnoit,
Et s'estudioit a trouver
Vives raisons pour luy prouver
Que son corps n'avoit pas pechié, 9035
Quant le cueur ne voult le pechié :
Car corps ne peut estre pecheur,
Se le cueur n'en est consenteur.
Mais elle qui son dueil menoit,
Ung coutel en son sein tenoit, 9040
Si mucé que nul ne le veit,
Quant pour en soy ferir le prit,
Et leur respondit sans vergogne ;
Beaulx Seigneurs qui que me pardogne,
L'ort pechié dont si fort me poise, 9045

Ne comment, dist-ell', qu'il en voise,
Je ne me pardoint pas la paine.

*Comment Lucrece par grant yre,*
*Son cueur point, derompt & deffire,*
*Et chiet morte sur terre à dens,* 9050
*Devant son mary & parens.*

Lors fiert de grant angoisse plaine,
D'une espée dans sa poitrine,
Son cueur, si le fend & se porte
Devant eulx à la terre morte ; 9055
Mais ains pria qu'ilz travaillassent
Tant pour luy, que sa mort vengeassent.
C'est exemple voult procurer
Pour mieulx les femmes asseurer,
Que nulluy force ne leur meust, 9060
Qui pour ce mort souffrir ne deust,
Dont le Roy & son filz en furent
Mis en exil, & en moururent.
N'onc puis Romains pour ce desroy
Ne vouldrent faire à Romme Roy. 9065
Si n'est-il plus nulle Lucrece,
Ne de Penelopé en Grece,
Ne preude femme dessus terre,
S'il fust qui bien les sceust requerre ;
Ainsi le dient les Payens. 9070
N'oncques nul n'y trouva moyens,
Maintes mesmes par eulx se baillent,
Quant les requereurs leur deffaillent,
Et ceulx qui font les mariages,

Si ont trop merveilleux usages 9075
Et coustume si despareille,
Qu'il me vient à trop grant merveille.
Ne sçay dont vient ceste folie,
Fors de rage & de desverie.
Je voy qui ung cheval achette, 9080
Il n'est si fol qui riens y mette,
Combien qu'il soit très-bien couvert,
S'il ne le voit à descouvert,
Par tout le regarde & espreuve ;
Mais on prent femme sans espreuve : 9085
Car jà ne sera descouverte,
Ne pour gaigne, ne pour la perte,
Pour soulas, pour déduit, pour aise,
Tant ait son fiancé mésaise,
Devant qu'elle soit espousée, 9090
Et quant el' voit la chose oultrée,
Adoncques montre sa malice,
Et appert lors s'elle à nul vice.
Si fait au fol ses mœurs sentir,
Quant riens n'y vault le repentir : 9095
Si sçay-je bien certainement
Combien qu'el' se tient sagement,
N'est nul qui marié se sente,
S'il n'est fol, qui ne s'en repente.
Prudes femmes par saint Denis, 9100
Dont il est moins que de fenis,
Comme Valerius témoigne,
Ne peut nul aimer qu'il ne preigne
Par grans paours & par grans cures,
Et d'autres grans mesadvantures, 9105

## DE LA ROSE.

Moins que de fenis par ma teste,
Par comparaison plus honneste;
Voire moins que de blancz corbeaulx,
Combien qu'elles ayent les corps beaulx:
Mais non pourtant, quoy que j'en die, 9110
Pource que ceulx qui sont en vie
Ne puissent dire que je queure
A trestoutes femmes au desseure.
Qui preude femme veult congnoistre,
Soit seculiere, ou soit de cloistre: 9115
Se travail veult mettre à la querre,
C'est oysel cler semé sus terre,
Si legierement cognoissable,
Qui est à noir cygne semblable.
Juvenal mesmes le conferme, 9120
Qui le dit par Sentence ferme;
Se tu trouves chaste Moullier,
Va t'en au temple agenoullier,
Et Jupiter sers & honnoure,
A luy sacrifier laboure, 9125
A Juno la Dame honnourée,
Une vasche toute dorée.
Qu'onc plus merveilleuse advanture
N'advint à nulle créature.
Et qui veult les males amer, 9130
Dont deçà mer & delà mer,
Comme Valerius racompte,
Qui de vrai dire n'a pas honte,
Sont essains plus grans que de mousches,
Qui se recueillent en leurs rouches. 9135
A quel chief en cuyde-il venir?

Mal se fait à tel rain tenir,
Et qui s'y tient bien le recors,
Il en perdra l'ame & le corps.
 Valerius qui se douloit,    9140
De ce que Ruffin se vouloit
Marier qui son compaings yere,
Si luy dist par parolle fiere.
Dieu tout-puissant, dist-il, amis,
Garde que je ne soye jà mis,    9145
Es latz de femmes, tant puissans
Sont, qu'ilz sont tous par art froissans,
Et Juvenal mêmes escrye
A Postumus qui se marie.
Postumus veulx-tu femme prendre,    9150
Ne peuz-tu trouver à toy pendre,
Ou hart, ou cordes, ou chevestres,
Ou saillir hors par les fenestres,
Dont l'en peult & hault & loing veoir,
Ou de laisser toy d'ung pont cheoir?    9155
Car forsenerie te maine
A ceste grant douleur & paine.
Le Roy Phoroneus meismes,
Que si comme nous apreismes,
Ses Loix au Peuple Grec donna,    9160
Au lit de la mort sermonna,
Et dist à son frere Leonce;
Frere & amy je te dénonce,
Que très-bieneuré je mourusses,
S'oncques femme espousée n'eusses,    9165
Et Leonce tantost la cause,
Luy demanda de ceste clause,

Tous les mariés si la preuvent,
Et par experiment le treuvent :
Et quant tu auras femme prise, 9170
Tu le sçauras bien à devise.
 Pierre Abayelart le confesse,
Que sœur Heloise, l'Abbesse
Du Paraclet, qui fut samye,
Accorder ne se vouloit mye, 9175
Pour riens qui la tenist à femme :
Ains lui faisoit la jeune Dame,
Bien entendant & bien lettrée,
Et bien aymant & bien aymée.
Argumens pour luy chastier 9180
Qu'il se gardast de marier,
Et lui prouvoit par escriptures,
Et par raisons qui sont trop seures,
Condicion de mariage,
Combien que la femme soit sage, 9185
Car les livres avoit bien leuz,
Bien estudiés & bien veuz ;
Et les meurs feminins sçavoit,
Car en soi trestous les avoit,
Et lui requeroit qu'il l'amast, 9190
Mais que nul droit ne reclamast,
Fors que de grace & de franchise,
Sans seigneurie & sans maistrise,
Et qui peust bien estudier,
Franc & quicte sans soy lyer, 9195
Et qu'il entendist à l'estuide
Qui de science n'est pas vuide ;
Et lui redisoit toutesvoyes.

Que plus plaisans étoient leurs joyes :
Et les soulas plus en croissoient, 9200
Quant plus tard ils s'entreveoient.
Mais il, si comme escript nous a,
Qui tant l'aymoit qu'il l'espousa
Contre son admonestement,
Si luy en mescheut malement. 9205
Car puis qu'ilz furent, ce me semble,
Par leurs accors conjoinctz ensemble,
D'Argenteil Nonnain revestue,
Fut la couille à Pierre tolue.
A Paris en son lict de nuytz, 9210
Dont moult eut travail & ennuys,
Et fut par cette meschéance
Moine de saint Denys en France,
Puis Abbé d'une autre Abbaye,
Et fonda se dit en sa vie 9215
Une Abbaye renommée
Qui du Paraclet est nommée,
Dont Heloïse si fut Abbesse,
Qui devant fut Nonnain Professe.
Elle-mesmes nous le racompte, 9220
Et l'escript sans en avoir honte
A son amy que tant aymoit,
Que Pere & Seigneur clamoit,
Une merveilleuse parole,
Que moult de gens tiennent à fole, 9225
Qui est escripte en ses Epistres,
Qui bien chercheroit ès Chapitres :
Et lui manda par Lettre expresse,
Depuis ce qu'elle fut Abbesse,

En cette forme gracieuſe, 9230
Comme femme bien amoureuſe.
　Se l'Empereur qui eſt à Romme,
Soubz qui doyvent eſtre tout homme,
Me daignoit prendre pour ſa femme
Et me faire du monde Dame, 9235
Si vouldroye ores mieulx, diſt-elle,
Et Dieu à teſmoing en appelle,
Eſtre ta putain appellée
Qu'eſtre Emperiere couronnée.
Mais je ne croy mye par m'ame 9240
Qu'onc puis fut une telle femme.
Si croy-je bien qu'à la lecture
Se miſt pource que ſa nature
Vaincre & dompter mieux en ſçavoit;
Les mœurs feminins cognoiſſoit: 9245
Car certes ſe Pierre la creuſt,
Jamais marié ne ſe fuſt.
　Mariage eſt mauvais lien,
Se m'aiſt Dieu & ſaint Julien,
Qui pelerins errans heberge, 9250
Et ſaint Lyenard qui tous deſferge
Les pelerins bien repentans,
Quant les voit à lui démentans:
Mieulx me vaulſiſt eſtre allé pendre
Au jour que je deuz femme prendre. 9255
Quant ſi cointe femme acointay,
Mort ſuis quant femme ſi cointe ay.
Mais par le filz ſaincte Marie,
Que me vault cette cointerie,
Cette robe cointeuſe & chiere 9260

Qui si vous fait hausser la chiere,
Et tant vous grieve & tant ataine
& tant est longue qu'elle traine ?
Pourquoi tant d'orgueïl demenez
Que je deviens tout forcenez ? 9265
Que me fait-elle de proussit,
Et combien qu'aux autres proussit
A moi ne fait-elle que nuire ?
Car quant me vueil à vous déduyre.
Je la trouve si encombreuse, 9270
Si grevaine, si ennuyeuse,
Que je ne puis à chief venir,
Ne vous y puis à point tenir :
Tant me faictes de tours de ganches,
De bras, de costez & de manches ; 9275
Et tant vous allez détortant,
Ne sçay comment ce va, fors tant
Que bien voy-je que ma drurye,
Ne mon soulas ne vous plaist mye :
Mesmes au soir quant je me couche, 9280
Ains que vous reçoive en ma couche,
Comme preud'homs fait sa moullier,
Là vous convient-il despoüillier :
N'avez sur chief, sur corps, sur hanche
Que une coiffe toute blanche, 9285
Et les tressons yndes ou vers,
Cy croy soubz la coiffe couvers ;
Les robes & les pennes grises,
Sont adonc à la perche mises,
Toute la nuyt pendans à l'air : 9290
Que me peut donc tout ce valoir,

## DE LA ROSE.

Fors à vendre ou à engaigier,
Vif me voyés-vous enraigier,
Et mourir de la male-raige,
Se je ne vends tout & engaige ? 9295
Car puisque par jour si me nuysent,
Et par nuyt point ne me déduysent,
Quel prouffit y puis autre attendre,
Fors les engaiger ou les vendre ;
Je m'en suis par le voir allez, 9300
De nulle riens mieux n'en valez,
Ne de sens, ne de loyaulté,
Et non pardieu pas de beaulté.
 Et se nulz homs pour moy confondre,
Vouloit opposer ou respondre, 9305
Qui les bontés des choses bonnes,
Font bons les estranges personnes,
Et que beaulx garnemens font belles
Les Dames & les Damoiselles.
Certes quiconques ce diroit, 9310
Je diroye qu'il mentiroit ;
Car la beaulté des belles choses,
Soient violettes, ou roses,
Ou draps de soye, ou fleurs de lys ;
Si comme escript aux Livres lys, 9315
Sont en eulx & non pas és Dames
Car sçavoir doyvent toutes femmes,
Que jà nul jour tant qu'elle vive
N'aura fors sa beaulté nayve,
Et tout autant dys de bonté, 9320
Com de beaulté vous ay comptés ;
Si dis pour ma parole ouvrir,

Qui vouldroit ung fumier couvrir
De draps de foye ou de fleurettes,
Bien coulourées & bien nettes; 9325
Si seroit certes le fumier,
Qui de puir est coustumier;
Tel que devant estre souloit,
Et se nul dire me vouloit,
Se le fumier est bien parant, 9330
Et dedans est or & puant,
Tout ainsi les femmes se parent
Pour ce que plus belles apparent,
Ou c'est pour leur laideur ascondre;
Certes je ne sçay que respondre, 9335
Fors tant que tel déception
Vient de la sole vision
Des yeulx, qui parées les voyent;
Par quoy leurs cueurs si se desvoyent,
Pour la plaisante impression 9340
De leur imagination,
Qu'ilz ne sçavent appercevoir
Ne la mensonge, ne le voir,
Ne le sophisme deviser
Par deffault de bien adviser; 9345
Mais s'ils eussent des yeulx de lins,
Ja pour leurs manteaulx sebelins,
Ne pour surcotz, ne pour tonelles,
Ne pour guimples, ne pour cotelles,
Ne pour chemises, ne pelices, 9350
Ne pour joyaulx, ne pour délices,
Ne pour leurs moës desguisées,
Qui bien les auroit adviíées,

## DE LA ROSE.

Ne pour leur luyſans ſuperfices,
Dont ilz uſent par artifices ;
Ne pour chapeaulx de fleurs nouvelles,
Ne leur ſemblaſſent eſtre belles.
Car le corps Olimpiadés,
Qui de beaulté avoit adés,
Et de couleur & de facture,
Tant l'avoit bien faicte nature,
Qui en dedans veoir le pourroit,
Pour trop laid tenir la vourroit ;
Ainſi le racompte Boëce,
Saiges homs & plain de proëſſe ;
Et traict, à teſmoing Ariſtote,
Qui par parole ainſi le note ;
Car le lyns a la regardure
Si fort, ſi perſant & ſi ſure,
Qu'il voit tout ce que l'en luy monſtre,
Et dedans & dehors toult outre,
Et dit qu'oncques n'hyver n'eſté
Beaulté n'euſt paix à chaſteté,
Touſjours y a ſi grant tençon,
Qu'oncques en fable n'en chanſon,
Dire n'ouï ne recorder,
Que l'en les peuſt bien accorder.
Il a entr'eux ſi mortel guerre,
Que jà l'une ung plain pied de terre,
A l'autre ne lairra tenir,
Pour qu'el puiſſe au deſſus venir.
Mais la choſe eſt ſi mal partie,
Que chaſteté pert ſa partie,
Quant aſſault ou quant ſe revanche.

Tant scet peu de luytte & ganche,                9385
Qu'il luy convient ses armes rendre,
Et n'a povoir de se deffendre
Contre Beaulté qui est tant fiere :
Laideur mesmes sa chamberiere,
Qui luy doit honneur & servise,                  9390
Ne l'ayme pas tant, ne ne prise,
Que de son hostel ne la chasse,
Ne l'en mette hors & l'en dechasse.

*Beaulté si chasteté guerroye,*
*Et laidure aussi la maistroye,*                 7395
*De servir à vertus leur Dame,*
*Qui des chastes à malle fame.*

ET luy court sur ou col la mace,
En faisant très-orde grimace,
Qui tant est grosse & tant luy poise,            9400
Que merveilleusement luy poise,
Quant sa Dame en vie demeure,
La montance d'une seule heure.
C'est Chasteté trop mal baillie,
Quant de deux pars est assaillie,                8405
Et n'a de nulle part secours,
Si l'en convient fouyr le cours ;
Car elle se voit au fait seulle,
S'el l'avoit juré sur sa gueulle,
Et sceut encor assez de luyte,                   9410
Quant chascun encontre elle luyte ;
Elle n'ose les contrester,
Si qu'el n'y peut riens conquester :

## DE LA ROSE.

Laideur a tout le fait gasté,
Quant si court sus à Chasteté, 9415
Qui deffendre & garder la deust
Mème se musser el la peust,
Entre sa chair & sa chemise;
Si l'y devroit-elle avoir mise.
Moult refait certes à blasmer, 9420
Beaulté qui bien la deust amer,
Et luy procurer s'elle peust,
Que très-bonne paix entre eulx eust.
Tout son povoir au moins en fist,
Ou qu'en sa grant mercy se mist; 9425
Car bien faire luy deust hommage,
S'elle fust preux, courtoyse & sage,
Non pas faire honte & vergongne;
Car la lectre si nous tesmoigne,
Au sixiesme Livre Virgile, 9430
Par l'auctorité de Sibile,
Que nul qui vive chastement,
Ne peut venir à damnement.
Dont je jure le Roy celestre,
Que femme qui belle veult estre, 9435
Ou qui du ressembler se paine,
Et se remire & se demaine,
Pour soy parer & cointoyer,
Qu'el veult chasteté guerroyer,
Qui moult a certes d'ennemies 9440
Par Cloistres & par Abbayes,
Toutes contre elle sont armées,
Jà ne seront si enyvrées,
Que chasteté si fort ne heent,

Que tout à luy nuyre ne béent. 9445
Toutes font à Venus hommage,
Sans regarder preu, ne dommage,
Et fe cointoient & fe fardent,
Pour mocquer ceulx qui les regardent;
Et vont traffant parmis les ruës, 9450
Ou pour voir, ou pour eftre veuës,
Pour faire aux compaignons defir
De vouloir avec eulx gefir,
Pour ce portent-elles cointifes
Aux carolles & aux Eglifes; 9455
Jamais aulcune ne le feift,
S'elle ne cuydaft qu'on la veift,
Et que pour ce moult plus toft pleuft
A ceulx qu'elle decevoir peuft.
  Mais certes qui les voit en compte, 9460
Moult font femmes à Dieu grant honte,
Comme foles & defvoyées,
Quant ne fe tiennent appaifées
De la beaulté que Dieu leur donne,
Chafcune a fur fon chief couronne 9465
De fleurettes d'or ou de foye,
Et s'enorgueillift & cointoye,
Quant fe va monftrant par la ville,
Par quoi trop grandement s'aville
La très-malheureufe la laffe, 9470
Quant chofe plus ville & plus baffe,
De foy veult fur fon chief attraire,
Pour fa beaulté croiftre ou parfaire;
Et va ainfi Dieu defprifant
Et le tient pour non fouffifant, 9475

## DE LA ROSE.   317

Et se pense en son fol couraige
Que Dieu luy fist trop grant oultrage,
Quant sa beaulté luy compassa
Trop négligemment s'en passa ;
Si quiert Beaulté de créatures,       9480
Que Dieu fist de plusieurs figures,
Ou de métaulx, ou de fleurettes,
Com d'autres estranges chosettes.
 Sans faille ainsi est-il des hommes,
Qui mettent en diverses formes,       9485
Les chappeletz & les cointises,
Sur les beaultez que Dieu a mises,
Envers luy trop nous mesprenons,
Quant appaiez ne nous tenons
Des beaultez qu'il nous a données     9490
Sur toutes créatures nées ;
Mais je n'ay de tels truffes cure,
Je vueil souffisante vesture,
Qui de froit & de chault me garde ;
Aussi très-bien se Dieu me garde,     9495
Me garantit & corps & teste,
Par vent, par pluye & par tempeste,
Fourrée d'aigneaulx sur gros bureaux,
Comme pers fourré d'escureaux.
Mes deniers ce me semble pers,        9500
Quant j'ai pour vous robes de pers,
De camelot, ou de brunette,
De vert, ou d'escarlatte achette,
Et de vair & de gris la fourre,
Ce vous fait en folie encourre,       9505
Et faire les tours & les roës,

*Tome I.*       P

Par les pouldres & par les boës,
Ne Dieu, ne moy riens ne prisez,
Mesmes la nuyt quant vous gisez,
Lez moy en mon lit toute nuë, 9510
Ne pouvez-vous estre tenuë ;
Car quant je vous vueil embrasser,
Pour baiser & pour solasser :
Et suis plus forment eschauffé,
Vous rechignez comme mauffé, 9515
Ne vers moy, pour riens que je face,
Ne voulez tourner votre face ;
Mais pour malade vous faignez,
Tant souspirez, tant vous plaignez ;
Et faictes si le dangereux, 9520
Que j'en deviens si paoureux,
Que je ne vous ose assaillir,
Tant ay grant paour de défaillir :
Quant après dormir me réveille,
Si me vient à trop grant merveille. 9525
Comment ces Ribaulx y adviennent,
Qui par jour vestuë vous tiennent ;
Se vous ainsi vous détortez,
Quant avec eulx vous déportez,
Et se tant leurs faictes d'ennuys, 9530
Comme à moy de jour & de nuys ;
Mais n'en avez ce croy talent,
Ains allez chantant & balant,
Par ces jardins, par ces preaux,
Avec ces Ribaulx desloyaux, 9535
Qui me trainent ceste espousée,
Sur l'herbe verde à la rousée,

Et me vont illec defprifant,
Et par defpit entr'eulx difant;
C'eft maulgré l'ort villain jaloux, 9540
Sa chair foit or livrée aux loups,
Et les oz aux chiens enragiez,
Par quoy fuis fi ahontagiez.
C'eft par vous faulfe pautonniere,
Et par voftre fole maniere, 9545
Ribaulde orde vil pute liffe,
Jà voftre corps de ceft an n'iffe,
Quant à tels maftins le livrez,
Par vous fuis à honte livrez,
Par vous, par voftre lecherie, 9550
Suis-je mis en la Confrairie
Saint Arnoul le Seigneur des Coux,
Dont nul ne peut eftre refcoux,
Qui femme prent au mien effient,
Tant la voit gardant n'efpiant, 9555
Et euft des yeulx plus d'ung millier,
Toutes fe font hurtebillier;
Il n'eft garde qui riens y vaille.
Et s'il avient que le fait faille,
Jà la voulenté ne fauldra, 9560
Par quoy fe peut, au fait viendra;
Car le vouloir tousjours en porte;
Mais forment nous en réconforte.
Juvenal qui dit du meftier,
Que l'en appelle refatier : 9565
Que c'eft le moindte des péchiez,
Dont corps de femme eft entechiez;
Car leur nature leur commande,

Que chascune à pis faire entende.
Ne voit-on comment les marrastres 9570
Donnent venin à leurs fillastres,
Et font charmes & sorceries,
Et d'autres grandes diableries,
Que nul ne pourroit récenser,
Tant y peust fortement penser. 9575
 Toutes estes, serez ou fustes,
De fait ou de voulentez putes,
Et qui très-bien vous chercheroit,
Toutes putes vous trouveroit;
Car qui ne peut le fait estaindre, 9580
Voulenté ne peut nul contraindre.
Tel avantaige ont toutes femmes
Qu'els sont de leur voulenté Dames,
On ne leur peut leurs cueurs changier,
Pour batre, ne pour ledengier; 9585
Mais quiconques changier les peust,
La Seigneurie des cueurs eust.
Or laissons ce qui ne peut estre;
Mais beau doulx Dieu, le Roy celestre,
Des Ribaulx que pourrai-je faire, 9590
Qui tant me font honte & contraire?
S'il advient que je les menasse,
Que priseront-ilz ma menasse?
Se je me vueil à eulx combatre,
Tost me pourront tuer ou batre. 9595
Ilz sont felons & oultrageux,
De tous maux faire courageux,
Jeunes, jolis, felons, testuz,
Et ne me prisent deux festuz;

## DE LA ROSE.

Car jeunesse si les enflame, 9600
Qui de feu les emple & de flame;
Et si leur fait, à dire voir,
Les cueurs à Follie esmouvoir;
Et si legiers & si volans,
Que chacun cuide estre ung Rolans; 9605
Voire Hercules ou ung Sanson.
Si eurent ces deux, ce penson,
Escript est & je le recors,
Une même grandeur de corps;
Car Hercules avoit selong 9610
L'Acteur Solin dix piedz de long.
N'onc ne peut à quantité graindre,
Nul homs, si comme il dit, attaindre;
Et ce verra sans oyr dire,
Celluy qui vouldra Solin lire. 9615
Cil Hercules eut moult d'encontres,
Il vainquit douze horribles monstres,
Par sa force & par sa proesse,
Comme le racompte Boece;
Et quant eut vaincu le douziesme, 9620
Oncq ne peut chevir du treiziesme,
Et ce fut de Dejanira
S'amye, qui si luy tira
La chair de venin toute esprise
Par la venimeuse chemise; 9625
Ainsi fut par femme dompté,
Hercules qui tant eut bonté.
Si avoit-il pour Yolé
Son cueur d'amours tout affolé.
Mais Dejanira par envie, 9630

P 3

Tendoit à luy tollir la vie,
Pour ce qu'une autre amye avoit :
Si qu'ainsi vengier s'en vouloit ;
Car mains bruvaiges luy donna,
Et sa chair toute empoisonna, 9635
Par une maulvaise malice,
Si la creut comme sole & nice ;
Mais nulz homs ne se peut par m'ame,
Guetter d'une maulvaise femme,
Quant il y a son cueur bouté, 9640
Mains en sont mors en grant vilté.

*Comment Dalida en dormant,*
*A Sanson qui l'aimoit formant,*
*Coupa par faulse traïson*
*Ses cheveulx, quant en son giron* 9645
*Le fist couchier pour endormir,*
*Dont après l'en convint gémir.*

Ussi es escriptz anciens,
On lit que les Philistiens
Ne pouvoient vaincre Sanson, 9650
Par bataille, ne par tenson :
Quant sa femme le fist dormir
En son Giron, si qu'à loysir
Luy coupa trestous les cheveulx,
Dont dommaige sourdit pour eulx, 9655
Et fut prins de ses ennemis,
De toute sa force desnis,
Et luy creverent les deux yeulx,
Dont elle ne valut pas mieulx ;

## DE LA ROSE.

Ainſi Sanſon qui pas dix hommes 9660
Ne redoutoit, ne que dix pommes ;
S'il avoit tous ſes cheveulx euz,
Fut par ſa femme moult déceuz.
   Si fais-je que ſol de ce dire ;
Car je ſay bien que tire à tire, 9665
Mes paroles toutes direz,
Quant vous de moy départirez,
Aux Ribaulx vous irez clamer,
Et me pourrez faire entamer
La teſte, ou les cuiſſes briſer, 9670
Ou les eſpaules enciſer,
Se vous povez à eulx aller ;
Mais ſe j'en puis oyr parler,
Ains que ce me ſoit advenuz,
Et les bras ne me ſont tenuz, 9675
Ou le peſtail ne m'eſt oſtez,
Je vous briſeray les coſtez.
Amours de voyſin, ne parens,
Ne vous en ſeront jà garans,
Ne tous voz villains Ribaulx meſmes : 9680
Las pour quoy nous nous entreveiſmes !
Las de quel heure fuz-je nez,
Quant en tel vilté me tenez !
Que ces matins Ribaulx puans,
Qui flattans vous vont & huans, 9685
Sont de vous ſi Seigneur & maiſtre,
Dont tout ſeul je deuſſe Sire eſtre :
Par qui vous eſtes ſouſtenuë,
Veſtuë & chauſſée & repeuë ;
Et vous me faictes parſonniers, 9690

P 4

Ces ors Ribaulx, ces puteniers,
Qui ne vous font se honte non,
Tollu vous ont votre renom :
De quoy garde ne vous prenez,
Quant entre voz bras les tenez ;     9695
Par devant dient qu'ilz vous ament,
Par derriere putain vous clament ;
Et dient ce que pis leur semble,
Quant se mocquent de vous ensemble,
Combien que chascun d'eulx vous serve ;   9700
Car bien congnois toute leur verve.
Sans faillir c'est bien véritez,
Quant à leurs bandons vous mectez,
Ilz vous sçavent bien mectre à point,
Car de dangier en vous n'a point ;     9705
Quant entrée estes en la foulle,
Chascun vous boulle & vous deffoulle.
Il me prent par foy grant envie,
De leur soulas & de leur vie ;
Mais sachiez & bien le recors,     9710
Que ce n'est pas pour vostre corps,
Ne pour vostre desvoyement ;
Mais est pour ce tant seulement,
Qu'ilz ont le desduit des joyaulx,
Des fermeaulx d'or & des aignyaulx,     9715
Et des robes & des pelices,
Que je vous doing com sol & nices ;
Car quant vous allés aux carolles,
Ou à voz assemblées foles,
Et je remains com fol & yvres,     9720
Vous y portez qui vault cens livres,

D'or & d'argent sur vostre teste,
Et commandez que l'en vous veste,
De camelot, de vair, de gris ;
Si que trestout en amaigris, 9725
De maltalant & de soucy,
Tant m'en esmay, tant m'en soucy.
　Que me revalent ces garlandes,
Ces coiffes à dorées bendes,
Aussi ces beaulx dorez tressouers, 9730
Et ces riches dorez fermouers,
Ces cercles d'or bien entaillez,
Précieusement esmaillez,
Et ces couronnes de fin or,
Dont enragier ne me fine or ; 9735
Tant sont belles & bien polyes,
Ou tant a fines pierreries,
Saphirs, rubis & esmeraudes,
Qui tant vous sont les chieres baudes ;
Ces fermeaulx d'or à pierres fines 9740
A vostre col, à voz poitrines,
Et ces tissus & ces ceintures,
Dont si chier coustent les ferrures,
De l'or & des pierres menues,
Que me vallent telz farfelues ; 9745
Et si estroit voz pieds chaussez,
Puis la robe souvent haussez,
Pour les montrer à voz Ribaulx :
Ainsi me confort Saint Tybaulx.
Que tout dans trois jours je viendray 9750
Très-vile & soubz pieds vous tiendray :
N'aurez de moy, bien le recorde,
　　　　　P 5

Fors surcot & cotte de corde,
Et une chemise de chanvre,
De gros filz & non pas de tenvre;  9755
Mais sera grossement tissuë,
Et dessirée & desrompuë,
Qui qu'en face ne dueil ne plainte :
Et par mon chief vous serez ceinte;
Mais vous diray de quel ceinture,  9760
D'un cuir tout blanc sans fermeture,
Et de mes houseaulx anciens,
Aurez grans souliers à lyens,
Larges pour mectre grans panuffles,
Toutes vous osteray ces truffles,  9765
Qui vous donnent occasion
De faire fornication :
Si ne vous irez plus monstrer,
Pour vous faire aux Ribaulx fouler.
 Mais or me dictes sans contreuve,  9770
Celle autre riche robe neufve,
Dont l'autre jour vous vous parastes,
Quant aux carolles en allastes;
Car bien congnois & rayson ay,
Qu'oncques telle ne vous donnay,  9775
Par amour, où l'avez-vous prise?
Vous m'avez juré sans faintise,
Et Saint Philebert & Saint Pere,
Qu'elle vous vint de vostre mere,
Qui le drap vous en envoya;  9780
Car si grant amour à moy a,
Ainsi que me faictes entendre,
Que veult bien ses deniers despendre,

## DE LA ROSE.

Pour me faire les miens garder,
Vive la puisse l'en larder : 9785
L'orde vieille putain prestresse,
Et maquerelle & charmeresse ;
Et vous aussi par voz merites,
S'il n'est ainsi comme vous dictes.
Certes je luy demanderoye ; 9790
Mais en vain me travailleroye,
Tout ne me vauldroit une bille ;
Car telle mere, telle fille,
Bien sçay, parlé avez ensemble,
Vous deux avez, comme me semble ; 9795
Les cueurs d'une verge touchiez,
Bien say de quel pied vous clochiez.
L'orde vieille putain fardée,
S'est à vostre accord accordée,
Autreffoys à ceste hart torse, 9800
De maint mastin a esté morse.
Mains divers chemins a trassez ;
Mais tant est son vis effacez,
Que riens ne peut faire de soy,
Si veult de vous faire l'essay ; 9805
Et vient céans & vous emmaine,
Troys foys ou quatre la sepmaine,
Et faint faire pellerinages,
Selon tous les anciens usages ;
Car j'en sçay toute la convine, 9810
Et de vous promener ne fine,
Comme l'en fait cheval à vendre
Et prend, & vous enseigne à prendre ;
Cuidez que je ne vous congnoisse,

P 6

Qui me tient que je ne vous froisse  9815
Les oz comme poucin en paste,
De ce pestail ou de cest haste.

*Comme le Jaloux se débat*
*A sa femme, & si fort la bat*
*Que robe & cheveulx lui décyre,*  9820
*Par sa jalousie & par yre.*

LOrs la prent au point de venuë,
Cil qui de maltalent tressuë,
Par les tresses la sache & tire,
Ses cheveulx luy rompt & dessire;  9825
Le Jaloux & sur luy s'aourse,
Plus que ne fait lion sur l'ourse;
Et par tout la maison la traine,
Par grant courroux & par grant haine,
Et la ledenge mallement,  9830
Ne ne veult-il par nul serment
Recevoir excusation,
Tant est de male intention;
Mais fiert & frape & rouille & maille,
Celle qui brait & crie & braille,  9835
Et fait sa voix voler au vens,
Par fenestres & par auvens;
Et ce qu'elle sect luy reprouche,
Si comme luy vient à la bouche,
Devant les voysins qui là viennent,  9840
Qui pour folz eulx deux si les tiennent,
Et luy la estent à grant paine,
Tant qu'il est à la grosse alaine.

## DE LA ROSE.

Et quant la Dame sent & note
Ce torment & ceste riote,                      9845
Et ceste desduisante vielle,
Dont ce jangleur si luy vielle,
Pensez-vous qu'elle l'en aime mieulx ?
El vouldroit qu'il fust à Lisieux.
Voyre certes en Romanie.                        9850
Plus diray que je ne croy mie,
Qu'elle le vueille aymer jamais,
Semblant je croy en fera ; mais
S'il pouvoit voler jusqu'aux nuës,
Ou si très-hault lever ses veuës,               9855
Qu'il peust d'ilecques sans en cheoir,
Les faits de tous les hommes veoir,
Et reposast tout à loysir,
Si fauldroit-il bien à choisir ;
En quel grant péril il est cheuz,               9860
S'il n'a pas tous les baratz veuz,
Pour soy garantir & senser,
Dont femme se scet pourpenser :
Tant comme est en sa compaignie,
Trop est en grand péril sa vie,                 9865
Voir en veillant & en dormant,
Si doit-il doubter moult forment ;
Qu'el ne face pour soy vengier,
Soy mourir ou vif enragier,
Ou mener vie enlangourée,                       9870
Bar cautelle desesperée,
Ou qu'elle ne pense à s'enfuir,
S'el n'en peut autrement joyr.
Femme ne craint honneur ne honte,

Quant riens en la tête luy monte : 9875
Il est vérité sans doubtance,
Femme n'a point de conscience,
Vers ce qu'el hait ou ce qu'el ame :
Valerius mesmes la clame,
Hardie & artificieuse, 9880
Et à trop nuyre curieuse.

### Amys.

Compaing, ce fol vilain Jaloux,
Dont la chair soit livrée aux loupz ;
Qui si de Jalousie s'emple,
Com cy vous ay mis en exemple, 9835
Et se fait Seigneur de sa femme,
Qui ne redoit pas être Dame ;
Mais sa pareille & sa compaigne,
Comme la Loy les accompaigne ;
Et il redoit son compaingz estre, 9890
Sans soy faire Seigneur ne maistre.
Quant tel tourment luy appareille,
Et ne la tient pour sa pareille ;
Ains la fait vivre en tel mesaise.
Cuidez-vous qu'il ne luy desplaise, 9895
Et que l'amour entre eu'x ne faille,
Quoy qu'elle le die, ouy sans faille.
Jà de sa femme n'est amez,
Qui Sire en veult estre clamez ;
Car il convient amour mourir, 9900
Qui ne la viendra secourir.
Amour ne peut durer ne vivre,
S'el n'est en franc cueur à délivre.

## DE LA ROSE.

Pour ce voit-on communément,
De tous ceulx qui premierement, 9905
Par amour aymer s'entreseulent,
Quant puis espouser s'entreveulent,
Envys peut entre eulx advenir,
Que jà se puisse amour tenir ;
Car cil quant par amour amoit, 9910
Dame & amie la clamoit :
Et sa maistresse souloit estre.
Or se clame Seigneur & Maistre
Sur celle que Dame eust clamée,
Quant par amour estoit amée. 9915

*L'Amant.*

Aymée.

*Amys.*

Voyre.

*L'Amant.*

En quelle maniere,

*Amys.*

En telle que se sans priere,
Luy commandast Amy saillez,
Ou certe chose me baillez ;
Tantost luy baillast sans faillir, 9920
Et saillist s'el mandast saillir.
Voyre certes quoy qu'elle dist,
Saillist-il bien puis qu'il la vist ?
Car mis avoit tout son desir

De luy faire tout son plaisir ; 9925
Mais ils se sont entr'espousez,
Et en mariage posez.
Lors est tournée la rouelle,
Si que cil soulant servir celle,
Commande que celle le serve; 9930
Ainsi comme s'el fust sa serve,
Et la tient court & luy commande,
Que de ses faitz compte luy rende,
Et sa Dame ainçois l'appella,
Envys meurt qui apris ne l'a. 9935
Lors se tient celle à mal baillie,
Quant se voit ainsi assaillie,
Du meilleur, du plus esprouvé,
Qu'elle ait en ce monde trouvé ;
Qui si la veult contrarier, 9940
Ne sçait plus en qui se fier :
Quant sur son col son maistre esgarde,
Dont oncquesmais ne se print garde.
Malement est changié le vers,
Lors luy vient le jeu si divers ; 9945
Si felon & si estrangé,
Quant cil luy a le dé changé,
Qu'el ne peut, ne n'ose jouer,
Comment s'en peut-elle louer :
S'el n'obéyst, cil se courrouce ; 9950
Et la ledenge, s'elle grouce ;
Adonc seront en ire mys,
Et tantost par l'ire ennemys.
 Pour ce compaing les anciens,
Sans servitude & sans liens, 9955

Paisiblement sans vilenye,
S'entreportoient sans compaignie,
N'ilz ne donnassent point Franchise,
Pour l'or d'Arabie & Venise ;
Car qui tout l'or en pourroit prendre, 9960
Ne la pourroit-il pas bien vendre.
N'estoit lors nul pelerinage,
Nul n'yssoit hors de son rivage,
Pour cherchier estrange contrée,
Ne nul n'avoit la mer passée. 9965

*Comment Jason alla grant erre,*
*Oultre mer la toyson acquerre,*
*Et fut chose moult merveilleuse*
*Aux regardans, & moult paoureuse.*

Jason qui premier la passa, 9970
 Quant les Navires compassa,
Pour la toyson d'or aller querre,
Bien cuida estre prins par guerre ;
Neptunus quant le veit nagier,
Triton en deust bien enragier, 9975
Eolus & toutes ses filles,
Pour leurs merveilleuses semilles,
Cuiderent tous estre trahys ;
Tant furent forment esbahys,
Des Nefz qui par la mer voloient, 9980
Ainsi que Mariniers vouloient ;
Mais les premiers dont je vous compte,
Ne sçavoient que nagier monte ;
Car tout trouvoient en leur terre,

Ce que bon leur sembloit acquerre.  9985
Riches estoient également,
Et s'entr'amoyent loyaulment;
Ainsi paisiblement vivoient;
Car naturellement s'amoyent
Les simples gens de bonne vie:  9990
Lors estoit amour sans envye,
Sans vilenye & sans clamour,
Vivoient en loyale amour;
L'ung ne demandoit riens à l'autre,
Quant Barat vint de part & d'autre,  9995
Et pechiez & maladvanture,
Qui de suffisance n'ont cure.
Orgueil qui desdaigne pareil,
Vint avec en grant appareil,
Et Convoitise & Avarice,  10000
Envie & chascun autre vice;
Si firent saillir povreté,
D'Enfer, où tant avoit esté,
Que nul d'elle riens ne sçavoit,
N'oncques en terre esté n'avoit,  10005
Mal fut-elle si-tost venuë;
Car trop male fut sa venue.
 Povreté qui point d'aise n'a,
Larrecin son filz amena,
Qui s'en va au Gibet & cours,  10010
Pour faire à sa mere secours;
Et se fait aucuneffois pendre,
Que sa mere ne peut deffendre.
Non peut son pere cueur failly,
Qui de dueil en est mal bailly,  10015

Non pas Damoiselle Taverne,
Qui les larrons guyde & gouverne.
C'est des larrecins la Déesse,
Qui les péchiez de nuyt espesse,
Et les Barats de nuës cœuvre, 10020
Qu'ilz n'apperent dehors par œuvre,
Jusqu'à tant qu'ilz y sont trouvez ;
Et puis en la fin tous prouvez,
N'a pas tant de miséricorde,
Quant l'en luy met au col la corde, 10025
Que jà ne l'en puist garentir,
Tant s'en saiche bien repentir.
Adonc les douloureux Mauffez,
De forcenerie eschauffez,
De courroux, de dueil & d'envye ; 10030
Quant virent gens mener tel vie,
Accoururent par toutes terres,
Semans contemps, discors & guerres,
Mesdirz, rancunes & grans haynes
Par courroux, aussi par ataines ; 10035
Et pource qu'ilz eurent or chier,
La terre firent escorchier,
Et luy tirerent des entrailles
Ses anciennes repostailles,
Metaulx & pierres précieuses, 10040
D'argent devindrent envieuses ;
Car Avarice & Convoitise,
Ont és cueurs des hommes assise
Les grans ardeurs d'avoir acquerre.
L'ung si l'acquiert, l'autre l'enserre, 10045
Ne jamais la lasse chétive

Ne defpendra jour qu'elle vive ;
Mais en fera maiftres tuteurs,
Ses hoirs ou fes exécuteurs,
S'il ne luy mefchiet autrement : 10050
Et s'elle en va à damnement,
Ne cuidés pas que nul l'en plaigne;
Mais s'elle a bien fait fi le preigne.
 Et quant par cefte Convoitife,
La gent fut en ce point mal mife. 10055
La premiere vie laifferent,
De mal faire puis ne cefferent ;
Car faulx & tricheurs ils devindrent ;
Aux proprietez lors fe tindrent,
Et la terre mefmes partirent, 10060
Et au partir bornes y mirent ;
Et quant les bornes y mettoient,
Mainteffois s'entrecombatoient,
Et fe tolurent ce qu'ilz peurent,
Les plus fors les plus grans parts eurent ; 10065
Et quant en leurs pourchas couroient,
Les pareffeux qui demouroient,
Si entroient en leurs cavernes,
Et leur embloient leurs efpargnes ;
Lors convint que l'en ordonnaft, 10070
Aucun qui les loges gardaft,
Et qui les malfaicteurs tous prift,
Et bon droit aux plaintifz en fift ;
Ne nul ne l'ofaft contredire,
Lors s'affemblerent pour l'eflire. 10075

*Cy povez lire sans desroy,*
*Comment fut fait le premier Roy,*
*Et puis leur jura sans tarder,*
*De loyaulment leurs loix garder.*

UN grant villain entre eulx esleurent, 10080
Le plus ossu de quans qu'ils furent,
Le plus corsu & le greigneur,
Et le firent Prince & Seigneur.
Cil jura que droit leur feroit,
Et que leurs loges deffendroit, 10085
Se chascun endroit soy luy livre
Des biens dont il se puisse vivre ;
Ainsi l'ont entre eulx accordé,
Comme l'ay dit & recordé.
Cil tint grant piece cet office, 10090
Mais les robeurs plains de malice,
S'assemblerent quant seul le virent,
Et par maintesfois le batirent,
Quant les biens venoient embler.
Lors convint le peuple assembler, 10095
Et chascun en droit soy taillier,
Pour Sergens au Prince baillier ;
Communément lors se taillerent,
Et treuz & rentes luy baillerent,
Et donnerent grant tenement. 10100
De-là vint le commencement,
Aux Roys & Princes terriens,
Selon les escriptz anciens ;
Car par l'escript que nous avons,

Les faitz des anciens sçavons ; 10105
Si les en devons mercier,
Et louer & regracier.
Lors amasserent les tresors,
D'argent, de pierres & des lors,
D'or & d'argent que tous requierent, 10110
firent, batirent & forgerent,
Vaisselle firent & monnoyes,
Fermaulx, aneaulx, noyaulx, couroyes,
De fer dur forgerent leurs armes,
Couteaulx, espées & guysarmes, 10115
Et glaives & costes ferrées,
Pour faire à leurs voisins meslées.
Lors firent & tours & tournelles,
De quarreaulx moult fortes & belles ;
Chasteaulx fermerent & cités, 10120
Et firent grans Palais lités
Ceulx qui les tresors assemblerent ;
Car trestous de paour tremblerent,
Pour leurs richesses assemblées,
Qu'elles ne leur fussent emblées, 10125
Ou par quelque forfait toluës,
Bien furent lors les douleurs creuës ;
Aux chétifs de bien mauvais eur,
N'oncques puis ne furent asseur,
Pour ce qu'estoient communs devant, 10130
Comme le soleil & le vent ;
Par Convoitise approprierent,
Quant aux richesses se lierent,
Ores en a ung plus que vingt,
Oncques ce de bon cueur ne vint. 10135

Sans faille des villains gloutons,
Ne donnasse je deux boutons,
Combien que bon cueur leur faulsist,
De telz faultes ne me chausist;
Bien s'entreamassent ou hayssent,   10140
Ou leur amour s'entrevendissent.
Mais sans faille sont grans dommages,
Que ces Dames aux clers visages,
Ces jolies, ces renvoysiées,
Par qui doivent estre prisées   10145
Loyaulx amours & deffenduës,
Sont à si grant vilté venuës,
Qu'elles se vendent maintenant,
Se argent est en la main tenant;
Trop est laide chose à entendre,   10150
Que noble corps se puisse vendre;
Mais que comment la chose preigne,
Gard le Varlet qu'il ne se feigne,
D'ars & de sciences apprendre,
Pour garantir & pour deffendre,   10155
Se besoing est luy & samye,
Si qu'elle ne congnoisse mye,
Ce peut moult Varlet eslever,
Et ne le peut de riens grever.

 Après luy doit-il souvenir,   10160
De ce mien conseil retenir ?
S'il a sa mye ou jeune ou vieille,
Et sçait ou pense qu'elle vueille,
Autre amy querre ou a aquis,
Desacquerre, ne desacquis,   10165
Ne la doit blasmer, ne reprendre;

Mais amyablement aprendre,
Sans tencer & sans ledengier,
Encor pour luy moins estrangier;
S'il la trouvoit en faisant l'œuvre, 10170
Gard que son œil celle part n'euvre.
Semblant doit faire d'estre aveugle,
Ou plus simple que n'est ung bugle;
Si qu'elle cuide tout de voir,
Qu'il n'en puist riens apparcevoir: 10175
Et se nul ne luy envoye lettre,
Il ne se doit pas entremettre,
Du lire, ne du recherchier,
Ne de leurs secretz encherchier;
Ne jà n'ait cueur entalenté, 10180
D'aller contre sa voulenté;
Mais que bien soit-elle venuë,
Quant el viendra de quelque ruë,
Et voise quel part que voudra,
Comme son vouloir la tiendra; 10185
Car cure n'a d'estre tenuë,
Si vueil que ce soit chose seuë.
Ce que cy après vous vueil dire,
En livre le dévroit-on lire ?
Qui de femme veult avoir grace, 10190
Mette la tousjours en espace,
Jamais en reclus ne la tiengne,
Ains aille à son vouloir & viengne;
Car cil qui la veult retenir,
Qu'el ne puisse, aller ne venir, 10195
Soit sa moullier, ou soit sa druë,
Tantost en a l'amour perduë.

N'y

## DE LA ROSE

Ne ja riens contre elle ne croye,
Pour certaineté qu'il en voye ;
Bien dient lors à ceulx & celles,  10200
Qui en apporteront nouvelles,
Que du dire folie en firent ;
Qu'onc si preude femme ne virent,
Tousjours a bien fait sans recroire,
Pource ne la doit nul meseroire.  10205
Ja ses vices ne luy reprouche,
Ne ne la bate, ne la touche ;
Car cil qui veult sa femme batre,
Pour soy mieulx en s'amour embatre,
Quant la veult après rapaisier,  10210
C'est cil qui pour aprivoiser ;
Bat son chat & puis le rappelle,
Pour le lyer à sa cordelle.
Mais se le chat s'en veult saillir,
Bien peut-il au prendre faillir ;  10215
Mais s'elle le bat ou ledenge,
Garde cil que son cueur ne change :
Si batre ou ledengier se voit :
Mesmes se celle le devoit,
Tout vif aux ongles détrenchier,  10220
Ne se doit-il pas revenchier ?
Mais l'en doit mercier & dire,
Qu'il vouldroit bien à tel martire
Vivre tous temps, mais que bien sceust
Que son bon service luy pleust.  10225
Voyre certes tout à délivre,
Plus tost mourir que sans el vivre ;
Et s'il advient que cil la fiere,

Tome I.   Q

Pource qu'elle semble trop fiere,
Et qu'elle l'a trop courroucé, 10230
Tant à forment vers luy groucé;
Ou la veult ce croy menasser,
Tantost pour sa paix pourchasser:
Gard que le jeu d'amours luy face,
Ains qu'il se parte de la place, 10235
Et mesmement s'il est povre hom;
Car le povre a pou d'achoison.
Pourroit-elle tantost laissier,
S'el ne le voit tantost plessier?
Pource doit aymer sagement, 10240
Et doit souffrir moult humblement,
Sans semblans de courroux, ne d'yre,
Tout ce qu'il luy voit faire ou dire,
Et mesmement plus que le riche,
Qui ne donroit pas une miche, 10245
En son orgueil, n'en son dangier.
Cil la pourroit bien ledengier;
Et s'il est tel qu'il ne veult mye;
Loyaulté porter à sa mye.
Si ne la vouldroit-il pas perdre, 10250
Mais à autre se veult aherdre.
S'il veult à sa mye nouvelle,
Donner couvrechief ou cottelle,
Chappel, annel, fermail, sainture,
Ou jouel de quelque facture, 10255
Gard que l'autre ne le congnoisse;
Trop en auroit au cueur angoisse,
Quant el les luy verroit porter,
Riens ne la pourroit conforter.

## DE LA ROSE.

Et gard que venir ne la face,  10260
En celluy lieu, ou mesme place,
Ou venoit à luy la premiere,
Qui de venir est coutumiere.
Car s'elle y vient & veoir la puisse,
N'est qui riens conseil mettre y prisse;  10265
Car nul vieil senglier hericié,
Quant des chiens est bien aticié,
N'est si crueux, ne lyonnesse
Si traistre, ne si felonnesse,
Quant le veneur de fort assault,  10270
Luy enforce en ce point l'assault,
Quant alaicte ses leonceaulx:
Ne nul serpent si desloyaulx,
Quant on luy marche sur la queuë,
Qui du marchié pas ne se jeuë,  10275
Comme est femme quant elle treuve
O son amy sa mye neufve,
El jette par tout feu & flame,
Preste de perdre & corps & ame.
Et s'el ne la prinse prouvée,  10280
D'eulx deux ensemble l'a couvée,
Mais bien enchée en Jalousie,
Qu'elle cuide en estre acoupie.
Comment qu'il voie, ou saiche, ou croye,
Garde soy cil que jà recroye,  10285
De luy nier tout plainement,
Ce qu'elle sçait certainement,
Et ne soit pas lent de jurer;
Tantost luy face-il endurer,
En la place le jeu d'amours,  10290

Q 4

Lors est quicte de ses clamours ;
Et se tant l'assault & angoisse,
Qu'il convient qu'il luy recongnoisse,
Qu'il ne s'en sçait, ce croy, deffendre,
Pour ce doit lores s'il peut tendre, 10295
Qu'il luy face à force entendant,
Qu'il le fist sur soy deffendant ;
Car celle si fort le tenoit,
Et si malement le menoit,
Qu'oncques eschapper ne luy pot, 10300
Tant qu'ilz eussent fait ce tripot.
N'onc ne luy advint fois fors ceste,
Lors jure & fiance & promette,
Que jamais ne luy adviendra,
Et loyaulment se contendra : 10305
Et s'elle en oit jamais parole,
Bien veult que le tue & affole.
Car mieulx vouldroit que fust noyée,
La desloyale renoyée,
Que jamais en place venist, 10310
Ou celle en tel point le tenist ;
Car s'il advient qu'elle le mant,
N'yra pas à son mandement,
Nil ne souffrira qu'elle vienne,
S'il peut en lieu où il se tienne. 10315
Lors doit celle estroit embrasser,
Baisier, blandir & soulassier,
Et cryer mercy du meffait,
Puis qu'il ne sera jamais fait ;
Et est en bonne repentance, 10320
Prest d'en faire la pénitance,

## DE LA ROSE.

Comme elle enjoindre luy sçaura,
Puis que pardonné luy aura.
Lors face d'amours la besongne,
S'il veult que celle luy pardonne. 10325
Et gard que d'elle ne te vante,
Qu'elle en pourroit estre dolente;
Si se sont mains vantés de maintes,
Par paroles faulses & faintes,
Dont les corps avoir ne povoient, 10330
Les noms à grant tort diffamoient;
Mais bien ont ceulx les cueurs faillans,
Ne sont ne courtois, ne vaillans.
Vanterie est trop villain vice,
Qui se vante il est fol & nice; 10335
Car jaçoit ce que bien fait l'eussent,
Toutesvoyes celer le deussent.
Amours veult celer ses joyaulx,
Ce n'est à compaignons loyaulx,
Qui les veulent taire & celer, 10340
Là les peut l'en bien réveler.
Et s'elle chiet en maladie,
Droit est s'il peut qu'il s'estudie,
A luy estre moult serviable,
Pour estre après plus agréable. 10345
Garde bien qu'ennuy ne la tiengne,
Ne de sa maladie loing tiegne;
Lez elle voye demourant,
Et la doit baiser en plourant,
Et se doit vouer, s'il est sages, 10350
En mains loingtains pelerinages;
Mais que celle les veux entende,

Q s

Viande pas ne luy deffende ;
Chose amere ne luy doit tendre ,
Ne riens qui ne soit doulx & tendre.   10355
Si luy doit feindre nouveaulx songes ,
Tous farcis de plaisans mensonges ;
Que quant vient au soir qu'il se couche ,
Tout seul en sa chambre en sa couche ,
Advis luy est quand il sommeille ;   10360
Car pou y dort & moult y veille ,
Qu'il l'ait entre ses bras tenuë ,
Toute la nuyt & toute nuë ,
Par soulas & par gayerie ,
Toute saine & toute guerie ;   10365
Et par jour en lieux délectables ;
Telz fables luy compte ou semblables.
 Or vous ay jusques cy chanté ,
Par maladie & par santé ,
Comment cil doit Dames servir ,   10370
Qui veult leur grace desservir ,
Et leur amour continuer ,
Qui de legier se veult muer :
Qui ne vouldroit par grant entente ,
Faire quanque leur attalente ;   10375
Que jà femme tant ne sçaura ,
Ne jà si ferme cueur n'aura ,
Ne si loyal , ne si bien meur ,
Que jà puisse homme estre bien seur
De la tenir par nulle paine ,   10380
Amplus que s'il tenoit en Seine ,
Une anguille parmy la queuë ,
Qu'il n'a povoir qu'elle ne s'esqueuë ;

## DE LA ROSE.

Si qu'elle est tantost eschappée,
Jà si fort ne l'auroit happée.  10385
N'est donc bien privée tel beste,
Qui de fouyr est toute preste ;
Tant est de diverse muance,
Que nul n'y doit avoir fiance.
Je ne le dis pas pour les bonnes,  10390
Qui sur vertu fondent leurs bournes,
Dont encor n'ay nulles trouvées,
Tant les aye bien esprouvées ;
Ne Salomon n'en peut trouver,
Tant les sçeust-il bien esprouver.  10395
Et luy-mesines très-bien afferme,
Qu'oncques femme ne trouva ferme ;
Et se du querre vous penez,
Se la trouvez, si la prenez ;
Si aurez lors amye eslite,  10400
Qui sera vostre toute quitte ;
S'el n'a povoir de tant tracer,
Qu'el se puisse ailleurs pourchacer,
Ou s'el ne treuve requerant,
Tel femme à chasteté se rent.  10405
Mais encor vueil ung brief mot dire,
Ains que je laisse la matire.
Briefvement de toutes les pucelles,
Qu'elles qu'ilz soient laides ou belles,
Dont cil veult les amours garder,  10410
Ce mien commant doit cy garder ;
De celluy tousjours luy souvienne,
Et pour moult précieux le tienne,
Qu'il donne à toutes à entendre,

Q 4

Qu'il ne se peut d'elle deffendre, 10415
Tant est esbahys & surpris
De leur beaulté & de leur pris.
Car il n'est femme, tant soit bonne,
Vieille ou jeune, mondaine ou Nonne,
Ne si Religieuse Dame, 10420
Tant soit chaste de corps & d'ame,
Se l'en va sa beaulté louant,
Qui ne se délecte en l'oyant.
Combien qu'el soit laide clamée,
Jure que plus belle est que fée ; 10425
Et si le fasse seurement,
Qu'el l'en croyra legierement.
Car chascune cuide de soy,
Que tant ayt beaulté, bien le sçay,
Combien que soit laide prouvée, 10430
Que bien est digne d'estre amée.
Ainsi à garder leurs amyes,
Sans reprises de leurs folies,
Doivent tous estre diligens,
Les beaulx Varletz, les preux, les gens. 10435
Femmes n'ont cure de chasty,
Ains ont si leur engin basty,
Qu'advis leur est qu'elz n'ont mestier,
D'estre aprises de leur mestier.
Ne nul, s'il ne leur veult desplaire, 10440
Ne desloue rien qu'elz veulent faire ;
Comme le chat sçait par nature
La science de la seurgeure,
Nil n'en peut estre destourné,
Qu'il est à tel sens tousjours né. 10445

N'oncques n'en fut mis à l'escole ;
Ainsi fait femme, tant est sole,
Par son naturel jugement,
De tout ce que fait outrément,
Soit bien, soit mal, soit tort, soit droit,   10450
Ou de tout ce que l'en vouldroit ;
Qu'elne fait chose que ne doye,
Si hayt quiconques l'en chastoye.
N'el ne tient pas ce sens de maistre,
Ains là deslors qu'elle peut naistre ;   10455
Si n'en peut estre destournée,
Elle est à tel sens tousjours née ;
Et qui chastier la voulroit,
Jà de s'amour ne jouyroit.

 Ainsi compaing de vostre Rose,   10460
Qui tant est précieuse chose,
Que n'en prendriez nul avoir,
Se toujours la povyés avoir ;
Quant vous en auriez la saisine,
Si comme esperance devine,   10465
Et vostre joye aurez planiere,
Si la gardez en tel maniere,
Qu'on doit garder telle florette,
Lors jouyrés de l'amourette,
A qui nulle autre n'acomper :   10470
Vous ne trouverez jà son per,
Je croy, en quatorze cités.

### L'Amant respond à Amys.

 Certes, compaing, c'est vérités,
Non au monde de ce suis seur,

Tant est & tant fut bon son cur. 10475
Ainsi Amys m'a conforté,
En son conseil grant confort ay :
Et m'est advis, aumoins de fait,
Qu'il sçait plus que raison ne fait ;
Mais devant ce qu'il eust finée, 10480
Sa raison qui forment m'agrée.
Doulx penser, doux parler revindrent ;
Qui près de moy deslors se tindrent :
N'onc puis gueres ne me laisserent ;
Mais doulx regard pas n'amenerent, 10485
Ne les blasmay quant laissé l'eurent ;
Bien sçay qu'amener ne le peurent.

*Comment l'Amant sans nul termine,*
*Prent congié d'Amys & chemine,*
*A sçavoir s'il pourroit choisir* 10490
*Chemin pour Bel-acueil veir.*

Congié preins & m'en vois atant,
Ainsi comme seul esbatant
M'en allay contreval la prée,
D'herbes & de fleurs enluminée, 10495
Escoutans ces doulx oyseletz,
Qui chantent ces sons nouvelletz.
Tous les biens au cueur me faisoient
Leurs doulx chans, qui tant me plaisoient ;
Mais d'une chose Amys me griefve, 10500
Qu'il m'a commandé que j'eschiefve
Le chastel, la place & la tour,
Ne ne voise jouer entour :

## DE LA ROSE.

Ne sçay se tenir m'en pourré ;
Car tousjours aller y vouldré. 10505
Lors après ceste départie
Eschevant la dextre partie,
Vers la senestre m'achemin,
Pour querre le plus brief chemin :
Voulentiers ce chemin querroye, 10510
S'il fust trouvé je me esſairoye
De plain aller sans contredit,
Se plus fort ne me contredit,
Pour Bel-acueil de Prison traire
Le franc, le doulx, le debonnaire. 10515
Dès que verray le chastel,
Plus foible qu'un rosty gastel,
Et les portes seront ouvertes ;
Ne nul ne me deffendra certes,
J'auray bien l'ennemy au ventre 10520
Se ne les prens & se n'y entre,
Lors sera Bel-acueil délivres,
Je n'en prendroy cent mille livres ;
Ce vous puis pour vray afficher,
S'en ce chemin me puis ficher : 10515
Toutesfois du chastel m'esloing,
Mais ce ne fut pas de très-loing.

*Comment l'Amant trouva Richesse*
*Gardant le sentier & l'adresse,*
*Par lequel prennent le chastel*     10530
*Amans qui assez ont chastel.*

Jouxte une clere fontenelle
Pensant à la Rose nouvelle,
En ung bel lieu très-delectable,
Dame plaisante & honnorable,     10535
Gente de corps, belle de forme
Vis umbroyer dessoubz ung orme,
Et son amy de costé luy :
Ne sçay pas le nom de celluy,
Mais la Dame avoit nom Richesse,     10540
Qui moult estoit de grant noblesse :
D'ung senteret gardoit l'entrée,
Mais n'estoit pas dedans entrée.
Dès que les vy vers eulx m'enclin,
Les saluay le chief enclin :     10545
Et eulx assez tost mon salut
M'ont rendu ; mais peu me valut
Pour certain l'Amant se clamoit
Trop donner, que Richesse amoit.
Puis je demanday toute voye     10550
A trop donner la droicte voye ;
Richesse qui parla premiere
Me dist par parole ung peu fiere.

### Richesse.

Voycy le chemin, je le garde.

## DE LA ROSE.
### L'Amant.

Ha! Dame, le corps Dieu vous garde, 10555
Je vous pry, mais qu'il ne vous poise
Que m'ottroyez que par cy voyse
Au chastel de nouveau fondé,
Que Jalousie a la fondé,
Pour le franc Bel-acueil hors traire, 10560
A qui Jalousie est contraire.

### Richesse.

Vassal, ce ne sera pas ores,
De riens ne vous congnois encores,
Vous n'estes pas bien arrivé,
Puisque vous n'estes mon privé; 10565
Non pas ce croy jusqu'à dix ans
Ne serez-vous par moy mis ens;
Nul n'y entre s'il n'est des miens,
Tant soit de Paris ou d'Amiens:
J'y laisse mes amis aller 10570
Caroler, dancer & baller:
Si ont ung peu de plaisant vie
Dont nulz saige homme n'a envye.
Là sont servis joyeusement
De soulas & desbastement, 10575
De tabourins & de vielles
Et de moult de dances nouvelles,
De jeux de dez, d'eschez, de tables
Et d'oultrageux merz delectables.
Là vont Damoyseaulx, Damoiselles 10580
Conjoinctz par vieilles maquerelles,
Cerchans Prez & Jardins plaisans,

Plus gays que Perdris, ne Faysans;
Puis revont ensemble aux estuves
Eulx baigner & desduire és cuves, 10585
Qu'ilz ont aux chambres toutes prestes,
Les chappeletz de fleurs és testes,
En l'Hostel de fole largesse,
Qui si les appovroye & blesse,
Qu'envis peuvent après garir, 10590
Tant leur sçet chier vendre & merir
Son service & son hostellage,
Qu'elle en prent si cruel peage,
Qu'il leur convient leur terre vendre,
Ains que tout le luy puissent rendre. 10595
Je les y maine à moult grant joye,
Mais Povreté les raconvoye
Foible, tremblant & toute nuë:
J'ay l'entrée & elle à l'yssuë,
Jà plus d'eulx ne m'entremectré 10600
Tant saiges soyent ne lectré.
Lors s'en peuvent aller billier
Ilz sont à leur dernier millier :
Je ne dy pas se tant faisoyent,
Que puis vers moy se rapaisoyent. 10605
Mais fort à faire leur seroit
Toutes les foys qu'il leur plairoit ;
Je ne seroye jà si lasse,
Qu'encor ne les y ramenasse.
Mais saichiez que plus s'en repentent 10610
En la fin ceulx qui plus y hantent :
N'ilz ne m'osent plus veoir de honte,
Par pou que chascun ne s'effronte,

## DE LA ROSE.

Tant se courroucent & s'engoissent.
Je les laisse & ilz ne me laissent ; 10615
Si vous prometz bien sans mentir,
Que tart venrez au repentir,
Se vous jà les piedz y mettez :
Ung Ours quant il est bien betez
N'est si betif, ni si balez, 10620
Que serez si vous y alez.
Se Povreté vous peut baller,
Elle vous fera tant baller
Sur ung peu de chaulme ou de sain,
Qu'el vous fera mourir de fain : 10625
Car jadis fut sa chamberiere
Et la servy en tel maniere,
Que Povreté par son servise
De fain fut ardante & esprise,
Luy enseigna toute malice 10630
Et la fist maistresse & nourrice.
Larrecin le valeton l'ait,
Ceste l'aleyra de son laict,
N'eut autre boulye à soy paistre
Et se sçavoir voulez son estre, 10635
Qui n'est ne soupple ne terreux
Fain demeure en ung champ pierreux
Où ne croist blé, buisson, ne broce :
Ce champ est en la fin d'Escoce,
Plus froit que ne fut oncques marbre. 10640
Fain qui ne voit ni blé, ni arbre,
Les herbes en arrache pures
Aux tranchans ongles, aux dens dures,
Mais moult les trouvent cleres nées

Pour les pierres espés semées :  10645
Et se la vouloye descrivre
Tost en pourroye estre delivre.
Longue est & maigre & lasse & vaine,
Grant souffrete a de pain d'avaine,
Les cheveulx a tous hérissez  10650
Les yeulx en parfondeur glacez,
Viz palle & baulieures seiches
Joues royllées, plaines de taiches
Ses entrailles voir on pourroit
Par sa pel dure qui vouldroit.  10655
Les oz par les illiers luy faillent,
Où trestoutes humeurs deffaillent,
Ne n'a ce semble point de ventre,
Fors le lieu qui si parfont entre,
Que tout le pis de la meschine  10660
Pend en la haye de l'eschine.
Ses doys si a creuz de maigresse,
Des genoulz luy pert la rondesse,
Talons a haulx, agus, parens
N'appert qu'il y ait de charens,  10665
Tant la tient maigresse & compresse;
Car la planturueuse Déesse,
Certes qui fait les bledz venir
Ne sçet là le chemin tenir ;
Ne cil qui ces Dragons envoye  10670
Triptolemus n'y sçet la voye,
Destinées les en eslongnent,
Qui n'ont cure qu'ils s'entrejoygnent
La Déesse très-planturueuse
Et fain la lasse douloureuse.  10675

## DE LA ROSE.

Mais assez tost vous y menra
Povreté quant el vous tendra
Se celle part aller voulés
Pour être oyseux comme soulés;
Car à Povreté toutesvoye                10680
Tourne-l'en bien par autre voye,
Que par celle que je cy garde :
Car par vie oyseuse & setarde
Peut-on à Povreté venir ;
Et s'il vous plaisoit à tenir            10685
Celle voye que j'ay cy dicte
Vers Povreté lasse & despite
Pour le fort chastel assaillir,
Bien pourrez au prendre faillir.
Mais de fain cuide estre certaine        10690
Qui vous est voysine prochaine
Car Povreté sçet le chemin
Bien mieulx par cueur que par parchemin :
Si saichiez que fain la chétive
Est encores si ententive                 10695
Envers sa Dame & si courtoise,
Si ne l'ayme point ne ne proise,
Si est par elle soustenuë,
Combien qu'elle soit lasse & nuë,
Qu'elle la vient tousjours or veoir      10700
Et la fait avec elle seoir,
Et luy court au bec & la baise
Par desconfort & par mesaise.
Puis prend larrecin par l'oreille,
Quant le voit dormir si l'esveille,      10705
Et par destresse à luy l'encline,

## LE ROMAN

Si les conseille & endoctrine,
Comment il la doit procurer,
Combien que ce doye durer.
Et cueur failly à luy s'accorde, 10710
Qui songe à luy offrir la corde,
Qui luy fait herisser & tendre
Tout le poil qu'el ne voye pendre
Larrecin son filz le tremblant,
Se l'en le peut trouver emblant, 10715
Qu'il n'en doit jà moins emporter
Sain, s'il se vouloit déporter
En quelconques temps ou saison
Le doit-on punir par raison.
Car la mort est bien necessaire 10720
A povre qui veult sans riens faire
Mangier quant bien le peut gaigner :
Et telz gens fait bon eslongner
De soy, sans en les riens attraire ;
Et pour ce se me voulez croyre 10725
Ailleurs vostre chemin querrez,
Car par cy jà n'y entrerez,
Qu'aussi-tost aurez vous enclume
Quassée de plain poing de plume,
Que je vous y laissasse raller ; 10730
Si vous en povez tost aller,
Car ne m'avez pas tant servie
Que m'amour ayez desservie.

### L'Amant dit à Richesse :

Dame, je croy que se je peusse
Très-voulentiers vostre grace eusse, 10735
Dès-lors qu'en ce sentier entrasse

## DE LA ROSE.

Bel-acueil de prison oſtaſſe,
Qui au cueur a dueil & triſtour
Empriſonné dedans la tour;
Si ſouffrez Dame que je y voyſe      10740
Comme noble, franche & courtoiſe;
Et je mectray pour vous ſervir
Grande paine du deſſervir
Humblement tant que j'auray vie,
Sans avoir ſur vous point d'envye,      10745
Et tout malgré me pardonnez;
Ce don, s'il vous plaiſt, me donnez.

### Richeſſe.

Bien vous ay, diſt-elle, entendu,
Si ſçay que n'avez pas vendu
Tout voſtre boys gros & menu;      10750
Ung fol en avez retenu,
Et ſans fol ne peut homme vivre
Tant comme il vueille amour enſuivre,
Car c'eſt le chemin mal tourné,
Où tout bon ſens eſt beſtourné      10755
Le bien en mal, le ris en pleur
Et joye en triſteſſe & douleur.
Si cuident-ils eſtre moult ſaige
Tant qu'ils vivent en telle rage,
Qu'on ne doit pas appeller vie      10760
Telle rage ne deverie;
Car c'eſt mort & aveuglement
Et ſans repos travaillement.
Car par chault on y ſent froideur,
Et par froit trop grande chaleur;      10765
Ne pour yver, ne pour eſté

360    LE ROMAN
Cil n'a en luy estableté
Qui veult telle vie mener,
Car Povreté fait admener
A ceulx qui l'amour veulent suyvre,    10770
Qui ne leurs fait, fors tousjours nuyre?
Bien le vous sceut raison coter
Mais ne vous peut desassoter.
Saichiez bien quant vous ne la creutes,
Très-villainement vous déceutes;    10775
Car cil qui raison ne veult croire
S'en repent, c'est chose notoire,
Et le compere chierement
Ains qu'il voyse à deffinement.
Mais ains que raison y venist    10780
N'estoit-il riens qui vous tenist,
N'en vous n'avoit nulle mesure
De gouvernement doulx ou sure
Et me meistes en non chaloir
Par vostre desriglé vouloir ?    10785
N'oncques puis riens ne me prisastes
Dès-lors que par amours aymastes :
Mais semble à ung chascun qu'il vole
Quant mainent ceste vie fole,
Qu'ilz dient aymer par amours,    10790
Qui est de salut le rebours.
Ne Dieu ne moy nul homme n'ame
Tant comme tel Amant se clame :
Amans ne me veulent priser,
Ains s'efforcent d'amenuyser    10795
Mes biens quant je les leurs depars
Et les regettent d'autres pars.

## DE LA ROSE.

Où grant Diable pourroit-on prendre
Ce qu'un Amant vouldroit despendre?
Fuiez d'icy layssiez me ester.     10800

### L'Amant.

Je qui riens n'y peulz conquester,
Dolent m'en partis sans demeure;
La belle o son amy demeure,
Qui bien fut vestu & paié,
Et je m'en vois tout esgaré     10805
Par le Jardin dilicieux
Qui est tant bel & précieux
Comme devant avez ouy.
Mais de moult poy je m'esjouy,
Qu'ailleurs ay mis tout mon penser     10810
D'en toutes manieres penser
En quel estat & en quel guyse
Je seroye mieulx le servise
D'amours, mon seigneur & mon maistre;
Et aussi comment pourroye estre     10815
De richesse amy & acointe,
Qui tant fait vers moy sa mescointe;
Car j'ay voulenté & desir
D'acomplir tout leur bon plaisir,
Et moult voulentiers je le feisse,     10820
Si que de riens je ne mesprisse;
Car n'en croistroit en riens mon pris
Se j'avoye envers eulx mespris.
Moult se tint mon cueur & veilla
A ce que Amys me conseilla:     10825
Malle-bouche a dezhonnouray
En tous les lieux où je trouvay.

De tous mes autres ennemis,
Honnorer forment m'entremis
Et de mon povoir les servy ; 10830
Ne sçay se leur gré desservi,
Car aucunesfois pour bien faire
On n'a fors maltalant & haire :
Mais trop me tenoye pour pris,
Quant je n'osoye le pourpris 10835
Approuchier comme je souloye ;
Car tousjours aller y vouloye :
Mais il m'en faloit retarder
Pour le conseil d'Amis garder.
Si fis ainsi ma penitance 10840
Long-temps en telle repentance,
Comme Dieu sçet, car je faisoye
Une chose, & autre pensoye,
Ainsi m'entention double ay,
N'oncques mais nul jour la doublay. 10845
Traïson me convient trasser
Pour ma besoigne pourchasser.
N'oncques traistre n'avoye esté,
N'encor ne m'en a nul resté,
Mais la très-grant force d'amour 10850
Me contraignoit que sans demour
Je misse paine de cueur fin
A venir de ma cause à fin.

*Fin du Tome premier.*

www.ingramcontent.com/pod-product-compliance
Lightning Source LLC
Chambersburg PA
CBHW070621230426
43670CB00010B/1606